physica-paperback
herausgegeben von H.-J. Jaeck

Gerhard Seicht, o. Univ. Prof. Dkfm. Dr., Handelsakademie Graz (Matura 1958); Hochschule für Welthandel (Dkfm. 1961, Dr. der Handelswissenschaften 1962); Assistententätigkeit an der Hochschule für Welthandel (Wirtschaftsuniversität) Wien 1962 bis 1969; Industriepraxis 1969 bis 1972; Ernennung zum o.Univ.Prof. für Unternehmensführung 1972; Ernennung zum o.Univ.Prof. für Betriebswirtschaftslehre 1973; Vorstand des Instituts für Industrie, Gewerbe und Fertigungswirtschaft und Präses der Betriebswirtschaftlichen Studienrichtung an der Wirtschaftsuniversität Wien, Fachschriftsteller, Aufsichtsrat, Konsulent.

Gerhard Seicht

Bilanztheorien

Springer-Verlag Berlin Heidelberg GmbH

CIP-Kurztitelaufnahme der Deutschen Bibliothek

Seicht, Gerhard:
Bilanztheorien / Gerhard Seicht. – Würzburg ;
Wien : Physica-Verlag, 1982.
(Physica-Paperback)

ISBN 978-3-7908-0279-5 ISBN 978-3-642-50197-5 (eBook)
DOI 10.1007/978-3-642-50197-5

Ursprünglich erschienen bei Physica-Verlag, Rudolf Liebing GmbH + Co., Würzburg 1982.
Composersatz und Offsetdruck „Journalfranz" Arnulf Liebing GmbH + Co., Würzburg

Inhaltsverzeichnis

1. Einleitung und Grundbegriffe 7
2. Buchhaltung, Bilanzierung und Bilanzbewertung in ihrer geschichtlichen Entwicklung 8
3. Die „Bilanztheorien" und ihre Darstellung in der konventionellen betriebswirtschaftlichen Literatur 10
4. Die Gliederungssystematik 11
5. Die „Theorie der Bilanz" 13
5.1 Die formelle Theorie der Bilanz 13
5.1.1 Der Bilanzinhalt 13
5.1.1.1 Die Bilanz als Darstellung von Beständen 13
5.1.1.2 Die Bilanz als Darstellung von Bewegungen. 13
5.1.2 Die Erklärungsversuche für die verrechnungstechnische Stellung der Bilanz (des Bilanzkontos) innerhalb der (doppelten) Buchhaltung. 17
5.1.2.1 Der statische Erklärungsversuch 17
5.1.2.2 Der dynamische Erklärungsversuch 19
5.1.2.3 Der finanzwirtschaftliche Erklärungsversuch. 27
5.1.2.4 Der pagatorische Erklärungsversuch 30
5.1.2.5 Der kapitaltheoretische Erklärungsversuch 32
5.2 Die materielle Theorie der Bilanz 35
5.2.1 Die Bilanzierungszwecke. 35
5.2.2 Die Bilanzierungsziele. 36
5.2.2.1 Die möglichen Bilanzierungsziele 36
5.2.2.2 Das „dynamische" Bilanzierungsziel 37
5.2.2.2.1 Grundsätzliches zum Ziel der „Gewinnermittlung" 37
5.2.2.2.2 Die Gewinnbegriffe in der Bilanztheorie. 39
5.2.2.2.2.1 „Verursachte" und „realisierte" Erfolge. 39
5.2.2.2.2.2 Gesamter Gewinn – Partieller Gewinn. 44
5.2.2.2.2.3 Erzielter Gewinn – Ausschüttbarer Gewinn 51
5.2.2.2.2.4 Nomineller und realer (bzw. substantieller) Gewinn 54
5.2.2.2.2.5 Additiv ermittelte Gewinne – Simultan ermittelte Gewinne. 58
5.2.2.2.2.5.1 Additiv ermittelte Gewinne 58
5.2.2.2.2.5.2 Simultan ermittelte Gewinne 59
5.2.2.2.2.5.2.1 Der „ökonomische Gewinn" 59
5.2.2.2.2.5.2.2 Der „kapitaltheoretische Gewinn" 65
5.2.2.3 Das „statische" Bilanzierungsziel 68
5.2.2.3.1 Grundsätzliches zum Ziel der „Vermögensermittlung" 68
5.2.2.3.2 Die Reinvermögensermittlung 72
5.2.2.3.3. Die Gesamtvermögensdarstellung 74
5.2.2.3.4 Die Ermittlung der Vermögens- und Kapitaländerungen 78
5.2.3 Die Bilanzierungsgründe 79
5.2.4 Die Bilanzierungsmotive 84

5.2.5 Die Bilanzbewertung 86
5.2.5.1 Bilanzbewertung und Prämissen 86
5.2.5.2 Bilanzbewertung und Vermögensbegriffe 88
5.2.5.3 Einzelbewertung oder Gesamtbewertung? 93
5.2.5.4 Bilanzbewertung und Eigenkapitaldefinitionen 99
5.2.5.4.1 Grundsätzliches. 99
5.2.5.4.2 Nominelle Eigenkapitaldefinition 102
5.2.5.4.3 Reale Eigenkapitaldefinition 107
5.2.5.4.4 Substantielle Eigenkapitaldefinition 115
5.2.5.4.5 Kapitaltheoretische Eigenkapitaldefinition 128
5.2.5.4.6 Qualifizierte Kapitalerhaltungspostulate. 133
5.2.5.4.7 Kombinierte Eigenkapitaldefinitionen 137
5.2.5.5 Bilanzbewertung und Gewinnbegriff 142
5.2.5.6 Bilanzbewertung und Periodisierungsprinzipien 142
5.2.5.7 Bilanzbewertung und Bilanzierungsmotiv 150
5.2.5.8 Bilanzbewertung und Blickrichtung der Bilanz 154
5.2.5.9 Bilanzbewertung und Unternehmungsschicksal 162

Anhang: Die konventionelle Darstellung der Bilanztheorien 164

I. Einleitung 164
II. Die „Statische Bilanztheorie“ 164
III. Die „Dynamische Bilanztheorie“ 166
IV. Die „Organische Bilanztheorie“ 169
V. Die „Kapitaltheoretische Bilanz“ 171

Literaturverzeichnis 173

Stichwortverzeichnis 181

Namensregister 193

1. Einleitung und Grundbegriffe

Bilanztheorien waren in den ersten Jahrzehnten dieses Jahrhunderts *das* zentrale Thema der Betriebswirtschaftslehre, mit dem sich fast alle renommierten Fachvertreter beschäftigt hatten. Die Namen *Schmalenbach* („Dynamische Bilanztheorie"), *Schmidt* („Organische Bilanztheorie") und *Rieger* (Bilanz als „Zukunftsrechnung") sind mit den einschlägigen damaligen Diskussionen untrennbar verbunden. Den Höhepunkt und Abschluß fand diese jahrzehntelange theoretische Beschäftigung mit Bilanzfragen in den zwanziger Jahren. Ein Neuerwachen des bilanztheoretischen Interesses setzte Anfang der siebziger Jahre ein. Die wiederbelebten bilanztheoretischen Diskussionen kreisten und kreisen vor allem um die Begriffe des „ökonomischen Gewinnes" und der „kapitaltheoretischen Bilanz".

Die Beschäftigung mit den betriebswirtschaftlichen Bilanztheorien vermittelt einen guten Überblick über die geschichtliche Entwicklung des Faches, über die wichtigsten Fachvertreter und über die geistigen Strömungen, die sie beeinflußt oder geleitet haben.

Da „Bilanztheorien" meist auch und vor allem „Erfolgsrechnungstheorien" sind, führt die Befassung mit bilanztheoretischen Fragen zwangsläufig zur Beschäftigung mit dem Begriff des „Erfolges" in seinen verschiedensten Ausprägungen und zur Frage der Erfolgsmessung, somit zu einem, wenn nicht gar *dem* Zentralbereich der Betriebswirtschaftslehre.

Die Auseinandersetzung mit bilanztheoretischen Fragen vermag auch zu Anregungen und vielfältigen Einsichten in anderen Teilbereichen der Betriebswirtschaftslehre führen. Beispielsweise seien genannt: Kostenbegriff, Realisationsbegriff, Vermögensbegriff, Wertbegriff, Kostenrechnungsverfahren, Investitionsrechnungsverfahren, Finanzplanung, Auslegung und Gestaltung der Steuergesetze, Bilanzpolitik, Zielforschung etc.

Unter „*Bilanztheorien*" („Bilanzauffassungen") versteht man in der betriebswirtschaftlichen Literatur „die Ergebnisse, die zahlreiche Autoren durch wissenschaftliche Beschäftigung mit dem Phänomen der kaufmännischen ‚Bilanz' (und Aufwands- und Ertragsrechnung) erzielt und veröffentlicht haben" [*Seicht*, 1981b, S. 259].

Eine kaufmännische „*Bilanz*" stellt eine „systematische zusammenfassende Darstellung des auf einen Zeitpunkt bezogenen Abschlusses der Bestandskonten einer kaufmännischen Buchhaltung" dar [*Seicht*, 1970a, S. 17].

Unter einer kaufmännischen „*Buchhaltung*" versteht man die „chronologisch und sachlich geordnete, systematische kontenförmige Aufzeichnung der in Geldeinheiten quantifizierten Geschäftsfälle eines Kaufmannes" [*Seicht*, 1970a, S. 20].

Ein „*Konto*" stellt eine „zweiteilige, arithmetisch gegensätzlich geführte Rechnung über Veränderungen eines in der Zeit größenveränderlichen Objektes" dar [*Holzer*, S. 9].

2. Buchhaltung, Bilanzierung und Bilanzbewertung in ihrer geschichtlichen Entwicklung

Die Erfindung des „Kontos" wird häufig dem Italien des 13. Jahrhunderts zugeschrieben [*Sieveking*, S. 304ff.]. Die kontenförmige Verrechnung war jedoch auch schon den Römern [*Beigel*] und auch den Babyloniern bekannt [*Leyerer* 1929, S. 108ff.].

Zur Notwendigkeit, den Bestand an Vorräten (Geld, Waren) und dessen Veränderungen schriftlich festzuhalten, trat das Bedürfnis, auch Forderungen und Schulden aufzuzeichnen. Die Benennung der Kontoseiten mit „Soll" und „Haben" weist heute noch darauf hin. „Soll" leitet sich nämlich von „*soll* Geben" (*deve* dare) und „Haben" von „soll *Haben*" (deve *avere*) her. Diese Bezeichnungen deuten auch darauf hin, daß man ursprünglich den primären Inhalt der Personenkonten in den erwarteten *zukünftigen* Einnahmen und *zukünftigen* Ausgaben sah.

Wird nur über die betrieblich bedingte Veränderung des Geldbestandes Rechnung geführt, so spricht man heute von einer „Einnahmen-Ausgaben-Rechnung". Wird über *alle* Vermögenswerte und Schulden eine kontenförmige Verrechnung vorgenommen, so liegt eine „einfache" Buchhaltung vor. Wird die „einfache Buchhaltung" durch die Einfügung eines Eigenkapitalkontos (Reinvermögenskonto) ergänzt und die Buchhaltung durch systematische Aufzeichnung auch aller (positiven und negativen) Veränderungen des Eigenkapitals zu einem *geschlossenen* System gemacht, so gelangt man zur sog. „doppelten Buchhaltung".

Es ist anzunehmen, daß sich die kaufmännischen Aufzeichnungen von der „Einnahmen-Ausgaben-Rechnung" über die „einfache Buchhaltung" zur „doppelten Buchhaltung" fortentwickelt haben [*Buhl*, S. 26ff.].

Die „Bilanzierung" besteht aus dem Abschluß der Konten und die „Bilanz" (das Schlußbilanzkonto) stellt die kontenförmige Gegenüberstellung der (berichtigten) Salden der Bestandskonten dar. Soweit die (unberichtigten) Salden der Bestandskonten am Bilanzstichtag nicht mit dem Ergebnis der körperlichen Bestandsaufnahme („Inventur") übereinstimmen, sind die Buchsalden durch sog. „Um- und Nachbuchungen" an die Ergebnisse der Bestandsaufnahme heranzuführen.

Im Falle einer „einfachen" Buchhaltung wird die „Bilanz" dadurch zum Ausgleich gebracht, daß man in sie das neu als Differenz Gesamtvermögen („Aktiva") ./. Schulden („Fremdkapital") errechnete Eigenkapital einstellt. Liegt eine „doppelte" Buchhaltung vor, so bringt nach Einstellung des Anfangseigenkapitals in die Bilanz die Umbuchung des Saldos der Aufwands- und Ertragsrechnung (Gewinn bzw. Verlust) die Bilanz zum Ausgleich.

Anfänglich scheint man „Bilanzen" nur anläßlich des Übertrages von unkontrollierten und unberichtigten Salden ausgeschriebener Bücher in neue Bücher – unter Einschaltung eines „Konto saldo" – erstellt zu haben [*Penndorf*, S. 132]. Beispielsweise seien die Bilanzen des Benedetto Cotrugli genannt [*Cotrugli*].

Zur Zeit Luca Paciolis trat ein Fortschritt in der Entwicklung der Bilanzierung ein, da Pacioli schon das Eigenkapitalkonto und das Gewinn- und Verlustkonto (nicht jedoch das Schlußbilanzkonto) kannte.

Die ersten Inventarverzeichnisse lassen sich in Italien für das 14. und 15. Jahrhundert nachweisen [*ter Vehn*, 1929a, S. 4]. Ihre Verwendung zur Kontrolle und Berichtigung der Buchsalden ist strittig [*Lion*, S. 10].

Ympiyn betonte 1543 erstmals außerhalb Italiens die Notwendigkeit einer regelmäßig wiederkehrenden Kontrolle der Buchsalden durch Inventuraufnahme [*ter Vehn*, 1929a, S. 16].

Die Ordonnance de Commerce Ludwigs XIV. schrieb 1673 – neben der Buchführungspflicht – eine zweijährlich wiederkehrende Inventur vor, ohne allerdings ihren Zweck zu nennen [*ter Vehn*, 1929a, S. 16].

Napoleons Code de Commerce (1807) stipulierte die Verpflichtung zur jährlichen Bestandsaufnahme. Die französischen einschlägigen gesetzlichen Vorschriften wurden Vorbild für analoge Regelungen in vielen anderen Kulturstaaten.

Die Trennung der Abschlußkonten in ein Eigenkapitalkonto, ein Gewinn- und Verlustkonto und in ein Schlußbilanzkonto dürfte sich im 16. Jahrhundert eingebürgert haben [*Lion*, S. 6].

Kaufmännische Buchhaltungen und Abschlüsse (Bilanz, Gewinn- und Verlustrechnung) sind *geldkapitalistische* Rechnungen. Alle Vermögensbestände und Verpflichtungen sind in Geld zu veranschlagen. Nur dann sind Additionen und Subtraktionen möglich. Die Währungseinheit hat als Generalnenner zu dienen. Die „Bewertungsfrage" ist ein zentrales Problem jeder Bilanzierung und jeder Bilanztheorie.

Während die Ordonnance de Commerce und der Code de Commerce noch keine Bewertungsregeln beinhalteten, sah das Preußische Allgemeine Landrecht (1794) für das Innenverhältnis von „Sozietäten" dem Anschaffungs- und dem Niederstwertprinzip entsprechende Bewertungsregeln als nachgiebiges Recht vor. Das Allgemeine Deutsche Handelsgesetzbuch (Preußen 1861, Österreich 1862) beschränkte sich im Artikel 31 auf die Leerformel, daß die Vermögensgegenstände mit dem Wert anzusetzen seien, „welcher ihnen zum Zeitpunkt der Aufnahme beizulegen ist", weil sich die preußische Delegation (forderte das Anschaffungswertprinzip) und die österreichische Delegation (forderte das Tageswertprinzip) auf keine einheitliche materielle Lösung einigen konnten.

Überwiegende Praxis dürfte es bis zum Ergehen des AHGB und der nachfolgenden Literatur gewesen sein, mit Anschaffungspreisen zu bewerten [*E. Walb*, 1933, S. 3; *Kovero*, S. 63; *Penndorf*, S. 132ff.; *Barth*, S. 115].

Die Ansicht *Schmalenbachs* [1926, S. 61ff.], mit der Ordonnance de Commerce sei die „dynamische" Bewertung zu Anschaffungspreisen durch die „statische" Bewertung zu Tagespreisen abgelöst worden, ist unbegründet, da die Ordonnance de Commerce selbst gar keine Bewertungsregeln enthält und Savary in seinem Parfait Négociant (1675) in Kommentierung der Vorschriften der Ordonnance de Commerce die Anwendung des Anschaffungs- und des

Niederstwertprinzips empfahl [*Lion*, S. 21ff. sowie *ter Vehn*, 1929a, S. 9ff.].

Trotz einer den Artikel 31 AHGB als Tageswertregel interpretierenden Rechtsprechung dürfte die überwiegende Zahl der Kaufleute auch in der 2. Hälfte des vorigen Jahrhunderts bei einer Bewertung zum Anschaffungswert verblieben sein. Im Jahre 1884 wurde durch die dritte Aktienrechtsnovellierung das Anschaffungswertprinzip für Aktiengesellschaften zwingend vorgeschrieben. Anläßlich der 1897 in Deutschland erfolgten Neuredaktion des AHGB wurde mit § 40 HGB ab 1900 trotz sehr dem Artikel 31 AHGB ähnlicher Formulierung materiell neues Recht geschaffen, da im Zusammenhang mit dem Vermögensausweis nunmehr auf die „Grundsätze ordnungsmäßiger Buchführung" Bezug genommen wird, was bedeutet, daß guter Kaufmannsbrauch, und nicht die Ansichten lebensfremder Juristen, für die Bilanzbewertung maßgeblich sein soll.

Nach einer darauf folgenden Überspitzung des „Vorsichtsprinzips" in Form der Bejahung der willkürlichen Legung (und Auflösung) von „stillen Reserven" setzte 1965 mit der (deutschen) Aktienrechtsreform eine Objektivierung der Bilanzbewertung und damit der Rechenschaftslegung ein, für deren Weiterentwicklung es heute vielfache Ansätze gibt.

3. Die „Bilanztheorien" und ihre Darstellung in der konventionellen betriebswirtschaftlichen Literatur

Die überkommene Literatur verzichtet weitgehend auf den Versuch einer systematischen Gliederung der diversen (personenbezogenen) „Bilanztheorien" und unterläßt es auch, eine geschlossene „Theorie von der Bilanz" („Bilanztheorie") zu entwickeln, in die die fragmentarischen Beiträge der einzelnen „Bilanztheoretiker“ einzuordnen wären.

Meist wird in die drei „Haupttheorien", nämlich in „Statische Theorie", „Dynamische Theorie" und „Organische Theorie" eingeteilt, da man meint, auf eine dieser drei Haupttheorien jede andere „Bilanztheorie" zurückführen zu können [*Lehmann*, 1925a, S. 20; *Hax*, 1926, S. IXf.; *Heinen*, 1958, S. 25].

Als Beispiel einer tiefgegliederten jedoch unsystematischen Einteilung sei die von le Coutre angeführt. Sie unterscheidet: (1) Dynamische Bilanzlehre, (2) Statische Bilanzauffassung, (3) Organische Bilanzlehre, (4) Finanzwirtschaftliche Bilanzauffassung, (5) Pagatorische Bilanzlehre, (6) Eudynamische Bilanz, (7) Nominale Bilanzauffassung, (8) Bilanzauffassung von Heinrich Nicklisch, (9) Bilanz nach funktionaler Kontorechnung, (10) Totale Bilanzauffassung, (11) Rentabilitätsrechnungstheorie [*le Coutre*, 1956, Sp. 1153ff.].

Die Zuordnung der von einem Autor vertretenen Lehrmeinung zu einer der Haupttheorien, insbes. der „statischen" bzw. der „dynamischen", hing oft davon ab, zu welcher Theorie sich der Autor selbst bekannte, wie ihn mehr oder auch weniger gut gesinnte Kritiker klassifizierten oder welchen Teil der jeweiligen Lehre man für die Klassifizierung gerade wesentlich hielt. Dies erklärt die oft unterschiedliche Zuordnung von Autorenmeinungen in der Literatur.

Ansätze zu Systematisierungsversuchen finden sich bei *Lehmann* [1928 und 1955], bei *Hauck* [1933] und bei *Kosiol* [1959].

Lehmann stellt bei Untersuchung der „statischen" und der „dynamischen" Theorie Unterschiede in „formeller" und in „materieller" Hinsicht fest. Die Bilanz lasse sich bei formeller Erklärung als „rechnungstechnische Erscheinung" sowohl als Element der periodischen Erfolgsrechnung wie auch als Darstellungsmittel des Vermögens- und Kapitalzustandes zu einem bestimmten Stichtag auffassen. Nicht die Bilanz, sondern nur die Denkmethoden und die Lehre von der Bilanz könnten „statisch" oder „dynamisch" sein. Nach statischer Auffassung sehe man im formellen Inhalt der Bilanz Massen, die als Bestandsgrößen betrachtet werden; nach dynamischer Auffassung Massen, die als Bewegungsgrößen gedacht werden.

Im Hinblick auf den *materiellen* Inhalt der Bilanztheorien teilt Lehmann nach den verschiedenen Zwecken ein, unter denen Bilanzen aufgestellt werden können. Hierbei unterscheidet er ordentliche und außerordentliche Bilanzen. Schließlich interpretiert Lehmann die materiellen Bilanztheorien als vom Bilanzzweck abhängige Bewertungstheorien [*Lehmann,* 1955, S. 674].

Hauck befaßt sich nur mit dem materiellen Inhalt der Bilanz. Er kommt zum Ergebnis, daß es eigentlich nur zwei echte Bilanztheorien bzw. Bilanzen gäbe, nämlich die nominale Geldwertbilanz und die reale Sachwertbilanz [*Hauck,* S. 6]. In seinem „Bilanztheorien-Schema" unterscheidet er zwischen „Bewertungs-Theorien" („Anschaffungswert-Theorie" und „Tageswert-Theorie") und „Zweck-Theorien" (Vermögensrechnung, Erfolgsrechnung) [*Hauck,* S. 52ff.]. Als typische Repräsentanten nennt er Rieger bzw. Schmidt sowie Nicklisch bzw. Schmalenbach [*Hauck,* S. 57].

Kosiol sieht „das Kernstück der betriebswirtschaftlichen Bilanztheorie ... in der Darstellung der Zielsetzungen der verschiedenen Bilanzarten und der zugehörigen zweckorientierten Bilanzwerte sowie in der Erklärung des Zuordnungszusammenhanges" [*Kosiol,* 1959, S. 226]. Er unterscheidet Statusbilanzen und Erfolgsbilanzen und differenziert bei letzteren wieder in solche auf „nomineller" und in solche auf „realer" Grundlage.

Zu den auf „nomineller" Grundlage stehenden Erfolgsbilanzen zählt er die Dynamische Bilanztheorie (Schmalenbach, Walb), die Pagatorische Bilanztheorie (Kosiol), die Betriebsdynamische Bilanzauffassung (Nicklisch), die Nominelle Bilanzauffassung (Rieger) und die Statisch-totale Bilanzlehre (le Coutre); zu den auf „realer" Grundlage stehenden Erfolgsbilanzen rechnet er die Organische Tageswertbilanz (F. Schmidt), die Eudynamische Bilanzauffassung (Sommerfeld) und die Leistungsäquivalente Kapitalerhaltung (Hasenack) [*Kosiol,* 1959, S. 226ff.].

4. Die Gliederungssystematik

Die Aufzählung von zwei oder drei Haupttheorien mag in keiner Weise zu befriedigen. Die Aneinanderreihung von personenbezogen dargestellten individuellen Lehrmeinungen resigniert vor der Systematisierungsfrage und die oben dargestellten Systematisierungsversuche bieten nur ganz grobe und keineswegs widerspruchsfreie Raster, um eine gewisse Übersichtlichkeit herzustellen, vermögen jedoch keineswegs als Schemata zu dienen, in die sich analytisch die bisher vertretenen, meist sehr fragmentarischen Lehrmeinungen einordnen lassen. Ein derartiges Schema ist jedoch erforderlich, um aus dem heillosen Durcheinander und aus den unfruchtbaren bilanztheoretischen Kontroversen herauszuführen.

Wie unbrauchbar die heute noch in der traditionellen Literatur übliche Einteilung ist, mag z.B. daraus ersehen werden, daß man unter einer „Statischen Bilanz" bzw. einer „Statischen Bilanztheorie" ganz Verschiedenartiges verstehen kann und auch versteht.

Eine „statische" Bilanz liegt nach Schmalenbach vor, wenn die Bilanz den Gesamtwert (Ertragswert) einer lebenden Unternehmung darzustellen bezweckt [*Schmalenbach,* 1919, S. 83]. Aber auch eine Bilanz, in der mit Einzelveräußerungspreisen bewertet wird (Liquidationsstatus, „Juristische Bilanztheorie"), stellt selbstverständlich eine „statische" Bilanz dar. Auch in Bilanzen, in denen das Anlagevermögen mit Wiederbeschaffungspreisen bewertet wird, sieht man „statische" Bilanzen [*Trumpler,* S. 17]. Hingegen sehen Hauck, Krasensky und Lechner in der Anwendung des Anschaffungswertprinzips das für eine „statische" Bilanz Wesentliche [*Hauck,* S. 25; *Krasensky,* S. 47; *Lechner,* S.3]. Ebenso zählt man Bilanzen, die aus dem Gläubigerschutzmotiv erstellt werden, zu den statischen [*Moxter,* 1967, S. 725]. Nicklisch ist es widerfahren, daß er als „Statiker" eingestuft wurde [*Hauck,* S. 57], obwohl er es vorzieht, mit Anschaffungspreisen zu bewerten, obwohl er betont, daß „dem Bilanzieren die Funktion der Wertscheidung zwischen den beiden angrenzenden Perioden innewohnt" [*Nicklisch,* S. 3] und obwohl er sich gegen seinen Ruf eines „Statikers" verwahrt und sich selbst als den „ausgesprochensten Betriebsdynamiker" bezeichnet [*Nicklisch,* S. 2], weil er – zu Recht – in der Bilanz eine Gegenüberstellung von Beständen aktiver und passiver Art sah. Selbstverständlich genügt es zur Klassifikation als „statische" Bilanz (Bilanztheorie) bzw. zur abwertenden Einstufung als „Statiker", wenn man als Bilanzziel die Vermögensdarstellung nennt [*Zimmermann/Holzer,* S. 141].

Untersucht man die vielen bekanntgewordenen Lehrmeinungen zum Thema Bilanz, so muß man erkennen, daß die verschiedenen Fachvertreter meist sehr unterschiedliche Teilprobleme behandelt haben und selbst bei Behandlung derselben Teilprobleme häufig von sehr verschiedenartigen Zielen und Voraussetzungen ausgegangen sind. Es war somit nicht verwunderlich; daß man jahrzehntelang heiße literarische Streitgespräche führte – und dabei aneinander vorbeiredete.

In einer systematisch und umfassend gegliederten, einheitlichen „Theorie der Bilanz" müßten sich jedoch fast alle Lehrmeinungen – die ja immer nur mehr oder weniger umfangreiche Teilaussagen und Fragmente darstellen – widerspruchslos einordnen lassen.

Nachfolgend soll die „Theorie der Bilanz" in folgende Sub-Theorien gegliedert und abgehandelt werden [*Seicht,* 1970a, S. 51ff.]:

Theorie der Bilanz

Formelle Theorie:	**Materielle Theorie:**
I. Theorie des Bilanzinhaltes. (Worin besteht der Bilanzinhalt?)	III. Theorie der Bilanzierungszwecke. (Wofür wird bilanziert?)
II. Theorie der verrechnungstechnischen Erklärung der Bilanz. (Wie ist die Stellung der Bilanz im Rahmen des doppischen Systems erklärbar?)	IV. Theorie der Bilanzierungsziele. (Welche Erkenntnisse und Informationen werden angestrebt?)
	V. Theorie der Bilanzierungsgründe. (Weshalb sollen Informationen bereitgestellt werden?)
	VI. Theorie der Bilanzierungsmotive. (Weshalb besteht ein Informationsbedürfnis?)
	VII. Theorie der Bilanzbewertung. (Wie und in Abhängigkeit wovon wird bewertet?)

5. Die „Theorie der Bilanz"

5.1 Die formelle Theorie der Bilanz

5.1.1 Der Bilanzinhalt

5.1.1.1 Die Bilanz als Darstellung von Beständen

Die kaufmännische Bilanz ist eine Stichtagsrechnung (Bilanz per . . .). Sie stellt eine Momentaufnahme dar und kann daher nur Bestände und nicht Bewegungen zeigen. Eine „Bilanz" ist stets etwas Statisches. „Dynamisch" kann nur die formulierte Zielsetzung des Jahresabschlusses (Gewinnermittlung), die Art der Ermittlung, der Bewertung und der Deutung des Wesens der Bestände sowie die Erklärung der verrechnungstechnischen Stellung des Schlußbilanzkontos im doppischen System sein.

Eine Bilanz beinhaltet stets nur die Gegenüberstellung von rechnungsmäßigen *Beständen*, seien sie nun als „Aktiva" und „Passiva", als „aktive Reste" und „passive Reste", als „Vermögen" und „Kapital", als „Vorleistungen" und „Nachleistungen" usw. bezeichnet. Es ist mit der wissenschaftlichen Terminologie unvereinbar, eine Bilanz, die nur Bestände beinhaltet, als „dynamische" zu bezeichnen.

Schmalenbach prägt und verwendet jedoch den (attraktiven) Begriff „dynamische Bilanz" und behauptet, in der „dynamischen" Bilanz würden nicht Bestände, sondern Bewegungen dargestellt. Er schreibt: „ Wenn die Bilanz die Aufgabe hat, das Vermögen eines Kaufmannes oder das in einem Betrieb befindliche Kapital zu ermitteln, so weist man damit der Bilanz die Aufgabe zu, etwas Zuständliches darzustellen. Daß dieses Zuständliche nur für eine kurze Zeitspanne, vielleicht nur für einen Augenblick zuständlich ist, macht dabei nichts aus. Eine solche Bilanz nennen wir eine statische" [*Schmalenbach,* 1931, S. 79].

5.1.1.2 Die Bilanz als Darstellung von Bewegungen

Im Gegensatz zu einer solchen, das Zuständliche darstellenden „statischen"

Bilanz sieht Schmalenbach in einer „dynamischen Bilanz” eine Bilanz, die Bewegungen (!) zur Darstellung bringe. Er führt aus: „ Eine Bilanz, die der Erfolgsrechnung dient, hat eine ganz andere Funktion. Auch sie stellt insofern etwas Zuständliches dar, als aus der Bewegung ein flüchtiger Augenblick herausgegriffen wird, um sie in einem Zahlengebilde wiederzugeben. Aber es handelt sich hierbei um eine Erkenntnis nicht des Zustandes, sondern um die Erkenntnis der Bewegung, die zwischen mehreren solcher Augenblicke stattgefunden hat. Die Bewegung, die wir zu erfassen suchen, ist im vorliegenden Falle eine Wirkung von Kräften, und zwar einer Leistung auf der einen Seite und eines Kräfteverzehrs, d.h. eines Aufwandes, auf der anderen Seite. Eine solche, der Erkenntnis dieses Kräftespiels dienende Bilanz nennen wir eine dynamische.“ [*Schmalenbach,* 1931, S. 79f.]

Schmalenbachs Behauptung, in der „dynamischen” Bilanz würden Bewegungen zur Darstellung gebracht, hat gelegentlich Zustimmung [z.B. *Auler,* S. 653], überwiegend jedoch Ablehnung erfahren. Schär meint, Schmalenbach habe mit seiner Behauptung den Fachkollegen ein Rätsel aufgeben wollen, da im Begriff einer „dynamischen Vermögensbilanz” ungefähr der gleiche Widerspruch liege wie in einer „statischen Dynamik” oder in einer „dynamischen Statik” [*Schär,* 1922, S. XI]. Trefflich formuliert Rieger seine Kritik an Schmalenbachs Behauptung wie folgt: „Nach wie vor bleibt es rätselhaft, wie man aus einem Augenblick eine Bewegung soll erkennen können, die zwischen mehreren solchen Augenblicken stattgefunden hat. Da scheitert auch die beste Absicht. Mit gleicher Logik könnte sich jemand als dynamischer Photograph bezeichnen: bei einem ‚gewöhnlichen‘ Lichtbildner wollen die Leute wissen, wie sie jetzt im Augenblick der Aufnahme aussehen; bei mir handelt es sich um die Erkenntnis der Veränderung, die ihr Aussehen im letzten Jahrzehnt erfahren hat.” [*Rieger,* 1936, S. 21]

E. Walb, Schmalenbachs Schüler und einer der Hauptvertreter der „dynamischen” Richtung in der Bilanzlehre, sieht in der (komparativ-statischen) „Bewegungsbilanz” („Finanzwirtschaftliche Bilanz” in der Diktion E. Walbs) eine „dynamische Bilanz in letzter Konsequenz” [*E. Walb,* 1948, S. 47 u. S. 50], obwohl sie nur Bestandsveränderungen darzustellen vermag und Walb sie auch eine „Bestandsveränderungsrechnung” nennt [*E. Walb,* 1926, S. 116].

Kosiol als jüngerer Vertreter der „dynamischen” Richtung in der Bilanzdiskussion behauptet nicht mehr, daß in der („dynamischen”) Bilanz Bewegungen zur Darstellung gebracht würden. Er schreibt: „Jede Beständebilanz, auch die Erfolgsbilanz, ist eine Aufstellung von Vermögen und Kapital der Unternehmung und stellt somit eine Vermögens- und Kapitalbilanz dar.” [*Kosiol,* 1959, S. 223]

Auch Fischer, der schon vor Schmalenbach und mit größerer logischer Konsequenz „dynamische” Gedanken entwickelt und vertreten hatte, hat in der Bilanz eine Stichtagsrechnung über Bestände gesehen, wenn er ausführt: „Es wird durch die Passiven festgestellt, wieviel an eigenem und wieviel an fremdem Kapital zu diesem Zeitpunkt im Geschäft angelegt ist, sowie andererseits durch die Aktiven, in welcher Gestalt und in welchem Umfange der einzelnen Gestaltungsformen Kapital sichtbar zutage tritt." [*Fischer,* 1905, S. 52]

Zur Stützung ihrer Ansicht, in der Bilanz würden Bewegungen und nicht Bestände zur Darstellung gebracht, behaupten maßgebliche „Dynamiker", die Zahlen der Buchhaltung hätten den Vorrang vor den Zahlen der körperlichen Bestandsaufnahme („Inventur"). Kosiol führt z.B. aus: „Dagegen ist die zur Zeit allgemein vertretene Theorie, die von der Bilanz als Gegenüberstellung von Vermögen und Kapital ausgeht, indem sie diese aus der Inventur ableitet, wissenschaftlich unhaltbar. Sie ist im Ausgangspunkt rechnungstheoretisch unfundiert und nimmt bereits vorweg, was sich erst als Folge ergeben kann." [*Kosiol,* 1944, S. 35] Und Walb ist der Ansicht, daß sich der Erfolg auf drei (!) voneinander unabhängige Arten ermitteln lasse, nämlich aus der „Zahlungsreihe", aus der „Leistungsreihe" und aus der Inventur. Er schreibt: „Die Inventurbilanz kommt als *dritte* Möglichkeit der Erfolgsermittlung hinzu." [*E. Walb,* 1923, S. 427]

Bilanzen ohne Inventur können nur formal richtige Abschlüsse sein. Zu ihrer materiellen Richtigkeit bedarf es der bilanzstichtagsbezogenen Bestandsaufnahme durch Inaugenscheinnahme, Zählen, Messen, Wiegen und Abschätzen. Ohne Inventur ist die Feststellung von Schwundmengen (Verderb, Diebstahl etc.) und auch der regulären Verbräuche (bei „indirekter" Verbrauchsermittlung) nicht möglich.

Nicht nur „richtige" Bilanzen, sondern auch richtige Erfolgsrechnungen setzen daher die stichtagsbezogenen Bestandsaufnahmen voraus. Durch Inventur ist das Mengengerüst der Bestände (und indirekt damit der Verbräuche) festzustellen; die Bewertung dieser Mengengerüste (Anschaffungspreise, Tagespreise, Niederstwerte) ist eine vom Wesen der Inventur grundsätzlich unabhängige andere Sache.

Selbst Fischer, der mit Nachdruck die Abhängigkeit der Bilanz von der Buchhaltung vertritt und damit in der Inventur eine unnötige Angelegenheit sehen müßte, kommt nicht darum herum, die Salden des provisorischen Kontenabschlusses (Sollbestände) durch entsprechende Korrekturbuchungen (Um- und Nachbuchungen) an die durch körperliche Bestandsaufnahme ermittelten Istbestände anzupassen. Fischer schreibt: „Jedoch mindestens einmal im Jahre soll er sie ganz genau sehen. Das ist das eigentliche Motiv für die Sitte der Bilanzaufstellung: der Kaufmann soll sich von der Buchführung in einem Augenblicksbilde die Teile seines Geschäftsvermögens nebst dem geschäftlichen Ertrage vorführen lassen. Um wiederum dieses Bild möglichst wahrheitsgetreu zu gestalten, ist es unbedingt erforderlich, die Buchführung vorher von Fehlern zu reinigen. Daher die Sitte der Inventur, durch die solche Abgänge am Geschäftsvermögen festgestellt werden, die bisher noch nicht registriert worden waren." [*Fischer,* 1909, S. 42]

Auch Schmalenbach anerkennt letzten Endes ganz klar die Bedeutung der Inventur und damit die Zahlen der stichtagsbezogenen Bestandsaufnahme vor den (unberichtigten) Zahlen der Buchhaltung, wenn er ausführt: „Eine Bilanz umfaßt die Wertbeträge der Vermögensgegenstände, setzt also die Inventur voraus. Das Handelsgesetzbuch geht, wie der Absatz 3 zeigt, davon aus, daß es eine Bilanz ohne Inventur geben könne; in Wirklichkeit ist ein solcher Abschluß ein unvollkommener und entspricht nicht der kaufmännischen Auffassung über den Inhalt der Bilanz.” [*Schmalenbach,* 1907/08b, S. 296]

Schließlich gab es zwischen „Statikern” und „Dynamikern“ Streit darüber, ob Bilanz (Schlußbilanz) und Schlußbilanzkonto identisch seien oder nicht. Da die „Statiker” auf die „Unabhängigkeit” der Bilanzerstellung von der Buchhaltung pochten, setzten sie sich scharfer Kritik der „Dynamiker” aus, die auf die Identität von Schlußbilanz und Schlußbilanzkonto hinwiesen.

Da sich die behauptete „Unabhängigkeit” der Bilanz der Statiker nur als selbständige, d.h. von den bisherigen unberichtigten Buchsalden unabhängige Bilanzierung nach Maßgabe der durch Inventur ermittelten Istbestände (und Istverbräuche) erweist, erkennt man im Widerspruch nur einen scheinbaren.

Beispielsweise sei darauf hingewiesen, daß der „Statiker” Berliner die formelle Identität von Schlußbilanzkonto und Schlußbilanz bestreitet, ohne jedoch die materielle Identität (der Zahlen) zu leugnen, wie durch die folgenden Ausführungen Berliners belegt werden kann: „Nach meinem Dafürhalten sollte man auch in der betriebswirtschaftlichen Literatur unter Bilanz nur die von Walb so bezeichnete Inventurbilanz verstehen und man soll dem Bilanzkonto seinen ehrlichen Namen lassen. In Verbindung mit meiner Vermutung, Walb betrachtete Bilanz und Bilanzkonto als identische Begriffe, möchte ich darauf hinweisen, daß das Bilanzkonto ein ganz überflüssiges Stück des Rechnungsapparates der doppelten Buchführung ist, das sein Vorhandensein nur einer buchhalterischen Pedanterie – keine Posten ohne Gegenposten – verdankt. Ohne das Bilanzkonto kann die Buchhaltung in genauso guter Ordnung sein, wie mit ihm. Auf ein nicht notwendiges Stück des Rechnungsapparates sollte man aber keine Theorie aufbauen.“ [*Berliner,* 1924, S. 391] „Die Feststellung oder Schätzung des Vermögenswertes für den Tag der Inventuraufnahme und Bilanzziehung bildet für die Buchhaltung eine neue Tatsache, die auch im Hauptbuch (!) zum Ausdruck gebracht wird.” [*Berliner,* 1902, S. 238]

Auch Schmaltz betont die Selbständigkeit von Bilanz und Inventarium und merkt aber gleichzeitig an, daß die Buchhaltung in die Bilanz münde und von ihr wieder ausgehe: „Jede Bilanz hat das Inventar zur Grundlage, das in gewissem Sinne die Vorbereitung der Bilanz bildet, weil in ihm alle Vermögens- und Kapitalbestände, nach Arten gegliedert und nach Mengen und Werten festgestellt, enthalten sind. Aber Bilanz und Inventar stehen selbständig neben der Buchhaltung, wenn sie auch zusammen ein organisches Ganzes bilden und die Buchhaltung in die Bilanz mündet und von ihr wieder ausgeht.” [*Schmaltz,* Sp. 1324]

Zusammenfassend ist festzustellen, daß Statiker und letzten Endes auch die Dynamiker im Bilanzinhalt Bestände und nicht Bewegungen sehen und daß letztere im Rahmen einer auch materiell richtigen Jahresabschlußrechnung den logischen Vorrang der Zahlen der Inventur vor den unberichtigten Sollzahlen der Buchhaltung anerkennen bzw. anerkennen müssen.

5.1.2 Die Erklärungsversuche für die verrechnungstechnische Stellung der Bilanz (des Bilanzkontos) innerhalb der (doppelten) Buchhaltung

5.1.2.1 Der statische Erklärungsversuch

Das Wesen der doppelten Buchhaltung besteht darin, daß über die Gesamtheit der in einer Unternehmung vorhandenen buchmäßigen Bestände zweifach Rechnung geführt und damit Rechenschaft gelegt wird. Eine „doppelte" Buchhaltung beinhaltet somit *zwei* Kontenreihen, wobei in *jeder* Kontenreihe jeweils über die *Gesamtheit* der Bestände Rechnung geführt wird. Die Summe des Inhalts der einen Kontenreihe muß daher mit der Summe des Inhalts der anderen Kontenreihe stets übereinstimmen. Die „Bilanzgleichung" muß daher in einer formell richtigen doppelten Buchhaltung auch stets aufrecht erhalten sein (Soll-Haben-Gleichheit). Die Interpretation der beiden Kontenreihen und damit die Erklärung des Inhalts der beiden jeweils für sich vollständigen Bestandsverrechnungen kann jedoch verschieden sein.

Die *statische* Erklärung sieht in der ersten Kontenreihe die Konten des Vermögens (Aktivvermögen) und in der zweiten Kontenreihe die Konten des Kapitals. Die Konten des Kapitals zeigen den Ursprung der finanziellen Mittel (Kapitalursprung, „Finanzierung"), die Konten des Vermögens die jeweils gegebene Einkleidung der finanziellen Mittel (Kapitalverwendung, „Investitionen"). Die statische Bilanzgleichung lautet somit

Aktiva = Passiva

Das Gewinn- und Verlustkonto (Aufwands- und Ertragskonto) und damit die diversen Erfolgskonten stellen dabei für praktische Zwecke (Erfolgsquellenforschung) sehr nützliche, keinesfalls aber systemnotwendige Unterkonten zum (passiven) Bestandskonto „Eigenkapital" dar. Aufwendungen und Erträge sind schon umgesetzte oder noch umzusetzende Bestände.

Der Buchhaltung kommt die Aufgabe zu, die Veränderungen aller Aktiv- und Passivbestände möglichst lückenlos aufzuzeichnen, um die Bestandsrechnung möglichst richtig und a jour zu halten. Die Buchhaltung stellt somit eine zerlegte Bilanz dar, die durch die laufende Verbuchung der Geschäftsfälle bewegt wird. Die Buchführung ist somit „eine ausgebaute, eine erweiterte, eine gleichsam in Bewegung befindliche Bilanz" [*Osbahr,* S. 130]. Alles Buchen ist nichts weiter als „ein Fortbauen auf dem in der Bilanz vorliegenden Grundriß des geldlich-wirtschaftlichen Aufbaues einer Unternehmung" [*Osbahr,* S. 129]. Den Umsätzen ist nur deswegen Beachtung zu schenken, weil sie Bestän de verändern. Ihre Aufzeichnung erfolgt nur, um die Buchbestände an die tatsächlichen Bestände anzupassen.

Die klassische Erklärung der Buchhaltung als zerlegte und bewegte Bilanz – und damit die Interpretation der Bilanz (des Bilanzkontos) – erfolgt durch die statische „Theorie der Geschäftsfälle". Nach dieser Theorie gibt es vier systematische Möglichkeiten, durch Geschäftstätigkeit Veränderungen in der Vermögensstruktur und/oder Kapitalstruktur hervorzurufen. Es sind dies (1) der „Aktivtausch", (2) der „Passivtausch", (3) die „Bilanzverlängerung" und (4) die „Bilanzverkürzung".

Ein „Aktivtausch“ liegt vor, wenn ein Aktivum gegen ein anderes Aktivum getauscht wird (z.B. Wareneinkauf gegen bare Kassa), die Passivseite der Bilanz und auch die Bilanzsumme somit unverändert bleiben. Von einem „Passivtausch” spricht man analog, wenn durch einen Geschäftsfall ein Passivum gegen ein anderes Passivum getauscht wird (z.B. Begleichung einer Lieferantenverbindlichkeit zu Lasten eines Bankkredites) und somit keine Änderung in der Vermögensstruktur und in der Bilanzsumme sich einstellt. Eine „Bilanzverlängerung” ist gegeben, wenn sich durch einen Geschäftsfall ein Aktivbestand und in gleicher Höhe auch ein Passivbestand vermehrt (z.B. Maschinenkauf auf Kredit) und damit sowohl Vermögens- wie auch Kapitalstruktur verändert und auch die Bilanzsumme verlängert werden. Eine „Bilanzverkürzung” schließlich ist ein Geschäftsfall, in dem ein Vermögenswert hingegeben wird und damit in gleicher Höhe ein Passivum verschwindet (z.B. Bezahlung einer Verbindlichkeit).

Schaubildhaft lassen sich die vier typischen Geschäftsfälle der statischen Theorie der Geschäftsfälle wie folgt darstellen:

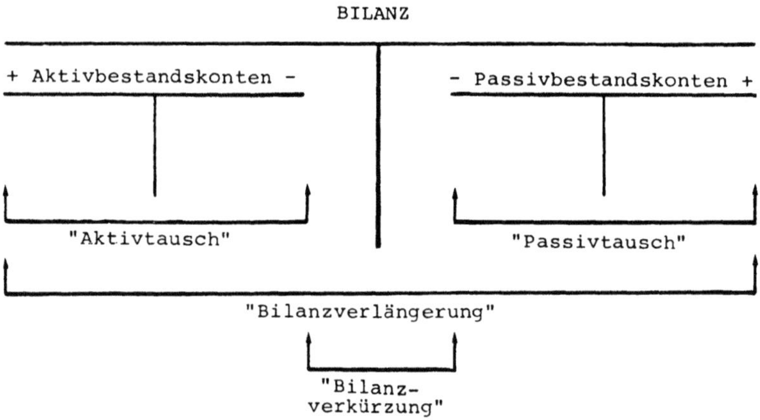

Einer statischen Erklärung der Bilanz („Aktiva = Passiva”) und einer statischen Theorie der Geschäftsfälle ist eine grundsätzliche Unterscheidung in Eigenkapital und Fremdkapital fremd. Wird eine derartige Unterscheidung – in systemwidriger Weise – im Rahmen einer statischen Theorie der Geschäftsfälle doch vorgenommen, so erweitern sich die vier systematischen Geschäftsfälle auf acht. Neben vier „erfolgsneutralen” Geschäftsfällen (die das Eigenkapital in seiner Höhe nicht tangieren) unterscheidet man dann noch vier „erfolgswirksame” Geschäftsfälle. Letztere können sein: (1) Eigenkapitalvermehrung und Aktivavermehrung (z.B. erhaltene laufende Mietezahlung), (2) Eigenkapitalmehrung und Fremdkapitalminderung (z.B. erhaltener Schuldnachlaß), (3) Eigenkapitalminderung und Aktivaminderung (z.B. Lohnzahlungen) und (4) Eigenkapitalminderung und Fremdkapitalmehrung (z.B. Eintreten von Steuerschulden).

Als Vertreter einer statischen „Theorie der Geschäftsfälle" sind zu nennen: *Schär* [1909/10, S. 343ff.], *Biedermann* [1912/13, S. 99ff.], *Geldmacher* [1923, S. 129f. und S. 132], *Großmann* [1922], *Sewering* [1925, S. 15f.], *Kalveram* [1929], *Ziegler/Dörfel* [1930], *Münstermann* [1941, S. 58], *Hasenack* [1964, S. 43ff.].

Schon Hügli hatte die Geschäftsfälle systematisch geordnet und in die folgenden „drei Arten von Geschäftsfällen" zusammengefaßt: (1) „Kompensative" (=Aktivtausch und Passivtausch), (2) „Vermehrende" (= „produktive" = Vermehrung des „reinen Vermögens", somit des Eigenkapitals) und (3) „Vermindernde" (= Verminderung des „reinen Vermögens"). Neben diesen drei Kategorien von Geschäftsfällen kennt Hügli noch folgende zwei „zusammengesetzte" Arten von Geschäftsfällen: (1) die Kombination aus einem „kompensativen" und einem „vermehrenden" Geschäftsfall und (2) die Kombination aus einem „kompensativen" und einem „vermindernden" Geschäftsfall [*Hügli,* 1894, S. 14f.].

5.1.2.2 Der dynamische Erklärungsversuch

Jede „dynamische" Erklärung der verrechnungstechnischen Stellung der Bilanz (des Bilanzkontos) sieht in letzterer eine komprimierte Buchhaltung. Die rechnungsmäßigen Bestände der Bilanz werden als „noch nicht" oder in der Vergangenheit „schon" erfolgte Umsätze gedeutet. Die entscheidende Bedeutung wird dabei dem unsaldierten Ausweis der Veränderungen des Eigenkapitals beigemessen. Der Gewinnermittlung und dem Gewinn- und Verlustkonto (Aufwands- und Ertragskonto) kommt demnach größte Wichtigkeit zu. Die der „dynamischen" Erklärung der Bilanz adäquate Bilanzgleichung hätte somit zu lauten

Reinvermögen = Eigenkapital,

wobei sich das Reinvermögen aus der Saldierung des Aktivvermögens mit den Schulden (= negatives Vermögen) errechnet:

(Aktiva ./. Schulden) = Eigenkapital.

Die der dynamischen Erklärung adäquate Abschlußtechnik müßte somit darin bestehen, daß das Konto der Eigenkapitalsänderungen (GuV-Konto) um die Bestandsreste und um das Anfangseigenkapital ergänzt wird, um eine „Bilanz" im Sinne einer Soll-Haben-Gleichheit zu erzielen. Trotzdem schließen alle „Dynamiker" „statisch" ab, d.h. trotz Betonung der Vorrangigkeit der Erfolgsrechnung sind die Bilanzen der Dynamiker reine Bestandsrechnungen, wobei die Bestände nur nach ihrer vergangenen bzw. zukünftig erwarteten Beziehung zur Erfolgsrechnung systematisiert werden.

Die *klassische* „dynamische" Erklärung der verrechnungstechnischen Stellung des Bilanzkontos wird – zu Unrecht – Schmalenbach als originäre Leistung zugeschrieben. Mit ihr soll zunächst die Behandlung der diversen Varianten einer „dynamischen" Erklärung der verrechnungstechnischen Stellung des Bilanzkontos begonnen werden.

Ausgangspunkt aller „dynamischen“ Erklärungen der Bilanz und damit vor allem der Gewinnermittlungsfunktion der Bilanz ist die Marx'sche Gleichung der verkehrswirtschaftlichen, kapitalistischen Unternehmertätigkeit

Geld – Ware / Ware – Geld.

Der „Totalerfolg“ einer Unternehmung ergibt sich demnach als Überschuß aller von Dritten erhaltenen Einnahmen über alle an Dritte geleisteten Ausgaben bzw. als Überschuß aller Entnahmen über alle Einlagen der Eigentümer.

Aus der Periodisierung von vergangenen, gegenwärtigen und zukünftigen Einnahmen bzw. Ausgaben zu „Erträgen“ bzw. „Aufwendungen“ ergeben sich die Periodenerfolgsrechnungen bzw. die Periodenerfolge, wobei die so errechneten Periodenerfolge in Summe dem totalen Einnahmenüberschuß entsprechen müssen.

Schmalenbach hat diese Idee der „Erfolgskongruenz“ schon in der dritten Auflage seiner „Dynamischen Bilanz“ beschrieben [1925, S. 72], und in der fünften Auflage des genannten Werkes umreißt er das Problem wie folgt [1931, S. 96]: „Sehen wir den Periodengewinn als Ergebnis einer Abschnittsrechnung, also als ein Teilstück des Totalgewinns, so wird Kongruenz unser Ziel sein und mit Hilfe des Kongruenzgedankens, der sich formelmäßig so ausdrückt: Summe der Periodengewinne = Totalgewinn, gewinnen wir für die Umgrenzung der Periodengewinne einen Ausgangspunkt und eine Kontrolle.“

Um diese Formel der Erfolgskongruenz näher zu erläutern und von ihren tautologischen Zügen zu befreien, müßte man wie folgt formulieren:

Σ Betriebseinnahmen = Σ Erträge
Σ Betriebsausgaben = Σ Aufwendungen
Σ Betriebseinnahmen ./. Σ Betriebsausgaben = Σ Erträge ./. Σ Aufwendungen
Σ Betriebseinnahmen ./. Σ Betriebsausgaben = Totalerfolg
Σ Erträge ./. Σ Aufwendungen = Totalerfolg
Σ Erträge ./. Σ Aufwendungen = Σ Periodenerfolge
Σ Periodenerfolge = Totalerfolg

Auch gilt die Beziehung

Σ Entnahmen ./. Σ Einlagen = Totalerfolg.

Eine scharfe Trennung zwischen Einzahlungen und Auszahlungen der Eigentümer einerseits und den betrieblichen Einnahmen von Dritten und Ausgaben an Dritte andererseits ist im Interesse einer Periodenerfolgsrechnung erforderlich. Dem Eigenkapitalkonto und dem Kassakonto kommen somit als konstituierende Bestandteile jeder Totalerfolgs- und Periodenerfolgsrechnung entscheidende Bedeutung zu.

Der „dynamischen“ Zielsetzung einer Periodenerfolgsermittlung als Differenz Erträge ./. Aufwendungen liegt somit eine zweifache Abgrenzung zugrunde. Die Einnahmen und Ausgaben der Kassarechnung sind zunächst in „Betriebseinnahmen“ und „Betriebsausgaben“ einerseits und in „Einlagen“ und „Entnahmen“ andererseits zu trennen, wobei anschließend erstere wieder in periodenerfolgswirksame (→ GuV-Rechnung) und in periodenerfolgs-*un*wirksame (→ Bilanz) zu differenzieren sind.

Die Schmalenbach zugeschriebene Erklärung der Bilanzbestände als zwischen Kassarechnung und Gewinn- und Verlustrechnung schwebende Posten sieht in der Bilanz ein für *alle* Bilanzpositionen – und nicht nur für die traditionellen Rechnungsabgrenzungsposten – zwischen (!) Kassa-Rechnung und GuV-Rechnung eingeschaltetes Rechnungsabgrenzungskonto. Vor Schmalenbach hat schon Fischer diese Ansicht vertreten [*Fischer,* 1905, 1908 und 1909], und Sganzini ging schon vor Schmalenbach über diesen Erklärungsversuch hinaus, indem er Walbs Variante einer dynamischen Erklärung der verrechnungstechnischen Stellung des Bilanzkontos (sog. „Finanzwirtschaftliche Bilanz" der Zahlungs- und Leistungsreihen) vorwegnahm [*Sganzini,* 1906, 1908 und 1910].

Für *Schmalenbach* stellt die Bilanz den „Ausgleichspuffer zwischen Ausgaben und Aufwand einerseits und Einnahmen und Leistungen andererseits" dar [1931, S. 118]. Über die zwischen dem Bilanzkonto und der Gewinn- und Verlustrechnung bestehenden Beziehungen äußert er sich wie folgt [1931, S. 121f.]: „Während die Gewinn- und Verlustrechnung die eigentliche Gewinnrechnung darstellt, übernimmt die Bilanz die Aufgabe, alle nicht ausgelösten Einnahmen und Ausgaben und alle nicht ausgelösten Aufwendungen und Leistungen zu verrechnen. Alles, was zur ersten Gruppe dieser Rechnungsposten gehört, was also heute nur Ausgabe und Einnahme, aber erst später Aufwendungen und Leistung ist, kommt nur in der Bilanz, nicht aber im Gewinn- und Verlustkonto zur Darstellung; im Gewinn- und Verlustkonto gelangt es erst in der Periode, in der es Aufwand und Leistung wird, zur Verrechnung. Alles, was dagegen heute Aufwand und Leistung ist, um erst später Ausgabe und Einnahme zu sein, tritt sowohl in der Bilanz als auch im Gewinn- und Verlustkonto in Erscheinung."

Während *Schmalenbach* in seinen älteren Schriften – zu Recht – nur für die konventionellen Rechnungsabgrenzungsposten die These vom „verknüpfenden Band" verfocht [1915/16, S. 382], erhob er in seinen jüngeren Arbeiten den Anspruch, daß *alle* (!) Bilanzpositionen das die Kassarechnung (Einnahmen-Ausgaben-Rechnung) und die Erfolgsrechnung (Aufwands- und Ertragsrechnung) verknüpfende Band darstellten.

Das endgültige *Schmalenbach'sche* Bilanzschema hatte folgendes Aussehen [1931, S. 120]:

Aktiva	Passiva
1. Ausgeben noch nicht Aufwand Gekaufte Anlagen, soweit sie dem Verschleiß und anderer Entwertung unterliegen, Unverbrauchte Materialien und Hilfsmaterialien,	6. **Aufwand, noch nicht Ausgaben** Schulden an Lieferanten, Zu erwartende Ausgaben für rückständige Instandsetzungen, Zu zahlende oder zu erwartende Steuern für rückwärtige Besteuerungsgründe,

Aktiva	Passiva
Vorausgezahlte Versicherungen, Zinsen, Mieten u. dgl. Vorauszahlungen an Lieferanten, Verteilungsfähige Ausgaben für Versuchskosten, Vorbereitungskosten u. dgl.	Zinsen u. dgl. für verbrauchte, noch nicht gezahlte Leistungen anderer.
2. **Leistungen, noch nicht Einnahmen** Selbsterstellte Anlagen, soweit sie nach Gebrauch verkäuflich sind, Fabrikate, Forderungen aus Leistungen.	7. **Einnahmen, noch nicht Leistungen** Vorauszahlungen von Kunden, andere Vorauseinnahmen für spätere Leistungen.
3. **Ausgaben, noch nicht Einnahmen** Gekaufte Anlagen, soweit sie nach Gebrauch veräußerlich sind, Warenvorräte im reinen Handel, Gegebene Darlehen, Gekaufte Effekten, Beteiligungen u. dgl.	8. **Einnahmen, noch nicht Ausgaben** Genommene Darlehen, Aufgenommenes Kapital.
4. **Leistungen, noch nicht Aufwand** Selbsterstellte Anlagen, soweit sie dem Verschleiß und anderer Entwertung unterliegen, Halbfabrikate und Fabrikate zur eigenen Verwendung, Verteilungsfähige Leistung für Versuchsobjekte.	9. **Aufwand, noch nicht Leistungen** Zukünftige Leistungen für rückständige Instandsetzungen.
5. **Geld**	(10. Eigenkapital)

Die zugehörige Erfolgsrechnung systematisiert die Verrechnungsposten wie folgt:

Soll	Haben
1. Aufwand jetzt, Ausgabe jetzt	7. Leistung jetzt, Einnahme jetzt
2. Aufwand jetzt, Ausgabe früher	8. Leistung jetzt, Einnahme früher
3. Aufwand jetzt, Ausgabe später	9. Leistung jetzt, Einnahme später
4. Aufwand jetzt, Leistung jetzt	10. Leistung jetzt, Aufwand jetzt
5. Aufwand jetzt, Leistung früher	11. Leistung jetzt, Aufwand früher
6. Aufwand jetzt, Leistung später	12. Leistung jetzt, Aufwand später

Nachfolgend wird es gelten, Schmalenbachs Erklärung des Bilanzkontos als „verknüpfendes Band" für *alle* Bilanzpositionen und damit obiges Bilanzschema kritisch zu würdigen. Es wird sich zeigen, daß die Erklärung mit dem „verknüpfenden Band" nur für die klassischen Rechnungsabgrenzungsposten (Transitorien, Antizipationen) haltbar ist, daß somit die „dynamische" Erklärung der verrechnungstechnischen Stellung der Bilanz nur in dem Umfang richtig ist, in dem sie nichts Neues verkündet, und daß die darüber hinausgehenden Erklärungsansprüche einer Nachprüfung nicht standzuhalten vermögen.

Die Positionen

„Ausgaben, noch nicht Aufwand"

und

„Einnahmen, noch nicht Ertrag"

sind außer Streit zu stellen, da für sie der Rechnungsabgrenzungscharakter als „Transitorien" evident ist und auch von den „Statikern" nicht bestritten wird.

Eine andere Frage ist es, ob man sich unter den obigen Bezeichnungen etwas vorstellen könnte, wenn man nicht wüßte, es handelt sich um Gebäude, Maschinen, Waren, vorausbezahlte Miete etc. bzw. um erhaltene Kundenzahlungen etc.

Die Bezeichnungen

„Ausgabentätigkeit früher, Aufwandsverrechnung später"

bzw.

„Einnahmenerzielung früher, Ertragsverrechnung später"

sind für sich nämlich nicht geeignet darzutun, um was es sich bei diesen Bilanzpositionen heute, am Bilanzstichtag handelt.

Fraglich ist auch, ob die unter „Ausgaben, noch nicht Aufwand" ausgewiesenen Bestände tatsächlich schon alle bezahlt worden sind.

Wo sollte man z.B. eine „gekaufte Anlage", die noch nicht bezahlt worden ist, ausweisen?! Unter einer neu geschaffenen Kategorie „noch nicht Ausgabe, noch nicht Aufwand"? Und wie wäre dann das Bilanzkonto für diese neue Kategorie noch als „verknüpfendes Band" *zwischen* Kassarechnung und Erfolgsrechnung zu erklären?

Die Positionen

„Aufwand, noch nicht Ausgaben"

und

„Ertrag, noch nicht Einnahmen"

umschreiben die „Antizipationen", die auch den Statikern als Rechnungsabgrenzungsposten bekannt sind. Neu ist nur die Bezeichnung. Die Statiker sprechen von Schulden bzw. Forderungen und im Falle kleinerer, noch nicht fälliger bzw. noch nicht abgerechneter Positionen von Rechnungsabgrenzungen.

Fraglich ist, ob die neue dynamische Bezeichnung dieser Bilanzpositionen in allen Fällen auch zutreffend sein muß. Eine Leistungsforderung, die z.B. schon mehrere Jahre besteht, ist kein „Ertrag" der Abrechnungsperiode; Ertrag ist sie schon in einer früheren Periode und damit in einer weiter zurückliegenden Erfolgsrechnung gewesen. Auch ist es keinesfalls nötig, daß z.B. *alle* „Schulden an Lieferanten" schon „Aufwand" („Aufwand, noch nicht Ausgaben"!) geworden sind. Soweit am Bilanzstichtag noch auf Kredit gekaufte

Vorräte, Maschinen etc. vorhanden sind, ist die „dynamische” Kategorisierung auf jeden Fall falsch.

Bei den Positionen

„Ausgaben, noch nicht Einnahmen”

und

„Einnahmen, noch nicht Ausgaben”

handelt es sich in evidenter Weise um Bilanzposten, für die das Bilanzkonto keine Abgrenzungsfunktion *zwischen* Kassarechnung und Erfolgsrechnung zu erfüllen hat.

Die Abgrenzungsproblematik besteht hierbei nur zwischen *vergangener* und *zukünftiger* Kassarechnung. Die These, die Bilanz sei für *alle* Bilanzpositionen – und nicht nur für die klassischen Rechnungsabgrenzungsposten der „Transitorien” und „Antizipationen” – das die Einnahmen-Ausgaben-Rechnung mit der Aufwands- und Ertragsrechnung verknüpfende Band, ist hiermit eindeutig falsifiziert.

Interessant ist auch, welche Bilanzpositionen *Schmalenbach* der Kategorie „Ausgaben, noch nicht Einnahmen” zugeordnet hat. Hier finden sich z.B. auch die „Warenvorräte im reinen Handel” [1931, S. 120] Schmalenbach sah somit im Warenvorrat ursprünglich zukünftige Einnahmen und nicht zukünftigen Aufwand. Erst in späteren Auflagen wurden die Warenvorräte in die Kategorie „Ausgaben, noch nicht Aufwand’ umgereiht. Aus zukünftigen Einnahmen wurden somit zukünftige Aufwendungen, obwohl „Aufwendungen” ja (periodisierte) Ausgaben und nicht (periodisierte) „Einnahmen” darstellen.

Es wird damit klar, daß es logisch unhaltbar ist, den Inhalt der Bestandskonten einer *doppelten* Verrechnung (Bilanz) mit mehr als zwei Begriffen (Einnahmen, Ausgaben, Aufwand, Ertrag) definieren zu wollen. Man müßte sich entweder für das Begriffspaar „zukünftige Einnahmen” und „zukünftige Ausgaben” oder für das Begriffspaar „zukünftige Aufwendungen und „zukünftige Erträge” entscheiden. Entweder sieht man im Vermögen zukünftige Einnahmen und im Kapital zukünftige Ausgaben oder man erklärt das Vermögen buchungstechnisch als zukünftigen Aufwand und das Kapital als zukünftigen Ertrag.

Auch bei den Kategorien

„Ertrag, noch nicht Aufwand”

und

„Aufwand, noch nicht Ertrag”

ist es evident, daß für sie die Bilanz keinesfalls das die Kassarechnung mit der Erfolgsrechnung „verknüpfende Band” sein kann. Das Abgrenzungsproblem besteht bei diesen Bilanzpositionen zwischen gegenwärtiger (bzw. vergangener) Periodenerfolgsrechnung und zukünftiger Periodenerfolgsrechnung. Die These vom „verknüpfenden Band” für *alle* Bilanzpositionen ist damit zum zweiten Male falsifiziert.

In die Kategorie „Ertrag, noch nicht Aufwand" lassen sich die Halb- und Fertigfabrikatebestände zweifellos einordnen. „Ertrag" stellen Halb- und Fertigfabrikate deswegen dar, weil ihre Erzeugung ja eine „Leistung" bedeutet; „noch nicht Aufwand" sind sie, weil sie ja noch nicht in den Umsatzprozeß (Verkauf) eingegangen sind.

Halb- und Fertigfabrikatebestände lassen sich aber auch noch wie folgt kategorisieren [*Seicht,* 1970a, S. 123f.]:

„Ertrag, noch nicht Einnahme"
„Ertrag, noch nicht Ausgabe"
„Ertrag, noch nicht Ertrag"
„Ausgabe, noch nicht Aufwand"
„Ausgabe, noch nicht Ertrag"
„Ausgabe, noch nicht Einnahme"
„noch nicht Einnahme, noch nicht Aufwand"
„noch nicht Einnahme, noch nicht Ausgabe"
„noch nicht Einnahme, noch nicht Ertrag"
„noch nicht Aufwand, noch nicht Ausgabe"
„noch nicht Aufwand, noch nicht Ertrag"
„noch nicht Aufwand, noch nicht Einnahme"
„noch nicht Aufwand, noch nicht Aufwand"

Besondere Schwierigkeiten macht es den Dynamikern, den Bestand an Geld in ihr Kategorienschema der Schwebeposten einzuordnen, da es logisch unmöglich ist, bares Geld zu einem *zwischen* (!) Kassarechnung und Erfolgsrechnung schwebenden Rechnungsabgrenzungsposten zu erklären.

Schmalenbach hat dieses Problem in Umrissen erkannt, trotzdem aber versucht, den Geldbestand „dynamisch" zu erklären, indem er empfiehlt, sich ihn als „gekauft", „eingewechselt" vorzustellen. Er schreibt [1919, S. 23]: „Unter den letztgenannten Ausgaben und Einnahmen, die nicht als Aufwand und Leistungen, sondern als Einnahmen und Ausgaben zum rechnerischen Ausgleich kommen, bildet ein Posten eine Besonderheit, das ist das Geld bzw. die Gesamtheit der Zahlungsmittel. Das zum Betrieb nötige Bargeld ist im Grunde nichts anderes als die übrigen Wirtschaftsmittel, wie Maschinen, Material, Werkzeuge. Aber es ist der Unterschied, daß das Geld nicht gekauft wurde; man hat nicht Geld dafür ausgegeben. Trotzdem muß das Geld sinngemäß behandelt werden; man stelle sich vor, das Geld sei ebenfalls gekauft, etwa eingewechselt. So gesehen beruht der Besitz des Geldes auf einer Ausgabe." [Vgl. auch 1931, S. 118f.]

Auch eine Einordnung des Aktivums Geld in die Kategorie „Einnahmen, noch nicht Ausgaben" wurde von *Schmalenbach* vorgenommen [1919, S. 21], wobei zu beachten ist, daß auch das Passivum „Eigenkapital" die gleiche (!) Kategorisierung fand.

In den späten Auflagen der „Dynamischen Bilanz" wurde auf den Versuch verzichtet, die liquiden Mittel und das Eigenkapital „dynamisch" zu deuten. *Münstermann* kritisiert diese Einsicht Schmalenbachs und hält selbst an der dynamischen Deutung des Geldes (und des Eigenkapitals!) als „Einnahmen, noch nicht Ausgaben" fest [1966a, S. 517].

Wenn verschiedene Bilanzpositionen, die noch nicht wieder ihre Geldform erreicht haben (Geld-Ware-Wiedergeld), *relativ* zu barem Geld Schwebeposten sind, dann kann man den Bestand an barem Geld nicht ebenfalls als Schwebeposten erklären, ohne das ganze Schema zum Einstürzen zu bringen. Verzichtet man jedoch auf eine derartige „dynamische" Erklärung des Geldbestandes, dann darf man die Behauptung nicht länger aufrechterhalten, die Bilanz (das Bilanzkonto) sei für *alle* Bilanzpositionen das die Einnahmen-Ausgaben-Rechnung mit der Aufwands- und Ertragsrechnung , verknüpfende Band".

Die interessantesten Aspekte ergaben sich beim Versuch der Dynamiker, das Eigenkapital „dynamisch" zu erklären. *Schmalenbach* hat zwar das Eigenkapital in seinem „dynamischen" Bilanzschema nie gesondert ausgewiesen, es findet sich jedoch in der Kategorie „Einnahmen, noch nicht Ausgaben" als „Eigenkapitaleinzahlungen" [1919, S. 21] und als „Aufgenommenes Kapital" [1931, S. 120] und wird damit den „Genommenen Darlehen" (= Fremdkapital!) gleichgestellt.

Wird jedoch nicht zwischen Eigenkapital und Fremdkapital unterschieden, dann wird eine logisch schlüssige Erklärung der Gewinnermittlung – ein zentrales Anliegen der „Dynamiker" – unmöglich. Erfolg kann doch nur Eigenkapitalsänderung sein. Die Vermehrung von Schulden stellt keinen „Gewinn" dar und die Verminderung der Schulden bedeutet keineswegs einen „Aufwand".

Die schärfste Trennung zwischen bilanzmäßigem „Eigenkapital" und Fremdkapital ist eine zwingende Voraussetzung jeder Erfolgsermittlung und das Kassakonto und das Eigenkapitalkonto sind die zwei fixen Bezugspunkte, zwischen denen andere Bilanzpositionen als „schwebend" erklärt werden können.

Zusammenfassend kann man folgende Ergebnisse formulieren:

(1) Das Bilanzkonto stellt nur für „Transitorien" und „Antizipationen" ein die „Kassarechnung und die Erfolgsrechnung verknüpfendes Band" dar.
(2) Eine „dynamische" Erklärung des Geldbestandes würde eine „dynamische" Definition anderer Bilanzpositionen unmöglich machen.
(3) Das Eigenkapital wäre nur im Rahmen einer einfachen Einnahmen-Ausgaben-Rechnung, die auf jede Erfolgsermittlung verzichtet, als Schwebeposten („Einnahmen, noch nicht Ausgaben") definierbar.
(4) Vier verschiedene Begriffe (Einnahmen, Ausgaben, Aufwand, Ertrag), die noch dazu in verschiedenen Kombinationen zur willkürlichen Definition der Bilanzpositionen verwendet werden, machen eine widerspruchsfreie Einordnung des Bilanzinhaltes in nur zwei Spalten („doppelte" Buchhaltung; „Bi-lanx") unmöglich.

Schmalenbach gilt in weiten Kreisen als Schöpfer der „dynamischen" Deutung der Bilanz und insbesondere der dynamischen Erklärung der verrechnungstechnischen Stellung des Bilanzkontos. Beispielsweise vertreten *Heinen* [1958, S. 36], *Gutenberg* [1965, S. 19], *le Coutre* [1956, Sp. 1157], *Münster-*

mann [1966, S. 553] und *Schulze* [1966, S. 110f.] eine derartige (irrige) Meinung.

Schon *v. Strombeck* [1878], *Scheffler* [1879], *Schüler* [1879] und *Simon* [1886] forderten (zumindest für das Anlagevermögen) aus der Erkenntnis der Periodenabgrenzungsfunktion der Bilanz zum Zwecke einer Realisationsrechnung – im Gegensatz zu den meisten zeitgenössischen handelsrechtlichen Kommentatoren – die Beachtung des Anschaffungswertprinzips, und v. Wilmowski, Rehm, Fischer und Sganzini deuteten auf diesen Erkenntnissen aufbauend den Bilanzinhalt (oder Teile davon) als Schwebeposten. *Von Wilmowski* [1895, 1896] untersuchte vor allem das Problem der Abschreibungen und kam zu einer „dynamischen" (ausgabenverteilungstheoretischen) Begründung derselben, *Rehm* [1903, 1914] systematisierte die Rechnungsabgrenzungsposten, *Fischer* [1909] sah in der Bilanz nur eine Resterechnung, in der nicht „Werte", sondern nur noch nicht buchmäßig amortisierte Kostenziffern ausgewiesen werden, und entwickelte in kasuistischer Weise eine „dynamische" Theorie der Geschäftsfälle, und *Sganzini* [1906, 1908, 1910] ging mit seiner Lehre über die spätere klassische „dynamische" Bilanzerklärung hinaus, indem er Walbs Lehre von der Zahlungsreihe und Leistungsreihe (sog. „Finanzwirtschaftliche Bilanztheorie") vorwegnahm.

5.1.2.3 Der finanzwirtschaftliche Erklärungsversuch

Für die Walbsche Theorie der Zahlungs- und Leistungsreihe ist die Bezeichnung „Finanzwirtschaftliche Bilanztheorie" üblich geworden.

E. Walb hat – zum Unterschied von Schmalenbach – klar erkannt, daß sowohl der Reinvermögensvergleich (Bilanz) wie auch die Aufwands- und Ertragsrechnung zwangsläufig zu einem identischen Ergebnis führen müssen. Er schreibt [1924, S. 36]: „Betrachtet man, wiederum der Entwicklung folgend, zunächst die formelle Stellung der Bilanz im Rahmen der doppelten Buchhaltung, so stellen sich sowohl das Bilanz- als auch das Gewinn- und Verlustkonto als Mittel der Erfolgsrechnung dar. Man kann daher ebenso gut sagen, die Bilanz sei eine Kontrolle der Gewinn- und Verlustrechnung wie umgekehrt die Gewinn- und Verlustrechnung sei eine Kontrolle der Bilanz."

Aus der an und für sich trivialen Erkenntnis, daß im Rahmen einer „doppelten" Buchhaltung der Gewinn auf zwei Arten ermittelbar ist, entwickelt Walb seine Theorie der Zahlungs- und Leistungsreihe, in der das Bilanzkonto nicht mehr als das die Kassarechnung mit der Erfolgsrechnung verknüpfende Band, sondern als (modifizierte) Kassarechnung selbst interpretiert wird.

In der *„Zahlungsreihe"* faßt E. Walb alle jene aktiven und passiven Vermögensgüter zusammen, die einen nominellen Wert haben, wie z.B. Geld, Bankguthaben, Forderungen, Darlehen, Lieferantenverbindlichkeiten etc.

In die *„Leistungsreihe"* stellt er alle jene Vermögensgüter ein, die im Leistungsprozeß eingesetzt und umgewandelt werden und deren Wert erst bei Verkauf der erstellten Leistungen sichtbar wird und fixiert werden kann. Solange die Vermögensgüter noch nicht im Umsatzprozeß eingesetzt worden sind und noch nicht zu neuen Ansprüchen in nominell fixierter Höhe geführt haben, sind sie mit Anschaffungspreisen zu bewerten.

Die „Leistungsreihe" umfaßt alle Bestände, die nominell noch nicht fixiert sind und daher noch buchmäßige Erfolge erwarten lassen (gemischte Konten), aber auch alle Aufwands- und Ertragskonten.

Die Jahresabschlußrechnung bringt die Notwendigkeit einer Abgrenzung der betrieblichen Einnahmen und Ausgaben nach Maßgabe des realisierten Verbrauches der Güter der Leistungsreihe mit sich. Diese Abgrenzung der Einnahmen und Ausgaben hat in der Leistungsreihe durch „Zurückverrechnungen" der noch nicht erfolgswirksam gewordenen vergangenen Einnahmen und Ausgaben (Transitorien) und durch „Nachverrechnungen" zukünftig eintretender, jedoch schon heute erfolgswirksamer Einnahmen und Ausgaben (Antizipationen) zu erfolgen.

Den Inhalt der beiden Kontenreihen gliedert *E. Walb* wie folgt [1926, S. 57]:

Konten der Leistungsreihe		Konten der Zahlungsreihe
I.	Betr. materielle und immaterielle Güter Warenkonto Maschinenkonto Anlagenkonto Effektenkonto Patentkonto u. dgl.	Kassenkonto Debitoren-, Kreditorenkonto Wechsel-, Akzeptekonto Hypotheken-, Obligationenkonto Kapitalkonto
II.	Betr. Dienstleistungen Provisionenkonto Versicherungskonto Porti (Fracht)konto u. dgl.	
III.	Betr. Arbeit Gehälterkonto Löhnekonto	
IV.	Betr. Kapitalnutzungen Zinsen-, Agio-, Disagio-, Diskonto-, Skontikonto Miete-, Pachtkonto	
V.	Betr. sonstiger Aufwand und Ertrag Steuerkonto Mankikonto u. dgl.	

Nach Vornahme der „Rückverrechnungen" und der „Nachverrechnungen" ergibt sich für die Bilanz das auf der folgenden Seite dargestellte Schema.

E. Walb erläutert die „Zurückverrechnungen" und die „Nachverrechnungen" wie folgt [1926, S. 70f.]: „Wenn man bei der Erfolgsermittlung, was dem tatsächlichen Vorgehen entspricht, von der Verbuchung ausgeht, so handelt es sich um zuviel und zuwenig Verbuchtes, das für die Erfolgsrechnung zu berücksichtigen ist, wenn diese den wirklichen Aufwand und die wirklichen Erträgnisse erfassen soll. Das zuviel Verbuchte im Sinne der Erfolgsrechnung findet sich zunächst bei allen Ausgaben bzw. den ihnen entsprechenden Leistungs-

Bilanzkonto

(1) Aktiver Inhalt der Zahlungsreihe (Kassa, Bank, Wertpapiere, Debitoren etc.)	(1) Passiver Inhalt der Zahlungsreihe (Eigenkapital, Hypotheken, Kreditoren etc.)
(2) Zurückverrechnete Ausgaben (Waren, Maschinen, Mobilien, Immobilien, Vorausgezahlte Miete)	(2) Zurückverrechnete Einnahmen (Vorauserhaltene Zinsen)
(3) Nachverrechnete Einnahmen (Rückständige, zu erhaltende Miete)	(3) Nachverrechnete Ausgaben (Rückständige Gehälter, rückständige Reparaturen)
	(4) Gewinn

verrechnungen, von denen eine Erfolgswirksamkeit für spätere Perioden ausgeht. Man kann hier von unverbrauchten Leistungen oder, allerdings sprachlich weniger schön, von unverbrauchten Ausgaben usw., wenigstens im Grundsatz, von voraus verrechnetem, zukünftigem Verbrauch sprechen. Solch voraus verrechneter Verbrauch findet sich auf allen Konten der Leistungsreihe. Er ist am augenfälligsten bei der Gruppe der materiellen Güter, deren am Ende der Periode noch vorhandenen Bestände (Waren-, Effekten-, Maschinen-, Werkzeuge-, Grundstücksbestände), weil in der Zukunft noch Erfolge bewirkend, als unverbraucht für die laufende Periode oder vorausbezahlt für kommende Perioden anzusehen sind. Solche unverbrauchten Teile kommen nicht nur bei der Verrechnung materieller Güter, sondern ebenso bei der aller übrigen Leistungsarten vor. Genau wie bei Grundstücken und Rohstoffen kann es sich auch bei Versicherungsprämien, Löhnen, Gehältern, Zinsen (wozu auch das Obligationendisagio gehört) um gebuchte Summen handeln, die den Aufwand der Periode überschreiten. Alsdann verbleiben auch hier unverbrauchte, in den folgenden Perioden wirksam werdende Reste."

Walb erkennt, daß im Schmalenbach'schen Erklärungsversuch sich das Geld nicht logisch schlüssig einordnen läßt und daß dies jedoch bei seiner eigenen Deutung des Bilanzkontos möglich ist. Ein von Walb selbst vorgenommener Vergleich seines Schemas mit dem Schmalenbachs zeigt folgendes Bild [*E. Walb*, 1926, S. 107]:

Schmalenbach		Walb	
1. Ausgaben, noch nicht Aufwand	1. Aufwand, noch nicht Ausgaben	1. Inhalt der Zahlungsreihe = 5,3 u.z.T. 2 bei Schmalenbach	1. Inhalt der Zahlungsreihe = 3 u.z.T. 2 bei Schmalenbach
2. Leistungen, noch nicht Einnahmen	2. Einnahmen, noch nicht Leistung	2. Zurückverrechnete Ausgaben = 1 u. 4 bei Schmalenbach	2. Zurückverrechnete Einnahmen = 2 bei Schmalenbach
3. Ausgaben, noch nicht Einnahmen	3. Einnahmen, noch nicht Ausgaben	3. Nachverrechnete Einnahmen = 2 bei Schmalenbach	3. Nachverrechnete Ausgaben = 1 u. 4 bei Schmalenbach
4. Leistungen, noch nicht Aufwand	4. Aufwand, noch nicht Leistung		
5. Geld			

Walbs Erklärung der verrechnungstechnischen Stellung des Bilanzkontos stellt gegenüber der klassischen „dynamischen" Theorie einen klaren Fortschritt dar, gelingt ihr doch die logisch schlüssige Einordnung des Geldbestandes. Ein Fortschritt ist es auch, daß allein mit *einem* Begriffspaar, nämlich mit den Begriffen „Einnahmen" und „Ausgaben", das Auslangen gefunden wird und die Begriffe „Aufwand" und „Ertrag" entbehrlich geworden sind.

Nicht geglückt ist die Erklärung und Einordnung des Eigenkapitals. Das Eigenkapital genauso wie das Fremdkapital in die „Zahlungsreihe" einzustellen, kann nicht befriedigen. Auch für Walb muß ein Gewinn letzten Endes ein erzieltes Mehr an finanziellen Mitteln (Geld) sein. Jedes derartige Mehr an finanziellen Mitteln (Geld) wäre auf der *Soll*seite der *Zahlungs*reihe einzustellen, dem auf der *Haben*seite der *Zahlungs*reihe (Eigenkapital) ein gleich großes Mehr entsprechen würde. Eine Gewinnermittlung (Saldobildung) schließt sich damit in der Zahlungsreihe aus.

Kritisch zu erwähnen ist auch, daß es für die Trennung der Konten in solche der Zahlungsreihe und solche der Leistungsreihe keine scharfe Grenze gibt. Auch Nominalwerte, z.B. Forderungen, können an Wert verlieren oder gewinnen. Die Werte der Bestände der Zahlungsreihe sind in ihrer Höhe keineswegs so endgültig fixiert, wie es die Walb'sche Theorie unterstellt.

Unhaltbar ist schließlich Walbs Ansicht, in der Zahlungsreihe unabhängig von der Leistungsreihe den Erfolg ermitteln zu können, denn ohne Einstellung der unverbrauchten Reste der Leistungsreihe in die Zahlungsreihe (Rückverrechnungen, Nachverrechnungen) läßt sich in der Zahlungsreihe kein Erfolg berechnen.

Walbs Theorie ermangelt es auch an Originalität. Sie stimmt mit der fast zwei Jahrzehnte älteren „Realistischen Kontentheorie" *Sganzinis* [1906, 1908, 1910] überein, wobei Sganzini statt von Konten der Zahlungsreihe von „Kontrollkonten" und statt von Konten der Leistungsreihe von „Rechnungskonten" sprach. Nach Sganzini und noch vor Walb haben auch noch andere Autoren gleichartige Ideen vertreten, von denen vor allem *G. Müller* [1915] zu nennen ist. Müller sprach treffend von „Nennwert-Kontrollkonten“ und von „Inventur-Erfolgskonten" [1915, S. 26f.].

5.1.2.4 Der pagatorische Erklärungsversuch

Kosiol baut mit seiner „Pagatorischen Bilanz" auf Walbs Theorie auf und erhebt den Anspruch, eine „folgerichtig zu Ende gedachte, systematisch geschlossene Buchhaltungs-, Konten-, Bilanz- und Bewertungstheorie auf einheitlicher Grundlage zu schaffen" [1949, Vorwort].

Erstmals veröffentlicht wurde die „pagatorische" Konzeption 1940 in einer Festschrift für Ernst Walb [*Kosiol*, 1940, S. 103ff.].

Kosiols Verdienst ist es, Walbs Konzept detaillierter dargestellt zu haben, ohne jedoch die bilanz- und erfolgsrechnungstheoretischen Schwachstellen zu beseitigen, die schon an Walbs Theorie kritisiert worden sind.

Walb schreibt nicht zu Unrecht: „Kosiol spricht neuerdings von der pagatorischen Bilanz (pagare = zahlen) mit einer etwas verwickelteren Begründung der Bilanzposten. Alle diese Theorien laufen – und das ist das Entscheidende – letztlich auf das gleiche hinaus." [E. Walb, 1948, S. 78]

In ausführlicher Gliederung stellt sich *Kosiols* Bilanzschema wie folgt dar [1944, S. 35]:

A. Aktivseite der Bilanz (Bilanzvermögen)
- I. Tatsächliches (effektives, eigentliches) Vermögen
  - 1. Zahlungs- oder Finanzvermögen (Nominalgüter) = Einnahmenüberschüsse
    - a) Barvermögen = Bargeld aus sofortigen Einnahmen (abzüglich Ausgaben)
    - b) Kreditvermögen = Forderungen (auf Geld) aus offenen (unausgeglichenen) zukünftigen Einnahmen
  - 2. Sachvermögen (Realgüter) = materielle und immaterielle Ausgabengegenwerte (Vorräte) = zurückverrechnete Ausgaben
- II. Rechnungsmäßiges (fiktives, uneigentliches) Vermögen
  - 1. Zurückverrechnetes (transitorisches) Zahlungsvermögen = Ausgabengegenwerte, soweit sie kein Realvermögen darstellen (uneigentliche Vorräte) = zurückverrechnete Ausgaben
  - 2. Vorverrechnetes (antizipatives) Zahlungsvermögen = Ertragsgegenwerte = uneigentliche Einnahmenüberschüsse

B. Passivseite der Bilanz (Bilanzkapital)
- I. Tatsächliches (effektives, eigentliches) Kapital
  - 1. Zahlungskapital = Ausgabenüberschüsse = Schulden (in Geld) aus offenen (unausgeglichenen) zukünftigen Ausgaben
    - a) Fremdkapital = Gläubigerkapital = Leihkapital
    - b) Eigenkapital = Unternehmerkapital = Beteiligungskapital
  - 2. Zurückverrechnetes (transitorisches) Kapital = Einnahmengegenwerte (Reservate) = zurückverrechnete Einnahmen
- II. Rechnungsmäßiges bzw. fiktives Kapital
  - 1. Vorverrechnetes (antizipatives) Kapital = Aufwandsgegenwerte = Ausgabenüberschüsse
  - 2. Gewinn = erfolgswirksamer Kapitalzuwachs der Rechnungsperiode

Neben einer Vertiefung des Walb'schen Konzepts hat Kosiol eine Systematisierung der tatsächlichen und fiktiven Einnahmen und Ausgaben nach ihrer verrechnungstechnischen Bedeutung vorgenommen und daraus die Erfolgsrechnung in Form einer „Pagatorischen Bewegungsrechnung" abgeleitet.

Einnahmen	Pagatorische Bewegungsbilanz Ausgaben
I. Bareinnahmen	I. Barausgaben
II. Verrechnungseinnahmen	II. Verrechnungsausgaben
a) Voreinnahmen	a) Vorausgaben
b) Tilgungseinnahmen	b) Tilgungsausgaben
c) Rückeinnahmen	c) Rückausgaben
d) Nacheinnahmen	d) Nachausgaben
	Saldo = Periodenerfolg (Gewinn)

Folgendes ist unter obigen Begriffen zu verstehen [*Münstermann*, 1966b, S. 560; *Langen*, 1965, S. 36f.]:

„Voreinnahmen" = zukünftige Bareinnahmen
= Entstehen einer Forderung

„Vorausgaben" = zukünftige Barausgaben
= Entstehen von Schulden (Fremdkapital *und* Eigenkapital)

„Tilgungseinnahmen"	= Gegenbuchungen zu den Barausgaben für Schuldentilgungen, deren evtl. Erfolgswirksamkeit bereits in den „Vorausgaben" vorweggenommen worden ist.
„Tilgungsausgaben"	= Gegenbuchungen zu den Bareinnahmen von Forderungstilgungen, deren evtl. Erfolgswirksamkeit bereits in den Voreinnahmen vorweggenommen worden ist.
„Rückeinnahmen"	= Aktivierung von (Vorrats-) Ausgaben, die noch nicht Aufwendungen sind, z.B. Anlagen, Vorräte, Anzahlungen, vorausbezahlte Miete und andere aktive Transitorien.
„Rückausgaben"	= Passivierung von (Reservat-) Einnahmen, z.B. erhaltene Kundenzahlungen, vorausempfangene Zinsen, Mieten und andere passive Transitorien.
„Nacheinnahmen"	= erfolgswirksame Auflösung von Rückausgaben, z.B. Ertrag aus im voraus erhaltenen Mieten, Zinsen, erhaltenen Kundenzahlungen.
„Nachausgaben"	= erfolgswirksame Auflösung von Rückeinnahmen, z.B. Abschreibungen, Rohstoff- und Wareneinsatz, Buchwerte verkaufter Anlagen.

Kosiol führt über seine dynamische Theorie der Geschäftsfälle aus [1944, S. 26]: „Mit Hilfe der angeführten Verrechnungen ist es möglich, eine periodische Erfolgsrechnung auf den Zahlungsvorgängen aufzubauen. Die Barbewegungen, ergänzt durch die Kreditvorgänge, werden durch Verrechnungen derart modifiziert, daß der Unterschied sämtlicher Einnahmen und Ausgaben den Periodenerfolg ergibt. Im Endergebnis wirken sich lediglich die Ertragseinnahmen und Aufwandsausgaben der Periode aus. Dieser von älteren Autoren, z.B. von Kurzbauer, nur geahnte Zusammenhang ist von Schmalenbach und Walb grundlegend weiterentwickelt und von mir auf die gemeinsame Wurzel zurückgeführt worden."

Kritisch ist zu *Kosiols* Theorie anzumerken, daß in ihr der gleiche Denkfehler enthalten ist, der schon Sganzini und Walb unterlaufen ist, wenn Eigenkapital als „Ausgabenbestand" [1944, S. 27 und S. 35] definiert und der Begriff der „Kreditausgaben" auch „auf das Eigenkapital in jeder Form" ausgedehnt wird [1944, S.22]. Damit muß nämlich jeder „Gewinn" gleichzeitig zu einer „Kreditausgabe" und damit der Totalerfolg zu Null werden! Dann läßt sich aber auch kein Periodengewinn „als geldmäßiger Überschuß konstruieren" [1944, S. 22].

Die gelegentlich anzutreffende Ansicht [*R.B. Schmidt/Chmielewicz*, S. 23], Kosiol sei die logisch schlüssige Einordnung des Eigenkapitals in seinem Bilanzschema gelungen, erweist sich damit als unrichtig.

5.1.2.5 Der kapitaltheoretische Erklärungsversuch

Eine Interpretation der Bilanz bzw. der verrechnungstechnischen Stellung des Schlußbilanzkontos, die neben der Vermögensdarstellung auch und vor allem eine schlüssige Erklärung der Gewinnermittlung erlauben soll, hat grundsätzlich von der Bilanzgleichung „Reinvermögen (positives Vermögen ./. negatives Vermögen) = Eigenkapital" auszugehen.

Der Theorie der kapitaltheoretischen Bilanz liegt obige Bilanzgleichung zugrunde, wobei in den nichtgeldwerten Beständen zukünftig erwartete Einnahmen bzw. zukünftig erwartete Ausgaben gesehen werden.

Die Bilanz wird somit nicht als Vergangenheitsrechnung oder als Mischung von Vergangenheits- und Zukunftsrechnung, sondern als reine Zukunftsrechnung gedeutet. In der Kassa steht (per Saldo), was sich an Geldbewegungen (Einzahlungen, Auszahlungen) in der Vergangenheit schon ereignet hat, in der Bilanz bzw. in den übrigen Bestandskonten (ausgenommen das Eigenkapitalkonto) ist festgehalten, welche Einnahmen und Ausgaben aus den bisher begonnenen Geschäften in Zukunft noch zu erwarten sind.

Das Reinvermögen ist somit definiert als Überschuß der vergangenen Einnahmen über die vergangenen Ausgaben (= Kassabestand) plus zukünftig erwartete Einnahmen und Ausgaben („Budget"). Der Kontenreihe dieser „Geldgebarungsrechnung" steht die Kontenreihe der „Eigenkapitalrechnung" gegenüber, dem das Eigenkapitalkonto und das Gewinn- und Verlustkonto angehören.

Die kontenreihenförmige und die bilanzmäßige Darstellung zeigen folgende Bilder:

Kontenreihen

Konten der Geldgebarungsrechnung:	Konten der Eigenkapitalrechnung
1. Kassakonto	1. Eigenkapitalkonto
2. Budgetkonto	2. Gewinn- und Verlustkonto

Bilanz

1. Kassa (vergangener Einnahmenüberschuß)	1. Eigenkapital
2. Zukünftige Einnahmen von Nichteigentümern	2. Zukünftige Ausgaben an Nichteigentümer
3. Verlustkonto (= Vorkonto zum Eigenkapital)	3. Gewinnkonto (= Vorkonto zum Eigenkapital)

Alle realisierten Einnahmen und Ausgaben sind auf dem Kassakonto zu buchen. Alle hinreichend konkretisierten zukünftigen Einnahmen und Ausgaben werden auf dem Budgetkonto (bzw. dessen Unterkonten) festgehalten. Gegen GuV-Konto ist jede Budgetneuschätzung und jede Abweichung zwischen Budgetansatz und realisiertem Ist zu buchen.

„Geht man zunächst von der Vorstellung aus, daß das gesamte Vermögen einer Unternehmung aus barem Geld bestand, so wird die zweifache Verrechnung darüber auf dem Kassakonto im Soll und auf dem Eigenkapitalkonto im Haben erfolgen. Sind nun des weiteren durch die Geschäftstätigkeit zukünftige Einnahmen und zukünftige Ausgaben im Verkehr mit Nichteigentümern zu erwarten und haben sich diese Erwartungen in einem für eine Verbuchung erforderlichen Maße konkretisiert, so erfolgt ihre Aufzeichnung auf dem Konto ‚Budget' (bzw. dessen Unterkonten), welches somit ein Vorkonto zum Kassakonto darstellt.

In gleicher Weise, wie sich durch diese Verbuchung der erwarteten Einnahmen und Ausgaben eine Veränderung in der Geldgebarungsrechnung ergeben hat, muß sich auch eine Veränderung in der Eigenkapitalrechnung ergeben. Jede Verbuchung einer prognostizierten Einnahme oder Ausgabe auf dem Konto ‚Budget' bzw. auf dessen Unterkonten (Forderungen, Vorräte, Anlagen, Verbindlichkeiten) muß somit auch zu einer Buchung auf dem Eigenkapitalkonto bzw. auf dessen Vorkonto (GuV-Konto) führen. . . . Treten nun Abweichungen zwischen verbuchten und prognostizierten Einnahmen bzw. Ausgaben einerseits und realisierten Einnahmen bzw. Ausgaben andererseits auf, so ist die eingetretene Differenz zwischen Soll und Ist wiederum auf dem Eigenkapitalkonto (bzw. dem Vorkonto dazu, = GuV-Konto) zu verbuchen, um das *doppische* Verrechnungssystem im Gleichgewicht und das Eigenkapital in richtiger Höhe zu halten." [*Seicht,* 1970a, S. 67f.]

Eine tiefere Aufgliederung des Inhaltes der „kapitaltheoretischen Bilanz" kann wie folgt vorgenommen werden [*Seicht,* 1970a, S. 578]:

Bilanz

Aktiva	Passiva
I. Realisierter Einnahmenüberschuß (Kassa, Bank)	I. Eigenkapital
II. Zukünftige Einnahmen	II. Zukünftige Ausgaben
A. Mit keinen zukünftigen Ausgaben verbunden	A. Mit keinen zukünftigen Einnahmen verbunden
a) mit Rechtsanspruch (Forderungen, Besitzwechsel)	a) Mit Rechtsverbindlichkeit (Verbindlichkeiten, Schuldwechsel)
b) ohne Rechtsanspruch	b) Ohne (vorläufige) Rechtsverbindlichkeit
aa) Mit Substanzdeckung (Zu Veräußerungspreisen; Waren, Wertpapiere, Grundstücke, Anlagen usw.)	aa) sicherer kurzfristiger Baraufwand
bb)Ohne Substanzdeckung (Ertragswertdifferenz)	bb)Ausgaben zur Erhaltung der Ertragskraft
B. Mit zukünftigen Ausgaben verbunden (Zukünftige Darlehenseinnahmen usw.)	B. Mit zukünftigen Einnahmen verbunden (Rückzahlung künftiger Darlehen)

Die Idee einer Bilanz als Zukunftsrechnung ist nicht neu. Schon *Sganzini* [1908] und *Kempin* [1910] haben diese Möglichkeit der Interpretation gesehen. *Käfer* sah in der Bilanz ebenfalls eine „Zukunftsrechnung", allerdings eine solche mit *güter*wirtschaftlichen Elementen [1962]. *Rieger* vertrat kompromißlos ein bilanztheoretisches Konzept, das in der Bilanz eine modifizierte

Kassarechnung und in den nichtbaren Bilanzbeständen zukünftige Einnahmen und zukünftige Ausgaben sah. Eine die Doppelverrechnung und die Erfolgsrechnung erklärende Theorie hat er jedoch nicht angeboten [1928].

Mit der „kapitaltheoretischen" Konzeption erscheint die Erklärung der doppelten Verrechnung, des Inhaltes der Bilanz und der verrechnungstechnischen Stellung des Bilanzkontos widerspruchsfrei geglückt.

5.2 Die materielle Theorie der Bilanz

5.2.1 Die Bilanzierungszwecke

Eine Unterscheidung zwischen „Bilanzierungszwecken", „Bilanzierungszielen", „Bilanzierungsgründen" und „Bilanzierungsmotiven" ist im Interesse einer klaren und logischen Abhandlung der Fragen nach dem „Weshalb" und „Wie" der Bilanzerstellung erforderlich. Es handelt sich bei den genannten Begriffen um unterschiedliche Kategorien, deren Beziehungen zueinander einer strengen hierarchischen Rangordnung unterliegen.

Die konventionelle bilanztheoretische Literatur erkennt nicht die Notwendigkeit dieser klaren Unterscheidung und behandelt daher recht wahllos und ungeordnet und in logisch nicht befriedigender Weise Problembestände dieser vier genannten Kategorien.

Trumpler schreibt z.B., daß die Bilanz der AG „nicht nur den Zwecken der Gewinnermittlung, sondern auch dem Schutz der Gläubiger" diene, womit er das Bilanzierungsziel „Gewinn" dem Bilanzierungsmotiv „Gläubigerschutz" gegenüberstellt, so als ob den Gläubigern nicht auch durch richtige Information über die Erfolgssituation gedient werden könnte [1937, S. 18].

Heinen meint, daß die Bilanz nach der neueren statischen Bilanzauffassung vor allem der „Rechenschaftslegung" und der „Erfolgsermittlung" diene, womit Bilanzierungsgrund und ein Bilanzierungsziel als gleichwertige Kategorien nebeneinandergestellt werden [1958, S. 28].

Le Coutre behandelt „Bilanzierungszweck", „Bilanzierungsziel", „Bilanzierungsmotiv" und „Bilanzierungsgrund" als gleichwertige Kategorien, wenn er ausführt [1949. S. 25]: „Es lassen sich grundsätzlich folgende vier allgemeine Aufgaben als typisch erkennen: 1. Wirtschaftsübersicht, 2. Wirtschaftsergebnisfeststellung, 3. Wirtschaftsüberwachung und 4. Rechenschaftslegung."

Die Frage nach dem Bilanzierungszweck (den Bilanzierungszwecken) will erforschen, was der Jahresabschluß an sich – ganz allgemein gesehen – eigentlich soll.

Der Zweck der Bilanzierung ist ein zweifacher, nämlich (1) die Verprobung der formalen Soll-Haben-Gleichheit und (2) die Bereitstellung von Informationen über die Unternehmung in Form eines Bücherabschlusses.

Die Informationsfunktion des Jahresabschlusses wird von einer Reihe von Autoren hervorgehoben. Insbesondere die u.s.-amerikanische Literatur stellt diesen Zweck des Jahresabschlusses heraus.

So führt z.B. das Committee on Concepts and Standards der *American Accounting Association* [1957, S. 536] aus: "The primary function of accounting is to accumulate and communicate information essential to an understanding of the activities of an enterprise, whether large or small, corporate or noncorporate, profit or nonprofit, public or private."

Fess schreibt [1963, S. 723]: "Accounting is primarily concerned with providing interested parties with the most useful information possible about the financial activities of a specific enterprise." Und *Hylton* stellt fest, daß es Zweck des accounting sein sollte, "a primary, accurate, and dependable source of information for all who are seeking reliable data about operations of a given financial entity" zu bilden [1962, S. 24f.].

Auch das (österreichische) Aktiengesetz betont die Informationsfunktion des Jahresabschlusses, wenn es im § 129 Abs. 1 stipuliert: „Der Jahresabschluß hat den Grundsätzen ordnungsgemäßer Buchführung zu entsprechen. Er ist so klar und übersichtlich aufzustellen, daß er einen möglichst sicheren Einblick in die Lage der Gesellschaft gewährt."

Die Gewinnung und Bereitstellung von Informationen ist also der Hauptzweck des Jahresabschlusses. Diese Daten zu speichern, ist sinnvoll und liegt im Interesse ihrer bleibenden Verfügbarkeit und im Interesse der Beweissicherung. Die „Dokumentation" an sich kann jedoch nicht Zweck (Selbstzweck) des Jahresabschlusses sein. Eine Dokumentation ohne Informationsgehalt wäre auch denkunmöglich.

Eine Einteilung des kaufmännischen Rechnungswesens in „instrumentale" und in „dokumentäre" Zweige, wie sie *Illetschko* vornimmt [1955, S. 25ff.], kann daher nicht als sinnvoll beurteilt werden. Es wäre zweckmäßiger, das kaufmännische Rechnungswesen in Zukunftsrechnungen und in Vergangenheitsrechnungen einzuteilen und auch in dieser Art konsequent auszugestalten.

5.2.2 Die Bilanzierungsziele

5.2.2.1 Die möglichen Bilanzierungsziele

Die Frage nach dem Bilanzierungszweck hat ergeben, daß die Bilanz Informationen bereitzustellen hat.

Die Frage nach den Bilanzierungszielen forscht nun, welche Arten von Informationen der Jahresabschluß bereitzustellen hat. Von der Beantwortung dieser Frage wird die Gestaltung des Jahresabschlusses weitgehend abhängig sein. Zwei Ziele sind grundsätzlich möglich, nämlich (1) das sog. „statische" Ziel der Vermögensermittlung und Vermögensdarstellung und (2) das sog. „dynamische" Ziel der Gewinnermittlung und Gewinndarstellung (Erfolgsermittlung und Erfolgsdarstellung).

Wird im Rahmen einer Bilanztheorie nur ein einziges Ziel als gegeben angenommen, dann spricht man von einer „monistischen" Zielsetzung bzw. Theorie, werden beide Ziele, nämlich gleichzeitige Vermögens- und Erfolgsermittlung angepeilt, so spricht man von einer „dualistischen" Zielsetzung bzw. Theorie.

Mit der Klassifizierung „statische Zielsetzung" bzw. „statische Theorie" und „dynamische Zielsetzung" bzw. „dynamische Theorie" ist noch lange nicht präzise gesagt, welche Informationen konkret durch den Jahresabschluß gewonnen und bereitgestellt werden sollen. Zu verschieden sind nämlich die Vorstellungen über den Begriff des „Vermögens" und den Begriff des „Gewinnes", zu unterschiedlich sind die im bilanztheoretischen Schrifftum vertretenen Ansichten, welche Arten von „Vermögen" bzw. welche Arten von „Gewinn" zu ermitteln und zur Darstellung zu bringen seien.

Die nachfolgende Zusammen- und Gegenüberstellung zeigt, welche Periodengewinnvorstellungen sich in der Literatur finden:

(1) „verursachter Gewinn"	– „realisierter Gewinn"
(2) „gesamter Gewinn"	– „partieller Gewinn"
	a) „betrieblicher" Gewinn
	b) „geschäftswesentlicher" Gewinn
	c) „laufend fließender" Gewinn
	d) „vergleichbarer" Gewinn
(3) „erzielter Gewinn"	– „ausschüttbarer Gewinn"
(4) „nomineller Gewinn"	– „kalkulatorischer Gewinn"
(5) „additiv ermittelte Gewinne"	– „simultan ermittelte Gewinne"

Auch hinsichtlich der Zielsetzung „Vermögensermittlung" („Vermögensdarstellung") sei nachfolgend eine Übersicht über die möglichen Ausprägungen von Varianten gegeben:

(1) Reinvermögensermittlung	– Gesamtvermögensdarstellung
a) Gesamtwertbilanz	a) Kapitalursprungsrechnung
b) Einzelveräußerungswertbilanz	b) Kapitalverwendungsrechnung
c) Reproduktionswertbilanz	c) Deckungsbilanz
(2) Bestandsermittlung	– Bestandsveränderungsdarstellung
	a) Gesamtvermögen
	b) Reinvermögen

5.2.2.2 Das „dynamische" Bilanzierungsziel

5.2.2.2.1 Grundsätzliches zum Ziel der „Gewinnermittlung"

Unter einer „dynamischen Bilanz" wird heute grundsätzlich jede Bilanz verstanden, deren Ziel die „Gewinn"-Ermittlung ist, egal wie bewertet wird, egal nach welcher Technik der Gewinn errechnet wird, egal wie der Bilanzinhalt interpretiert wird und egal wie die verrechnungstechnische Stellung des Bilanzkontos im doppischen System erklärt wird.

Schmalenbach verwendet in seiner „dynamischen Bilanz" zur Bewertung alle nur denkbaren Wertarten gleichzeitig und nebeneinander. Er führt z.B. aus [1919, S. 82]: „Außer dem Kostenwerte und den verschiedenen Zeitwerten kommt für die dynamische Bilanz der Ersatzwert in Betracht."

Auch meint *Schmalenbach*, daß es keine Rolle spiele, ob der Erfolg durch die Gewinn- und Verlustrechnung (mit oder ohne Bilanz) oder durch die Bilanz (mit oder ohne Gewinn- und Verlustrechnung) ermittelt werde [1953, S. 59].

Schmalenbach interpretiert den Bilanzinhalt als noch nicht verrechnete „Reste", Kosiol hingegen als bilanzmäßiges „Vermögen", trotzdem zählen beide ohne Zweifel zu den „Dynamikern".

Und Nicklisch, der im GuV-Konto nur ein Vorkonto zum Bestandskonto

„Eigenkapital” sieht, wird vom Dynamiker *Kosiol* trotzdem zu den „Dynamikern” gezählt [1959, S. 229].

Um als „Dynamiker” akzeptiert zu werden, genügte somit das Bekenntnis zur Gewinnermittlungsfunktion des Jahresabschlusses. In neuerer Zeit verbindet man mit dem Begriff einer „dynamischen Bilanz” vor allem auch das Postulat einer „nominalistischen” Erfolgsrechnung, dessen tragendes Prinzip die Bewertung des Vermögens und des Aufwandes zu historischen Anschaffungspreisen ist. Nach letzterer Auffassung wäre *Schmalenbach* gar nicht mehr als „Dynamiker” einzustufen, denn er wollte nicht unter Anwendung des Anschaffungswertprinzips den realisierten nominellen Erfolg, sondern unter Einsatz aller möglichen Wertarten einen der Kontrolle der Wirtschaftlichkeit des Betriebes dienenden „vergleichbaren” Gewinn errechnen [1919, S. 3].

Die „Statiker” Schär. Rehm, Passow, Berliner, Leitner Gerstner usw. wären hingegen als „Dynamiker” einzustufen, denn sie alle haben das Ziel des Jahresabschlusses in der Ermittlung des Erfolges durch eine mit Anschaffungspreisen bewertete Vermögensbilanz gesehen.

Schränkt man die Anwendung des Begriffes einer „dynamischen Bilanz” (einer „dynamischen” Zielsetzung) auf die Schmalenbach'sche Konzeption des „vergleichbaren Gewinnes” ein, dann wäre z.B. selbst Kosiol kein „Dynamiker” mehr!

Die grundlegende These der Dynamiker, mit der sie das Besondere und Neuartige ihrer Theorie begründen wollen, ist, daß Reinvermögenszugang und Gewinn nicht identisch seien. Würde man diese Behauptung nicht aufstellen, wäre ja kein Unterschied zwischen einer „Gewinnermittlungsbilanz” und einer „Vermögensermittlungsbilanz”, und die „dynamische” Lehre verlöre ihre Existenzberechtigung als selbständige, einzig richtige und vor allem neue Bilanztheorie.

Die Behauptung der Dynamiker – allen voran Schmalenbach –, „Gewinn” sei nicht identisch mit „Reinvermögensmehrung” und „Verlust” sei nicht identisch mit „Reinvermögensminderung“, läßt sich in dieser allgemeinen Formulierung jedoch nicht aufrechterhalten. Wie wäre sonst die für die Dynamiker ja tragende Formel der „Erfolgskongruenz” noch denkbar und wie würde man sonst die doppelte Buchhaltung mit ihrer zwangsweisen Koppelung von Bilanz-Konto und GuV-Konto bzw. Eigenkapitalkonto erklären können?!

Die Behauptung der Dynamiker, Gewinn sei nicht identisch mit Reinvermögensmehrung, läßt sich in dieser allgemeinen Form nicht aufrechterhalten. Nur wenn man den Begriffen „Gewinn” und „Reinvermögensmehrung” unterschiedliche Attribute beifügt, lassen sich Unterschiede konstruieren. Erklärt man z.B. – wie Schmalenbach dies tut –, unter Vermögen (Reinvermögen) den Gesamtwert der Unternehmung (i.S. des Ertragswertes) verstehen zu wollen, und definiert man den „Gewinn” als das Ergebnis der eigentlichen laufenden Betriebstätigkeit, dann können sich Periodengewinn- und Reinvermögensänderung tatsächlich nicht decken. In der Totalperiode müssen jedoch alle zwischen derartig definierten Periodengewinnen und Reinvermögensänderungen eingetretenen Differenzen wieder zum Ausgleich kommen (Formel der Erfolgskongruenz!). Der „dynamische" Gewinnbegriff Schmalenbachscher Prägung läßt sich somit nur für eine beschränkte Anzahl von Erfolgsrechnungsperioden, keinesfalls jedoch für alle Erfolgsrechnungsperioden der Totalperiode aufrechterhalten. Es schiene daher zweckmäßiger, auf ihn zu verzichten und besser zum Instrument der Aufspaltung des tatsächlichen Periodenerfolges in seine einzelnen Komponenten („Erfolgsspaltung") zu greifen.

Gewinnbegriffe hat es in der bilanztheoretischen Literatur stets viele gegeben und der Vorrat an ihnen wird laufend größer. Fast jeder Bilanztheorie ist ein eigener „Gewinn"-Begriff immanent und *ter Vehn* meint, zwar etwas einseitig aber doch recht treffend, daß „verschiedene Bilanzauffassungen immer auf verschiedenen Gewinnbegriffen beruhen" und daher „ebenso viele Bilanzauffassungen wie Gewinnbegriffe denkbar (seien)" [1929b, S. 25].

Nachfolgend sollen die wichtigsten bilanztheoretischen „Gewinn"-Begriffe dargestellt werden.

5.2.2.2.2 Die Gewinnbegriffe in der Bilanztheorie

5.2.2.2.2.1 „Verursachte" und „realisierte" Erfolge. Es ist alte Tradition und den Grundsätzen ordnungsmäßiger Buchführung entsprechend, nur sog. „realisierte Gewinne" buchmäßig zu erfassen.

Um von „Realisation" eines Erfolges sprechen zu können, bedarf es der Formulierung und Fixierung eines Realisationskriteriums (Realisationsprinzips) und die als realisiert betrachteten Geschäftsfälle müssen den Test auf Erfüllung dieses Realisationskriteriums bestanden haben. Die positive und die negative Erfolgskomponente, also „Ertrag" und „Aufwand", werden in der Bilanzierungspraxis jedoch keineswegs nach demselben Kriterium getestet. Man spricht vom „*imparitätischen* Realisationsprinzip" und umschreibt damit die Regel, daß Erträge erst eingebucht werden dürfen, wenn sie „realisiert" sind, hingegen Aufwendungen schon verbucht werden müssen, wenn sie „verursacht" sind. D.h., daß die Kriterien für die buchmäßige Annahme der Realisation von Ertrag und Aufwand verschiedenartig sind. Trotzdem wird der Saldo zwischen den nach unterschiedlichen Kriterien ermittelten Periodenerträgen und Periodenaufwendungen gezogen und als Periodenerfolg ausgewiesen. „Vorsichtig" mag ein derartiges Vorgehen sein, konsequent ist dieses aber nicht.

Einen Aufwand oder Ertrag „verursachen" heißt, einen wirtschaftlichen Effekt herbeiführen. Der Unterschied zwischen „verursachen" und „realisieren" ist kein prinzipieller, sondern nur ein gradueller. Es ist eine Frage der Definition und Konvention, was man als erst „verursacht" und was man als schon „realisiert" festlegen möchte.

Ein „Ertrag" gilt heute als „realisiert", wenn man seine eigene Leistung erbracht, an den Abnehmer oder dessen Beauftragten übergeben und damit Anspruch auf die vereinbarte Gegenleistung erworben hat. Ein „Aufwand" gilt dann schon als realisiert, wenn aus einem schwebenden Geschäft ein Verlust zu erwarten ist, obwohl in diesem Falle ja noch keiner der Vertragspartner eine Leistung erbracht hat.

Die „Realisation" liegt dem geldmäßigen Ende meist näher als die „Verursachung", auch wenn dies nicht immer der Fall sein muß. Die Geschäftstätigkeit von Kaufleuten ist eine lange Kette von „Verursachungen" und „Realisationen". Die Arten der „Verursachung" lassen sich in „kausale" und „finale" gliedern, wobei erstere wiederum in „objektbezogene kausale Verursachung", in „teilperiodenbezogene kausale Verursachung" und in „totalperiodenbezogene kausale Verursachung" eingeteilt werden kann [*Seicht*, 1970a, S. 181ff.].

Die Frage nach dem Realisationszeitpunkt deckt sich mit der Frage nach der erfolgsrechnerischen Aufspaltung des „Totalerfolges" auf die einzelnen Teilperioden. Es gibt verschiedene Möglichkeiten, den Realisationszeitpunkt zu definieren bzw. anzunehmen. Z.B. könnte man folgende Kriterien formulieren [*Seicht*, 1970a, S. 185]:

1. Objektiv erkennbare Wertveränderung
2. Wechsel der Erscheinungsform des Wertträgers (Tausch)
3. Erhalt der Gegenleistung (auch ohne daß evtl. schon ein Anspruch auf Gegenleistung besteht; Anzahlung)
4. Entstehen des Anspruches auf Gegenleistung (nach Vollbringen der eigenen Leistung)
5. Umwandlung in Geld
6. Bezugsberechtigter Erhalt einer Gegenleistung in Güterform (durch Tausch oder durch Hingabe von Geld)

Eine einheitliche Festlegung des Realisationskriteriums (der Realisationskriterien) ist im Interesse der Willkürfreiheit und Gleichartigkeit der Rechenschaftslegungen erforderlich. Insbesondere gilt dies, weil sich an das Ergebnis der Jahresabschlüsse ja auch Rechtsfolgen knüpfen (Ausschüttungsansprüche, Erfolgssteuern).

Gegen das heute herrschende Realisationsprinzip läßt sich einwenden, (1) daß es inkonsequent ist, weil es für die positive und für die negative Erfolgskomponente *verschiedene* Tests vorsieht und man dann trotzdem den Saldo zieht, um solcherart den Jahreserfolg zu berechnen, (2) daß es keinen Einblick in das Ausmaß der schon „verursachten", aber noch nicht „realisierten" Erträge einer Unternehmung gibt, was die richtige Beurteilung der Ertrags- und Vermögenslage einer Unternehmung sehr erschwert, ja oft unmöglich macht, und (3) daß es selbst gegen das angeblich so hoch gehaltene „Anschaffungswertprinzip" verstößt, indem es die Aktivierung von Leistungsforderungen mit den erwarteten zukünftigen Geldeingängen fordert und nicht auf die Buchwerte der hingegebenen Leistung beschränkt.

Das Hauptproblem des heute gültigen Realisationsprinzips liegt darin, daß es zwei Kriterien gleichzeitig berücksichtigen möchte. Die eigene „Leistung" soll schon vollbracht sein und das geldmäßige Ende soll schon entsprechend angenähert sein. Leistungsmessung und Antizipierung des zukünftigen geldmäßigen Schicksals sind jedoch zwei verschiedene Probleme, die nicht immer deckungsgleich sein müssen.

Das herrschende „imparitätische Realisationsprinzip" hat schon seit langem zur Kritik herausgefordert und zu Lösungsvorschlägen geführt, die eine Spaltung des Erfolges in „verursachte" und „realisierte" Bestandteile und deren getrennten Ausweis in der Jahresabschlußrechnung zum Gegenstand hatten. Im nachfolgenden sollen die wichtigsten einschlägigen Lösungsvorschläge in aller Kürze vorgestellt werden.

Ciompa [1910] schlägt vor, alle Vermögensgegenstände mit dem Tagespreis zu bewerten, wobei er den Wiederbeschaffungspreis wie auch den Veräußerungspreis grundsätzlich in Erwägung zieht. Er präferenziert die Verkaufspreise per Kassa, weshalb „Zeitpreise" auf den „Zeitpunkt der Bilanz zu diskontieren (sind)". Die positive Differenz zwischen Anschaffungswert und höherem Tageswert will er als „nicht realisierten Wertzuwachs" nicht als verteilungsfähigen Gewinn, sondern als „Reserve" dargestellt sehen.

Ciompa empfiehlt eine Trennung in „realisierte" und in „nicht realisierte" Gewinne und will letztere bis zum tatsächlichen Verkauf in ein „Kapitalreserve-Konto" einstellen.

Bei Realisation durch Verkauf sollen die entsprechenden Teile des Kapitalreserve-Kontos offenbar auf „realisierten" Erfolg umgebucht werden. *Ciompa* schreibt z.B. [1910, S. 79]: „Diese Grundsätze müssen bei der Bewertung des Kapital-Vermögens beachtet werden. Es folgt daraus, daß die Güter zum Verkaufspreise bewertet werden müssen; ein Gewinn ist realisiert, wenn die Güter bereits verkauft sind, und wir haben da ein Gewinnkapital, dessen Vermögen dem Unternehmen entnommen werden kann. Von dem realisierten Gewinne müssen wir den noch nicht realisierten Gewinn unterscheiden; es geschieht dies dadurch, daß wir ihn in der Unternehmung belassen und separat als Kapitalreserve vor der Gewinnermittlung verrechnen."

Es erscheint erwähnenswert, daß schon der Erste Preußische Entwurf eines AHGB (1856) für die KGaA einen getrennten Ausweis der „realisierten" und der „nicht realisierten" Gewinne vorsah, die tragende Idee Ciompas somit nichts grundsätzlich Neues darstellt.

Wesentlich umfangreichere und präzisere Vorschläge, in den Jahresabschlüssen neben den realisierten auch die nichtrealisierten Erfolge auszuweisen, macht *Kovero* in einer sehr beachtenswerten Buchveröffentlichung [1912].

Während Ciompa nur die noch nicht realisierten Gewinne behandelt hatte, bezieht Kovero auch die nicht realisierten Verluste (Aufwendungen) in seine Überlegungen ein. Statt für eine Bewertung zu Tagesveräußerungspreisen tritt Kovero für eine Bewertung zu Tageswiederbeschaffungspreisen ein und wird damit zu einem Vorläufer F. Schmidts. *Kovero* möchte in der Jahresabschlußrechnung sowohl den konventionellen „realisierten" Erfolg wie auch den „auf gegenwärtigen Werten gegründeten" Reingewinn nachweisen [1912, S. 162].

Ein „Konto der nicht realisierten Gewinne und Verluste" habe die zwischen

Anschaffungs- und Tageswiederbeschaffungspreisen sich ergebenden Differenzen aufzunehmen. Der per Bilanzstichtag in diesem Konto aufscheinende Saldo solle die Höhe der im Unternehmen enthaltenen noch nicht realisierten Erfolge deutlich machen.

Der Aufwand in der Berechnung des „realisierten" Erfolges ist nach Kovero stets mit historischen Anschaffungspreisen zu bewerten. Umlaufvermögen („Betriebsvermögen") wird nach Kovero in der laufenden Buchhaltung stets mit den historischen Anschaffungspreisen ausgewiesen, weshalb die in der Schlußbilanz des Vorjahres auf Umlaufvermögen vorgenommenen Zuschreibungen anläßlich der Konteneröffnung in der Buchhaltung des Folgejahres wieder gegen die Konten des Umlaufvermögens auszubuchen sind. Nur das Anlagevermögen solle mit den letzten Bilanzansätzen in die Buchhaltung des Folgejahres eingehen. Bei Veräußerung eines Anlagevermögensgegenstandes gilt jedoch wieder die ganze Differenz zwischen Veräußerungspreis und historischem Anschaffungspreis als „realisierter" Erfolg; eine nach Maßgabe der bisher schon verbuchten „nichtrealisierten Erfolge" vorzunehmende Umbuchung auf „realisierte Erfolge" ist daher vorzunehmen.

Für Erwerbswirtschaften, die den verteilungsfähigen Gewinn unter Beachtung des Anschaffungswertprinzips und des imparitätischen Realisationsprinzips zu berechnen haben, sieht Kovero die getrennte Führung eines Kontos für nicht realisierten Aufwand und eines Kontos für nicht realisierte Erträge vor. Vom „realisierten" Gewinn eines Jahres ist der in diesem Jahr eingetretene „nichtrealisierte Verlust" abzuziehen, um zum verteilungsfähigen Gewinn zu kommen.

Koveros Vorschlag unterscheidet sich von F. Schmidts Organischer Tageswertbilanz und Erfolgsrechnung dadurch, daß bei ihm „nicht realisierte" Erfolge im Zeitpunkt des tatsächlichen Umsatzes zu „realisierten" Erfolgen werden, während bei Schmidt alle Aufwertungen und alle Abwertungen auf Dauer „erfolgsneutrale Vermögenswertänderungen" darstellen.

Osbahr sieht in der Gewinn- und Verlust-Rechnung eine Trennung in ein „geschäftswesentliches" Umsatzergebnis und in einen „geschäftsunwesentlichen" Erfolg vor.

Grundsätzlich schlägt er vor, zu Anschaffungspreisen zu bewerten. Ein geringerer Tageswert sei durch eine passive Wertberichtigung („Marktmäßiger Minderwert") zu berücksichtigen. Die Erfolgsbuchung sei als „nicht geschäftswesentliche Kapitalveränderung" aufzufassen. Da im „geschäftswesentlichen Erfolg" das „reine Umsatzergebnis" („reines Betriebsergebnis") auszuweisen ist, ist anzunehmen, daß bei Verkauf die zum Umlaufvermögen gebildete Wertberichtigung gegen „geschäftswesentlichen Erfolg“ aufgelöst werden soll. Eine Zuschreibung über den Anschaffungswert lehnt Osbahr (ausgenommen bei Pflanzungsunternehmungen) beim Umlaufvermögen ab.

Weicht der Wert von Anlagevermögensgegenständen nach oben oder nach unten in einer Weise vom Anschaffungswert ab, daß diese Abweichungen „von einer die gegenwärtige oder zukünftige Wirtschaftslage der Unternehmung beeinflussenden Bedeutung werden", dann sollte nach *Osbahr* die Bilanz „für

Anlagegüter sowohl den Selbstkostenwert (Selbstkostenrestwert) als auch je nach Bedürfnis der Unternehmung ihren höheren oder niedrigeren Veräußerungs-, Wiederbeschaffungs-, unter Umständen Ertragswert zur Darstellung bringen." [1923, S. 161]

Der Abschreibungsaufwand sei vom tatsächlichen historischen (ev. geldwertkorrigierten) Anschaffungspreis zu errechnen. Wertsteigerungen beim Anlagevermögen seien über das geschäftsunwesentliche Ergebnis als „Wertzuwachs" gegen „Zuwachskapital" zu buchen; Wertminderungen (bei Grundstükken und Gebäuden) seien als außerordentliche Kapitalverminderungen zu verbuchen.

Sehr beachtenswerte Vorschläge haben Edwards und Bell 1961 in ihrem Buch über "The Theory and Measurement of Business Income" vorgelegt. Sie kritisieren am konventionellen Jahresabschluß folgendes:

1. Vermögenswertänderungen ("capital gains" und "capital losses") werden nicht in der Periode ihres Entstehens aufgezeichnet, was dazu führt, daß
   a) Gewinne (bei Wertsteigerungen) vor dem Verkauf zu gering ausgewiesen werden,
   b) beim Verkauf Gewinne ausgewiesen werden, die schon bei a) hätten ausgewiesen werden sollen,
   c) die Bilanzwerte völlig verzerrt werden.
2. Vermögenswertänderungen (capital gains und capital losses) werden im Zeitpunkt ihrer konventionellen buchmäßigen Realisierung als Bestandteil des Umsatzerfolges ("operating profit") ausgewiesen, weil der Einsatz mit historischen Anschaffungspreisen bewertet wird.
3. Allgemeine Preisniveauveränderungen (Geldwertänderungen) finden keine Berücksichtigung, womit im Gewinn reale und fiktive Bestandteile enthalten sind.

Als für die Jahresabschlußrechnung „ideal" bezeichnen *Edwards/Bell* ihr Konzept des „business profit", das grundsätzlich auf einer Bewertung mit aktuellen Wiederbeschaffungspreisen ("current cost") beruht und die Komponenten "current operating profit" (kalkulatorischer Umsatzgewinn) und "realizable cost savings" (durch Bewertung mit Wiederbeschaffungspreisen ermittelte Vermögenswertänderungen) beinhaltet. Dieser "business profit" wird definiert als "changes in current value of assets ./. changes in current value of liabilities" [1961, S. 120].

Eine weitere Verbesserungsmöglichkeit des Gewinnausweises sehen *Edwards/Bell* in einer getrennten Verbuchung und Darstellung der "unrealized cost savings" und der in der Abschlußperiode "realized cost savings" [1961, S. 112]. Von den gesamten "realizable cost savings" sind jene gesondert hervorzuheben, die in der Abschlußperiode entstanden sind. Letztere bilden nämlich einen Bestandteil des "business profit".

Allgemeine Geldwertveränderungen können nach Maßgabe des "index of the price level" durch Aufspaltung der Gewinnkategorien in „reale" und „fiktionale" Bestandteile berücksichtigt werden. Ähnliche Vorschläge haben auch *Sprouse/Moonitz* [1962] gemacht.

5.2.2.2.2.2 Gesamter Gewinn – Partieller Gewinn. Letzten Endes wollen nahezu alle Bilanzautoren in der Jahresabschlußrechnung den Jahresgewinn ermitteln. Welcher Art dieser Gewinn sein soll, darüber besteht keine Einigkeit. Keineswegs wollen alle auf die Gewinnermittlung orientierten Bilanztheoretiker den ganzen in der jeweiligen Periode erzielten Gewinn ermitteln und als Jahresergebnis zum Ausweis bringen.

Häufig findet man Gewinn-Begriffe, die im Jahreserfolg nur einen Teil der gesamten in der Abschlußperiode eingetretenen Wertänderungen als Periodenerfolg sehen und ausweisen wollen. Schmalenbach qualifiziert jene Bilanztheoretiker, die die gesamten Vermögenswertänderungen einer Periode als „Gewinn” betrachten, die also „Reinvermögenswertänderung” und „Gewinn” gleichsetzen, als Vertreter eines „unwissenschaftlichen Dualismus” ab.

Bis gegen Ende des vorigen Jahrhunderts war der Begriff des steuerlichen Einkommens aus Gewerbebetrieben (steuerlicher Gewinn) nach der Quellentheorie als regelmäßig fließender, laufender Ertrag einer Einkommensquelle (eines Vermögensstammes) definiert. Wertänderungen des Vermögensstammes, seien sie positive oder negative, waren nicht als Erfolgsbestandteil betrachtet und berücksichtigt worden. Der steuerliche „Gewinn“ war demnach nach einer modifizierten Einnahmen-Ausgaben-Rechnung außerhalb der kaufmännischen Buchhaltung und Jahresabschlußrechnung ermittelt worden.

Wenn in den bilanztheoretischen Diskussionen vor allem der zwanziger Jahre dieses Jahrhunderts zahlreiche Fachvertreter im Jahresabschluß nur den „geschäftswesentlichen”, den „betrieblichen”, den „vergleichbaren” Gewinn errechnen und ausweisen wollten, dann ist dies auf die Nachwirkung der damals steuerrechtlich schon weitgehend aufgegebenen quellentheoretischen Erklärung des Einkommens (Gewinnes) zurückzuführen. Diese Autoren – allen voran der Dynamiker Schmalenbach, aber auch F. Schmidt mit seiner „organischen” Theorie – haben nicht erkannt oder wahr haben wollen, daß der bilanzmäßigen „Gewinn”-Definition und -Ermittlung nur die reinvermögenszugangstheoretische Erklärung des Gewinnes adäquat ist.

Nach der Reinvermögenszugangstheorie gehören „alle Reinvermögensbezüge einer Person in einer bestimmten Periode” zum Einkommen [*Schanz*, S. 30]. Somit zählen auch einmalige Zuflüsse, Wertveränderungen am ruhenden Vermögen, nominelle Erfolge aus Geldwertänderungen („Scheingewinne”) zum Einkommen (Gewinn), und man nimmt keine Rücksicht darauf, ob diese Gewinne für den Einkommensbezieher überhaupt disponibel und verzehrbar sind. Dieser „Gewinn”-Begriff liegt der bilanzmäßigen Erfolgsermittlung zugrunde, zumindest so lange, wie man an der Formel der „Erfolgskongruenz“ festhält. Der totale Einnahmenüberschuß muß mit der Summe der reinvermögenszugangstheoretisch definierten Periodengewinne übereinstimmen. Es ist nur eine Frage der Zweckmäßigkeit, ob man in der bilanzmäßigen Jahreserfolgsrechnung temporär den Gewinnbegriff quellentheoretisch handhabt und alle jene Komponenten des Jahreserfolges, die der quellentheoretischen Gewinndefinition nicht entsprechen, durch Bewertungsmanipulationen vom Ausweis fernhält.

Eines muß dabei klar sein: Über die gesamte Anzahl der Teilperioden wird man diese Bewertungs-, Abgrenzungs- und Periodisierungsmanipulationen nicht durchhalten können. Die „Zweischneidigkeit" der Bilanz wird früher oder später die Aufgabe dieser bilanzpolitischen Gestaltung der Jahresabschlüsse erzwingen. Besser wäre es daher, gleich von Anfang an zum Instrument der „Erfolgsspaltung" zu greifen.

Die bilanz- und erfolgsrechnungstheoretischen Konzeptionen des „betrieblichen Gewinnes", des „geschäftswesentlichen Gewinnes", des „kalkulatorischen (organischen) Gewinnes", des „vergleichbaren Gewinnes" und des „ausschüttbaren Gewinnes" sind Versuche, den durch Bilanzierung zu ermittelnden Jahreserfolg nicht als gesamten erzielten Jahreserfolg, sondern als einen bestimmten Teil desselben zu erklären, zu berechnen und im Jahresabschluß zum Ausweis zu bringen. Sie seien nachfolgend skizziert.

Die älteren „Dynamiker" hatten die Ermittlung und den Ausweis des "*betrieblichen Gewinnes*" zum Ziel. Nur der aus der normalen Betriebstätigkeit resultierende Erfolg sollte zum Ausweis gebracht werden.

Scheffler [1879] war einer der ersten Autoren, der dies zum Ausdruck gebracht hat. Er fordert die Trennung in Anlagevermögen („Gebrauchsgegenstände") und Umlaufvermögen („Veräußerungsgegenstände") und die Bewertung des ersteren höchstens zu Anschaffungspreisen, da seine Zweckbestimmung die Nutzung und nicht die Veräußerung sei. Nur das Umlaufvermögen sei zu Veräußerungspreisen zu bewerten.

Von Wilmowski [1891] sieht in der Jahresabschlußrechnung vor allem die Zielsetzung, den durch den gewerblichen Betrieb erwirtschafteten Gewinn zu ermitteln. Er fordert daher die generelle Beachtung des Anschaffungswertprinzips. Zur Begründung führt er aus: „Endzweck der heutigen kaufmännischen Bilanz ist nicht die Feststellung des absoluten Vermögenswertes (Veräußerungs- oder Tauschwert) des gewerblichen Geschäfts als solchen oder des Veräußerungswertes der einzelnen Bestandteile des Geschäftsvermögens, sondern die Ermittlung des durch den gewerblichen Betrieb erzielten Gewinns bzw. des darin erlittenen Verlustes. Nicht von dem Begriff des Wertes, sondern dem des Preises wird sie in erster Linie beherrscht. Die Bilanz würde über den Erfolg der kaufmännischen Tätigkeit, über Gewinn und Verlust, an dessen Feststellung der Geschäftsherr das größte Interesse hat, ein vollkommen falsches Bild geben, wenn man die Betriebsobjekte nicht mit dem Anschaffungs- (Herstellungs-) Preise, sondern mit dem zufälligen und schwankenden Tauschwert bewerten wollte, wenn also z.B. eine Betriebsmaschine im Falle des Ankaufs für einen besonders niedrigen Preis über den Ankaufspreis hinaus bewertet und mithin die Differenz als Geschäftsgewinn dargestellt würde." [*v. Wilmowski*, 1891, S. 70]

Von Wilmowski sagt nicht, *wann* und wo die außerordentlichen Erfolge zum Ausweis gebracht werden sollen.

Rehm, der ebenfalls nur den im „laufenden Betrieb" erzielten Erfolg zum Ausweis bringen will, erkennt schon die Notwendigkeit, auch den außerordentlichen Erfolg buchtechnisch unterzubringen, und so empfiehlt er, derartige Erfolgskomponenten direkt gegen Eigenkapital zu buchen. *Rehm* führt z.B. aus [1914, S. 211]: „Vom wirtschaftlichen Standpunkt aus berühren nicht alle Wertminderungen am stehenden oder Anlagekapital den Ertrag, sondern nur die, welche die Folge natürlicher Einflüsse oder bestimmungsgemäßen Ge- und Verbrauches sind, daher nicht die, deren Veranlassung nicht im laufenden Betriebe, sondern in Änderungen der Technik, Verbesserung der Betriebsmethoden, Änderung der Absatzverhältnisse (Modewechsel) liegt. Nur erstere sind Betriebsausgaben im weiteren Sinne; letztere betreffen nicht unmittelbar den Ertrag, sondern unmittelbar lediglich das Vermögen. Sie mindern nicht den Ertrag, sondern das Stammvermögen, sind Kapitalausgaben; daher vom Rohertrag nicht abziehbar."

Auch *Schmalenbach* sah in seinen weiter zurückliegenden Veröffentlichungen die Zielsetzung der Jahresabschlußrechnung in der Ermittlung des durch die eigentliche Betriebstätigkeit erwirtschafteten „Betriebsgewinnes". Er schreibt [1908/09, S. 82]: „Der zu ermittelnde Jahresgewinn ist – das geht ebenfalls aus der kaufmännischen Handhabung hervor – der Betriebsgewinn. Ist etwa der Wert der Fabrik gestiegen oder gefallen, so berührt dieser Gewinn oder Verlust die Buchführung nicht, denn das ist kein Betriebsgewinn."

Osbahr forderte, den *„geschäftswesentlichen Gewinn"* vom übrigen Periodengewinn abzuspalten und gesondert auszuweisen. Osbahr will somit keineswegs stets nur den „geschäftswesentlichen" Erfolg ausweisen, sondern er sieht die Lösung in einer Erfolgsspaltung: Das „geschäftswesentliche Betriebsergebnis" und die „geschäftsunwesentlichen Veränderungen des eigenen Kapitals" sollten getrennt ermittelt und getrennt ausgewiesen werden. Osbahrs Lehre hat in der deutschen Aktiengesetznovelle von 1931 (§ 261 c) und im § 132 des Aktiengesetzes 1937 seinen Niederschlag gefunden. indem in der Mindestgliederung der aktienrechtlichen GuV-Rechnung die gesonderte Ausweisung der a.o. Aufwendungen und der a.o. Erträge gefordert wird. Die entscheidenden Ausführungen *Osbahrs* seien nachfolgend wiedergegeben [1923, S. 139f.]: „Damit tritt die Frage in den Vordergrund, worin in bezug auf das Kapital das ausschlaggebende betriebswirtschaftliche Bedürfnis einer Unternehmung besteht. Es liegt darin, für das Kapital die Ergiebigkeit, die Rentabilität zu erfassen. Vom Standpunkt der Unternehmung aus ist es aber verkehrt, die Ergiebigkeit grundsätzlich nach dem Bilanzgewinn zu beurteilen, selbst wenn wir von diesem den Vortrag des letzten Jahres abziehen und nur den wirklichen Jahresgewinn berücksichtigen. Eine Unternehmung soll ihren Zweck erfüllen, soll aus ihrem Zweck heraus Erfolge erzielen. Das aus der Befolgung ihres wesentlichen Zweckes entsprechende Ergebnis ist daher auch nur der wirklich brauchbare Gradmesser für die Beurteilung der Rentabilität der Unternehmung, für ihre betriebswirtschaftliche Führung und selbst für ihren allgemeinen wirtschaftlichen Wert. Spekulationsgewinne, Wirkungen von Naturereignissen oder politischen Verwicklungen, Kosten, aber auch Gewinne aus der für die Gegenwart zu großen Abmessung von Anlagen, Ländereien usw. können das eigentliche Betriebsergebnis vollkommen verschleiern. Ein in der Entwicklung begriffenes Unternehmen kann bilanzmäßig ganz wider die natürliche Möglichkeit ergiebig erscheinen durch Beteiligung an anderen Unternehmungen; ein großer aus dem Betrieb stammender Gewinn an Erzeugnissen kann durch die Vernichtung von Pflanzungsanlagen bilanzmäßig stark gemindert oder beseitigt werden; ein Fabrikationsgewinn kann durch Verbrennen von nicht versicherten oder in Selbstversicherung übernommenen Gegenständen wesentlich herabgemindert oder aufgewogen werden; ein großer Umsatzgewinn kann durch Spekulationsverlust aufgesogen, ein kleiner Gewinn oder ein Umsatzverlust durch Spekulationsgewinne bilanzmäßig glücklich verdeckt werden. Demgegenüber verlangt das richtig erkannte betriebswirtschaftliche Bedürfnis jeder Unternehmung, daß unantastbar klargestellt werde, wie die Befolgung des eigentlichen Unternehmungszweckes auf das Kapital gewirkt hat. Es verlangt, daß die eine große Hauptursache der Kapitalveränderung, das Umsatzergebnis (bei Pflanzungen der Ernteerlös) oder das Leistungsergebnis, allgemein gesprochen, das reine Betriebsergebnis von allen anderen Ursachen der Kapitalveränderung klar unterschieden, aus allen anderen Ursachen mit der denkbar größten Klarheit herausgehoben werde."

Von Schmidts Lehre unterscheidet sich die Osbahrs vor allem dadurch, daß für Osbahr der geschäftswesentliche Umsatzerfolg auf *nomineller* Basis ermittelt wird, während für Schmidt Vermögenswertänderungen am ruhenden Vermögen überhaupt keinen Erfolg darstellen, seine Umsatzerfolge somit auf *kalkulatorischer* Basis errechnet werden.

F. Schmidt hat die Lehren *Koveros* [1912]und *Fäs'* [1913] weitergeführt und systematisch geordnet. *Schmidt* will durch seine „organische Tageswertbilanz" den *organischen Umsatzerfolg* i.S. eines kalkulatorischen Betriebserfolges berechnen und zum Ausweis bringen. Die Aufwendungen sind daher zu den (fiktiven) Wiederbeschaffungspreisen am jeweiligen Umsatztage und die Vermögensgegenstände in der Bilanz zu den fiktiven Wiederbeschaffungspreisen am Bilanzstichtag zu bewerten [1921].

Schmalenbachs „dynamische" Bilanz und Erfolgsrechnung waren Schmidt wegen ihres teilweisen Festhaltens an den historischen Anschaffungspreisen, wegen ihres Bewertungspluralismus, wegen ihrer verzerrten und nichtssagenden Bilanzwerte zu wenig aussagekräftig, zu wenig dynamisch.

Schmidt war der unlösbare Zusammenhang zwischen Erfolgsrechnung und Bestandsrechnung im doppischen System klar. Die Lösung des Problems sah er in einer systematischen *Erfolgsspaltung,* auch wenn er vorgab, in den „Vermögenswertänderungen" überhaupt keinen Erfolg zu sehen. *Schmidt* führt u.a. aus [1951, S. 46f.]: „Vom Standpunkt der hier vertretenen Grundanschauung ist dazu allerdings zu bemerken, daß Vermögensrechnung und Erfolgsrechnung in einem unlösbaren Zusammenhang stehen, weil jeder Umsatz Vermögensteile in Bewegung setzt, und jede Rechnung falsch werden muß, die den Vermögensteil der Umsatzrechnung mit anderen als dem wirklichen Werte zuführt. Der einzige und wesentliche Einwand, der hier gegen die Dynamische Bilanz von Schmalenbach zu machen ist, ist der, daß sie nicht dynamisch genug ist, weil sie die enge, unlösbare Verbundenheit zwischen Vermögens- und Erfolgsrechnung nicht anerkennt."

Da Schmidt die Vermögenswertänderungen nicht als Erfolg, sondern als erfolgsneutrale Veränderungen des Reinvermögensstammes interpretiert, macht er keinen Versuch, diese Vermögenswertänderungen in durch Umsatz realisierte und in noch nicht realisierte zu trennen. Sein „Vermögenswertänderungskonto" stellt ein Eigenkapitalergänzungskonto dar.

Geldwertänderungen interessieren Schmidt nicht. Nicht Geldwertkorrektur, sondern Preiskorrektur ist sein Anliegen. Nicht inflationsbedingte Scheingewinne, sondern preisänderungsbedingte „Vermögenswertänderungen" will er aus dem Jahreserfolg eliminieren.

Schmidts Gewinnbegriff ist sehr stark quellentheoretisch orientiert, ohne jedoch die Grundlagen der doppischen Verrechnung aufzugeben. Die Formel der Erfolgskongruenz läßt sich bei ihm wie folgt definieren:

$$\Sigma \text{ Periodenerfolge} + \Sigma \text{ Vermögenswertänderungen} = \text{Totaler Einnahmenüberschuß}$$

Schmidts Gewinnbegriff ist nach einer klar formulierten Zielsetzung definiert, mit Konsequenz durchkonstruiert und bedient sich einer monistischen Bewertungslehre. Oft vorgetragene Zweifel an der Praktikabilität dieser Lehre können nicht als Einwand gegen eine Theorie akzeptiert werden.

Kritisch einzuwenden ist allerdings, daß bei Eintreten von Geldwertänderungen während der Erfolgsrechnungsperiode die organischen Stückerfolge im Laufe der Abschlußperiode in Währungseinheiten unterschiedlicher Kaufkraft errechnet werden, somit einen unterschiedlichen inneren Wert aufweisen und daher ökonomisch sinnvoll gar nicht zu einem (organischen) *Periodenerfolg* addiert werden können. Vor Addition zum Periodenerfolg bedürften die organischen Stückerfolge der Erfolgsrechnungsperiode noch einer nach Maßgabe der allgemeinen Geldwertentwicklung vorzunehmenden Umrechnung in kaufkraftparitätische Recheneinheiten. Diese Schwachstelle des Schmidt'schen Gewinnbegriffes haben seine Kritiker bisher übersehen!

Schmalenbachs mit seiner „dynamischen Bilanz" verfolgtes Ziel ist es, den sog. *„vergleichbaren Gewinn"* zu ermitteln und auszuweisen. Während er in den ersten beiden Auflagen seiner „Dynamischen Bilanz" [1919 und 1921] dieses Ziel postulierte, behauptete er ab der dritten Auflage [1925], daß dieses Ziel von der Praxis vorgegeben sei. Die Ermittlung des „vergleichbaren Gewinnes" habe zwecks Messung der Wirtschaftlichkeit des Betriebes zu erfolgen. Nicht der gesamte Periodengewinn der Unternehmung, sondern der Ertrag des Betriebes interessiert Schmalenbach. Er will die Leistung des Betriebes messen, das „Hineinhorchen in den Betrieb" pflegen und mit seiner Lehre die „Mittel und Wege zur Erreichung dieses Zieles" bereichern [1925, S. III]. Sinn seiner Lehre ist es, „lediglich zu erforschen, wie und auf welche Weise der Betrieb seine gemeinwirtschaftliche Produktivität beweist" [1926, S. 94].

Massive Unterstützung erhält Schmalenbach für seine doch sehr eigenwillige Interpretation des Zieles und der Möglichkeiten des Jahresabschlusses durch seinen Habilitanten *K. Hax*. Dieser schreibt [1926, S. 110]: „Wenn wir aber die Unternehmung in erster Linie als Organ der Gemeinwirtschaft auffassen und nicht allein als Instrument privaten Erwerbsstrebens, so müssen wir daraus auch notwendigerweise Folgerungen für die Gewinnrechnung ziehen. Das Problem lautet also: Wie kann trotz der äußeren, auf Gesetz und Gewohnheit beruhenden Hemmungen das Rechnungsinstrument der kapitalistischen Wirtschaft so ausgebaut werden, daß es als betriebswirtschaftliches Meßinstrument wirtschaftlicher Produktivität brauchbar wird? Jede andere Betrachtung verläßt den Boden der Wirklichkeit."

Auch die Autoren *Mahlberg* [1923, S. 7], *Lehmann* [1925a, S. 350], *E. Walb* [1926, S. 396] und *Schnettler* [1953, S. 203] stimmen der Ansicht Schmalenbachs zu.

Es erscheint heute müßig, darüber zu diskutieren, ob man mittels der Bilanz bzw. der Jahreserfolgsrechnung einer Unternehmung die Wirtschaftlichkeit der Leistungserstellung ihrer Betriebe kontrollieren und steuern kann und ob es dafür nicht viel besser geeignete Instrumente gibt. Die kaufmännische Buchhaltung und Jahresabschlußrechnung hat jedenfalls über das *gesamte* Vermögen der Unternehmung und dessen Erfolg Rechenschaft zu legen. Die kaufmännische Buchhaltung ist keine Betriebsrechnung, sondern eine „Unternehmungsrechnung"!

Schmalenbachs „vergleichbarer Gewinn" müßte entweder den *gesamten* Periodenerfolg der Unternehmung umfassen, womit er sich auch zu einer groben Messung der Wirtschaftlichkeit der Erstellung der eigentlichen Betriebsleistungen nicht mehr eignet, oder er beinhaltet nur den „betrieblichen" Gewinn als einen *Teil* des gesamten Periodengewinnes der Unternehmung, womit ein Mißbrauch der Bilanz vorläge und die Formel der Erfolgskongruenz als Axiom „dynamischer" Jahresabschlußrechnung aufgegeben werden müßte. Sehr treffend stellt Rieger fest, daß entweder die Begriffe „Erfolg", „Wirtschaftlichkeit" und „Gewinn" wesensgleich sein müßten, dann aber seien die Ausführungen Schmalenbachs tautologisch, oder sie seien nicht wesensgleich, dann seien die Ausführungen Schmalenbachs sinnlos [*Rieger*, 1936, S. 70]. Und etwas später führt Rieger über Schmalenbachs Gewinnbegriff folgendes aus [1936, S. 72]: „Genau die gleichen Einwände haben wir zu erheben, wenn Schmalenbach weiterhin erklärt, daß es ihn nicht kümmert, wenn eine Bank sich an einer Aktiengesellschaft bereichert, indem sie sie zu unnötigen finanztechnischen Operationen anregt, oder auch, wenn ein Kartell sich darauf beschränkt, den Abnehmern hohe Preise zu diktieren. Da möchte ich nun zunächst sagen, daß solche Dinge auch den Vertreter der Privatwirtschaftslehre nicht kümmern – wie sollten sie denn auch? Aber Schmalenbach meint etwas ganz anderes: man soll die Gewinne, die sich bei solchen Geschäften ergeben, offenbar negieren. Da müssen freilich merkwürdige Bilanzen herauskommen! Wie kann man Gewinne, die nun einmal erzielt sind, einfach beiseite schieben, nur weil sie dem Autor nicht passen? Zu ethischen Unterscheidungen fehlen der Bilanz die Organe, sie ist ein mathematisches Problem und steht als solches außerhalb der Ethik. Sie hat gegebene oder geschätzte Größen zu verrechnen und kann an dem ihr vorangehenden Handeln nichts ändern.”

Schmalenbach hat keine Auskünfte darüber gegeben, was er unter „Gewinn”, „Ertrag” („Leistung”) und „Aufwand” konkret und materiell versteht. „Erträge” definiert er als periodisierte Einnahmen und als „Wert” der erstellten Leistungen, „Aufwand” umschreibt er als periodisierte Ausgaben und als „Wert” der verbrauchten Leistungen. Gewinn ist die (positive) Differenz zwi- Leistungen (Erträgen) und Aufwand.

An Stelle eines klaren Bewertungsprinzips tritt die Empfehlung, alle nur denkbaren Bewertungsarten gleichzeitig und nebeneinander *so* anzuwenden, daß das errechnete und zur Darstellung gebrachte Ergebnis der „vergleichbare Gewinn” sei.

Schmalenbachs „Gewinne” können jedoch nicht „vergleichbar” sein, weil er auf Grund seines Bewertungspluralismus und seiner Bewertungskasuistik gezwungen ist, im Laufe der Zeit die materielle Bilanzkontinuität zu durchbrechen.

Um im Bilanzgewinn einen Indikator für die „Wirtschaftlichkeit” des Betriebes zu erhalten, hätte er den *„betrieblichen”* Gewinn stets in der *gleichen* Weise, d.h. unter Anwendung eines klaren und einheitlichen Bewertungsprinzips berechnen müssen. Schmalenbachs „Gewinn” ist jedoch weder der „betriebliche” noch ist er „vergleichbar”.

Zur „dynamischen” Bewertung führt *Schmalenbach* aus [1931, S. 343]: „Das Vermögen einer Unternehmung setzt sich aus Teilen zusammen; eine Unternehmung besteht aus Anlagen, Material- und Warenvorräten, Außenständen, Zahlungsmittelvorräten, Versicherungsabschlüssen, Kreditoren. Die Anlagen hinwiederum umfassen Grundstücke, Gebäude, Mobilien, Utensilien, Maschinen, Werkzeuge. Die dynamische Bilanz gibt für alle diese Dinge Werte an; von Haus aus Anschaffungswerte, einige umgewandelt in Zeitwerte, andere auf Niederstwerte gebracht, wieder andere durch übermäßige Abschreibung entstandene Buchwerte ohne bestimmbaren Wertcharakter. Es ist ohne Zweifel ein bunt gemischtes für statistische Zwecke nicht gerade hochwertiges Bewertungsmaterial, das sich in dieser Bilanz zusammenfindet; keineswegs, sofern die Erfolgsrechnung gut war, ein ohne Grundsatz und Ziel entstandenes Material; aber außerhalb des Zusammenhangs mit der Erfolgsrechnung betrachtet eine höchst gemischte Gesellschaft.”

Durch Verrechnung von kalkulatorischen Zinsen auf das Eigenkapital, durch Ansatz eines kalkulatorischen Unternehmerlohnes als Aufwand, durch Zeitwertabschreibungen [*Schmalenbach,* 1919, S. 37 und 1931, S. 98], durch rechnerischen Ausgleich von „Zufallsaufwendungen“ und „Zufallsleistungen“ [1919, S. 33], durch antizipative Vorsorgen für „nachfällige Aufwendungen” und „nachfällige Erträge” [1931, S. 98] und durch Neutralisierung nicht betrieblicher Erfolge will er sein Ziel, den Ausweis des „vergleichbaren Gewinnes”, erreichen.

Woher jedoch die Intuition zu nehmen ist, derer man offenbar bedarf, um den „vergleichbaren Gewinn“ zu ahnen, bevor man mittels Einsatzes der von Schmalenbach empfohlenen Bewertungskasuistik das rechnerische Ergebnis zum „vergleichbaren Gewinn" hintrimmt, hat Schmalenbach nicht mitgeteilt.

Schmalenbachs Bilanz muß damit tatsächlich zur nichtssagenden „Resterechnung" werden, die es mit Fortschreiten der Zeit immer weniger gestatten wird, „betriebliche Gewinne" in „vergleichbarer Weise" zu errechnen und zum Ausweis zu bringen.

5.2.2.2.2.3 Erzielter Gewinn – Ausschüttbarer Gewinn. Fast alle Bilanzautoren sind sich darüber einig, daß man im Jahresabschluß den Jahresgewinn zu errechnen habe. Über die Art des „Gewinnes" herrscht keine Einigkeit. Nicht nur, daß manche Autoren den „betrieblichen", andere den „geschäftswesentlichen" bzw. „vergleichbaren" Gewinn etc. berechnen wollen, herrscht auch ein Streit darüber, ob nun der „erzielte" oder der „ausschüttbare" Gewinn im Jahresabschluß errechnet und zur Darstellung gebracht werden solle.

Die älteren „Dynamiker" sahen im Jahresgewinn das ausschüttbare Ergebnis bzw. wollten die Gewinnermittlung und die Jahresbilanz so gestalten, daß als Ergebnis der „ausschüttbare" Gewinn sich einstellte.

Scheffler führte z.B. aus [1879, S. 4]: „Die Dividende oder der auszahlbare Reinertrag eines Rechnungsjahres ist das Ergebnis der Bilanzierung des Gesamtaktivums und des Gesamtpassivums. Das ganze künstliche System der Bilanz hat keinen anderen Zweck als den, durch Gleichstellung zweier Summen jenen Reinertrag zu ermitteln. Um diesen Zweck, welcher ein reiner Rechnungszweck ist, zu erfüllen, wird es erforderlich, in die zu bilanzierenden Summen gewisse Faktoren aufzunehmen, welche nur Rechnungsfaktoren, also ideelle Aktiven und Passiven . . . sind." (= Rechnungsabgrenzungen)

Rehm schlägt in dieselbe Kerbe, wenn er schreibt [1914, S. 1]: „Das materielle Bilanzrecht behandelt die zwei Fragen: 1. was darf und muß in die Bilanz eingestellt werden (Lehre von der Bilanzfähigkeit und Bilanzpflichtigkeit), 2. wie ist das Eingestellte zu bewerten (Lehre vom Bilanzwert). Die Fragen beantworten sich nicht für alle Bilanzen gleich. Es kommt auf den Zweck der aufzustellenden Bilanz an. Für die Verkaufs-(Vermögensermittlungs-)bilanz gelten zum Teil andere Bilanzrechtssätze als für die Betriebs-(Ertrags-, Gewinnverteilungs-)bilanz. Die eine soll den Verkaufswert, die andere den Ertrag des Unternehmens feststellen. Ich beurteile ein Geschäft nicht gleich, wenn ich frage, wieviel Gewinn darf ich jährlich herausnehmen und wenn ich frage, um wieviel kann ich es verkaufen. Die gewöhnliche Bilanz ist die Gewinnverteilungsbilanz. Von ihr sei daher im allgemeinen ausgegangen."

Die jüngeren „Dynamiker" unterscheiden jedoch zwischen erzieltem Gewinn und ausschüttbarem Gewinn. *Schmalenbach* erklärt z.B., daß sein „dynamischer" Gewinn nicht mit dem „verteilbaren Gewinn" des Aktienrechtes übereinstimme [1924, S. 192]. E. Walb betont, daß „die Gewinnausschüttung und rückwirkend daraus die Erfolgsrechnung . . . durch die Finanzlage praktisch vielfach reguliert" werden, dies aber „mit der Theorie der Erfolgsrechnung nicht das mindeste zu tun (habe), wie die sonstige allgemeine Reserve- und Verteilungspolitik der Betriebe" [1926, S. 345f.].

Und *Kosiol* führt aus [1944, S. 105]: „Es kann nicht genug vor einer Verquickung von Erfolgsrechnung und Gewinnausschüttung gewarnt werden. Sie trübt den Blick für die notwendige Unterscheidung zweier gänzlich verschiedener Dinge. Die pagatorische Bilanz hat die Aufgabe, den erzielten Periodengewinn zu ermitteln.“

In der bilanztheoretischen und in der kommentierenden Literatur herrscht aber nahezu Einhelligkeit darüber, daß in den kaufmännischen Bilanzen, insbes. in den Jahresbilanzen der Aktiengesellschaften, nicht der erzielte Jahreserfolg, sondern – im Falle eines positiven Saldos – der verteilbare Gewinn ausgewiesen werde. In der Beurteilung der Zweckmäßigkeit, im Jahreserfolg nicht den erzielten, sondern den ausschüttbaren Gewinn zur Darstellung zu bringen, sind sich jedoch die Autoren nicht einig.

Eine Gruppe von Autoren stimmt diesem Verhalten zu und befürwortet damit auch die Manipulationen mit „stillen" Willkürreserven, während eine andere Gruppe eine klare Trennung und Darstellung des „erzielten" und des „ausschüttbaren" Erfolges fordert. Letztere kritisieren daher auch konsequenterweise die für die Geschäftsführungen so bequeme Politik der heimlichen Legung und heimlichen Auflösung „stiller" Reserven.

Zu den Verteidigern stiller Reserven und damit der Manipulation des Jahresergebnisses zum „ausschüttbaren" Gewinn zählen z.B. E. Walb und von der Heyden und Körner.

E. Walb führt z.B. aus [1948, S. 95]: „Die gegenüber der hier vorgenommenen Rechtfertigung der stillen Reserven aufgestellte These, daß man mit offenen Reserven dasselbe erreichen könne, wie mit stillen, zeigt den erwähnten Gegensatz in aller Deutlichkeit. Sie entspringt, grob ausgedrückt, einem ganz flachen Rationalismus. Nimmt man all dies zusammen, so muß man die These, daß die stillen Reserven durch offene einfach ersetzt werden können, ablehnen."

Von der Heyden/Körner liegen auf der gleichen Linie, wenn sie schreiben [1965, S. 87f.]: „Stille Reserven dienen dazu, ein Unternehmen krisenfest zu machen. Ein ausreichendes Kapitalpolster ist heute wichtiger denn je: schwierige Situationen infolge verstärkter Konkurrenz, Rationalisierungsmaßnahmen sowie Produktionsumstellungen können nur gemeistert werden, wenn genügend Kapitalreserven vorhanden sind. Dies kommt vor allem auch den Kapitalgebern (Aktionäre bzw. Anteilseigner) zugute, da auf diese Weise Unternehmenszusammenbrüche weitgehend vermieden werden können."

Die überwiegende Anzahl der Autoren steht jedoch der Politik der stillen Reserven und damit dem „ausschüttbaren Gewinn" als Bilanzziel ablehnend gegenüber.

Ciompa wünscht statt stiller Reserven ein „imponierendes Reservekapital" [1910, S. 168]. *Kovero* lehnt die Politik der stillen Reserven ebenfalls ab und empfiehlt, für den Zweck der Dividendenstabilisierung sich „offener" Reserven zu bedienen [1912, S. 130]. Mit besonderer Klarheit hat *Passow* erkannt, daß sich die Verteidiger der stillen Reserven und damit des Bilanzzieles „ausschüttbarer" Gewinn eines Scheinargumentes bedienen. Er schreibt [1923, S. 73f.]: „Da in der Literatur gerade mit Rücksicht auf die Aktiengesellschaften vielfach die stillen Reserven ganz besonders gerühmt werden, so sei hier noch darauf hingewiesen, daß das, was zur Begründung solchen Lobes angeführt zu werden pflegt, regelmäßig logisch wenig stichhaltig ist . . . Wer also stille Reserven empfehlen will, der muß sich schon so weit geistig bemühen, daß er nicht nur für Reserven im allgemeinen spricht, vielmehr darlegt, daß und aus welchen Gründen für die Reservenbildung gerade der Weg stiller Reserven zu wählen ist."

Lion schreibt [1927, S. 31f.]: „So scheinen mir zusammenfassend alle Gründe, die zu der übertriebenen Verwendung stiller Reserven in der neueren Zeit geltend gemacht werden, vor einer kritischen Würdigung zu zerfließen." Und er begründet dies wie folgt: „Die willkürliche Unterbewertung aber bewirkt, daß die Leitung des Unternehmens mit billigen Waren in das neue Jahr geht. Das mindert ihre Verantwortlichkeit ganz außerordentlich, ja verkehrt sie geradezu in das Gegenteil. Denn es tritt dann gar nicht in Erscheinung, ob das neue Jahr auf Grund der Vorstandstätigkeit günstig, oder ungünstig verlaufen ist. Hat er schlecht disponiert, so verschleiert er dies durch Aufzehrung der stillen Reserven und schüttet doch Gewinn aus. Und war die Konjunktur schlecht, so erscheint die Ausschüttung trotz Aufzehrung der stillen Reserven als sein Verdienst, obwohl es doch gar keines ist."

Krasensky vertritt eine gleichartige Einstellung, wenn er ausführt [1949, S. 325]: „Vom Standpunkt der Verwaltung sind stille Reserven zweifellos eine sehr bequeme Einrichtung, die es ihr ermöglicht, manches den Aktionären zu verschleiern, was sie in der Generalversammlung Angriffen aussetzen könnte. Den zugunsten der stillen Reserven angeführten Umständen möchten wir kein so erhebliches Gewicht beimessen, denn die angeblichen Vorteile lassen sich ebensogut durch offene Reserven erreichen."

Mit der deutschen Aktienrechtsreform von 1965 wurden aus der an der Politik der stillen Reserven geübten heftigen Kritik die Konsequenzen gezogen, indem der Gesetzgeber die willkürliche Unterbewertung verbot. In Österreich hält man nach wie vor am konventionellen „Vorsichtsprinzip" und damit an der unbeschränkten Zulässigkeit der heimlichen Legung und heimlichen Auflösung stiller Reserven fest.

Grundsätzlich ist zum Begriff des „ausschüttbaren Gewinnes" zu sagen, daß sich entweder das „Ausschüttbare" und der „Gewinn" decken, dann ist der Begriff „*ausschüttbarer* Gewinn" tautologisch, oder daß das „Ausschüttbare" und der „Gewinn" etwas Verschiedenes sind, dann ist der Begriff „ausschüttbarer *Gewinn*" unsinnig.

Wollte man im Geldüberschuß des einzelnen Jahres den „Gewinn" sehen, so würde eine einfache Einnahmen-Ausgaben-Rechnung genügen und das ganze Bilanzproblem bestünde nicht mehr. Da aber Geldüberschuß und „Gewinn" der einzelnen Abschlußperioden sich nicht decken, hat man das Instrument der kaufmännischen Buchhaltung und Abschlußrechnung entwickelt. Nur in der Totalperiode – nicht in den einzelnen Teilperioden – sind Geldüberschuß und Gewinn identisch!

Die Jahresabschlußrechnung kann nur den Zweck haben, Informationen über das *erwirtschaftete* Ergebnis zu ermitteln und darzulegen. Es kann nur die Aufgabe von *Nebenrechnungen* (Finanzplanung, Investitionsplanung etc.) sein, zu berechnen, wieviel vom erwirtschafteten Jahresergebnis (sowie von nichtausgeschütteten Ergebnissen aus Vorjahren) ausgeschüttet werden kann und wieviel in die offenen (!) Rücklagen einzustellen ist.

Das Argument, der „ausschüttbare Gewinn“ sei ein „vorsichtig“ ermittelter Gewinn, ist auch nicht stichhaltig. „Vorsichtig“ können nur die – ex ante (!) – festgelegten Realisationskriterien sein. Die Gewinnermittlung kann nur richtig oder falsch sein. Letzteres ist der Fall, wenn die Realisationskriterien – nachträglich und heimlich – abgeändert werden.

Spätestens mit dem Aktiengesetz 1937, das die Kompetenz der Feststellung des Jahresabschlusses von der Hauptversammlung auf Vorstand und Aufsichtsrat übertragen hat, fehlt es an stichhaltigen Argumenten zur Verteidigung der stillen Reservenpolitik und damit des „ausschüttbaren Gewinnes” als Bilanzziel.

5.2.2.2.2.4 Nomineller und realer (bzw. substantieller) Gewinn. Ein weiteres Begriffspaar gegensätzlicher Gewinnvorstellungen ist mit den Ausdrücken „nomineller Gewinn“ und „realer Gewinn“ (bzw. „substantieller Gewinn“) gegeben und abzuhandeln.

Kaufmännische Buchhaltungen und Jahresabschlußrechnungen sind seit vielen Jahrhunderten *geldkapitalistische* Rechnungen, die sich der Währungseinheiten als Generalnenner zur Gleichnamigmachung verschiedenster Güterbestände und Güterbestandsveränderungen bedienen.

Das Geld als Organisationsmittel der arbeitsteiligen Verkehrswirtschaft eignet sich am vorzüglichsten für derartige kaufmännische Rechnungen, in denen es stets um Werte und Kaufkraft – und nicht um inhaltsleere Geldzeichen – geht und gegangen ist.

Buchführung und Jahresabschlußrechnungen sind Rechnungen über Güter und Kaufkraft, die solange sinnvollerweise *in Geld* geführt werden können, als hinreichende Geldwertstabilität besteht.

Die traditionelle Verwendung des Anschaffungswertprinzips und der Realisationsrechnungscharakter der Jahresabschlußrechnung sind Indiz dafür, daß einst in Zeiten stationärer Wirtschaft, stabilen Geldwertes und stabiler Preise die Rechnung *in Geld* unbedenklich und ökonomisch sinnvoll war. In Zeiten chronischer Geldwertverschlechterung und laufend steigender Preise wird die Gültigkeit des Anschaffungswertprinzips in Buchhaltung und Jahresabschlußrechnung mehr als fragwürdig.

Wer trotzdem am „Anschaffungswertprinzip” und an der Errechnung „nomineller” Jahresgewinne festhält, erkennt entweder das sich stellende Problem nicht oder er resigniert, weil die gesetzlichen Vorschriften keine andere Handhabung von Buchhaltung und Jahresabschluß zulassen, oder er sieht in Buchhaltung und Jahresabschluß nicht eine Rechnung, die mit dem Generalnenner Geld über Güter und/oder allgemeine Kaufkraft geführt wird, sondern eine Rechnung über Geld und Geldwerdungsprozesse.

Im letzteren Falle bedürfen die Geldeinheiten keines bestimmten oder konstanten Wertes. Geld dient dann nicht zur Bewertung von Gütern, sondern ist selbst Verrechnungsgegenstand. Die Beibehaltung des „Anschaffungswertprinzips“ und die Ablehnung jeder Geldwertkorrektur wird dann, und nur dann, logisch schlüssig.

Dieser Art ist aus der Sicht der Kaufleute die Zielsetzung der kaufmännischen Buchhaltung und Bilanzierung jedoch nie gewesen. Der Kaufmann hat zu allen Zeiten ein Mehr an Kaufkraft und an Werten und nicht ein Mehr an wertlosen Geldzeichen angestrebt.

„Gewinn“ ist stets ein Mehr an Eigenkapital und „Verlust” ein Weniger an Eigenkapital. Von der Art der Eigenkapitaldefinition ist es daher auch abhängig, was man als „Gewinn“ bzw. „Verlust“ versteht und berechnet.

Die Vertreter einer *nominellen* Eigenkapitaldefinition sehen in jeder Veränderung des nominellen Eigenkapitals einen Erfolg. Die kompromißlose Anwendung des Anschaffungswertprinzips und die Ablehnung jeder Geldwert- und Preiskorrektur sind für sie typisch.

Die markantesten Vertreter eines nominellen „Gewinn“-Begriffes sind *Fischer* [1905, 1908, 1909], *Rieger* [1938] und *Kosiol* [1944]. Während Fischer und Kosiol meinen, aus der Sicht ihrer anschaffungspreisorientierten „pagatorischen“ Betrachtung keine andere Handhabung des Problems vertreten zu können, beruft sich Rieger auf die Autorität des Staates in Währungsangelegenheiten. Weil der Staat die Formel Mark = Mark bzw. Schilling = Schilling dekretiert habe, habe der Kaufmann nicht das Recht, die (falsche) Rechnung in gesetzlichen Währungseinheiten durch eine Rechnung in einer besseren, geldwertstabilisierten Recheneinheit eigener Kreation zu ersetzen.

Charakteristisch für *Riegers* Standpunkt sind folgende Ausführungen [1938, S. 20]: „Für den Nominalisten kann darüber kein Zweifel bestehen: das haben die Gesetze zu entscheiden, und wenn dort keine Änderung des bisherigen Zustandes erfolgt, dann behauptet ohne weiteres die Geldmark das Feld; die Indexmark mag ihr begriffliches Dasein weiter fristen und zu mancherlei theoretischen Zwecken ein nützliches Hilfsmittel sein, in der Geldrechnung und im Zahlungswesen hat sie nichts zu bestellen. Der Umrechnungsfreund wird sich an die Indexmark klammern, aber ich frage: Mit welchem Recht? Eine willkürlich geschaffene Mark soll der staatlich gesetzten Währung den Rang ablaufen? Das ist fürwahr eine verkehrte Welt!“

Während die Vertreter eines nominellen Gewinnbegriffes am historischen Anschaffungspreis festhalten, sind sich die Gegner dieser Auffassung durchaus nicht darüber einig, in welcher Weise die Korrektur zu erfolgen habe. Die eine Richtung will nur die *Recheneinheit* nach Maßgabe der in der Zeit stattfindenden Geldwertverschlechterung durch Indexrechnungen korrigieren, die andere Richtung empfiehlt, die historischen Anschaffungspreise durch aktuelle Wiederbeschaffungspreise zu ersetzen, somit die *Preise* zu korrigieren.

Sieht man als letzten Zweck der erwerbswirtschaftlichen Betätigung in einer arbeitsteiligen Verkehrswirtschaft die Erzielung von allgemeiner Kaufkraft für die Finanzierung des Konsums der Eigentümer der Unternehmung oder geht man grundsätzlich von der Möglichkeit des laufenden Umsteigens in neue (bessere) Branchen aus, so ist eine kaufkraftmäßig-reale Eigenkapital- und Gewinndefinition die wirtschaftlich einzig sinnvolle.

Als Vertreter eines realen, kaufkraftmäßigen Gewinnbegriffes sind vor allem *Schmalenbach* [1921, S. 401ff. und 1922, S. 12], *Mahlberg* [1922], *Borkowsky* [1946, S. 117], *Seicht* [1968 und 1970b], *Haase* [1975] und *Schildbach* [1979] zu nennen.

Bei substantiell-gütermäßiger („materieller") Eigenkapital- und Gewinndefinition sieht man nicht im Mehr (Weniger) an allgemeiner eigenkapitalfinanzierter Kaufkraft einen Gewinn (Verlust), sondern nur im Mehr (Weniger) an eigenkapitalfinanzierten unternehmungstypischen Gütern. Während bei „realer" Eigenkapital- und Gewinndefinition somit nur die *allgemeinen Geldwertänderungen* in der Adjustierung der Jahresabschlußrechnung berücksichtigt und spezielle Preisänderungen der in der Unternehmung vorhandenen bzw. eingesetzten Güter nicht beachtet werden, stellen die substantiell-gütermäßige Eigenkapital- und Gewinndefinition nur auf die *Preisänderungen* der im Unternehmen vorhandenen bzw. im Umsatzprozeß eingesetzten Güter ab und ignorieren die allgemeinen Geldwertänderungen.

Als wichtige Vertreter eines substantiellen (materiellen) Gewinnbegriffes sind *F. Schmidt* [1921], *Hax* [1957], *Schneider* [1968 und 1971] und *Feuerbaum* [1974] zu nennen.

Zu beachten ist, daß die „nominelle" und die „kaufkraftmäßig-reale" Gewinndefinition geldkapitalistisch fundiert und somit der geldkapitalistischen kaufmännischen Jahresabschlußrechnung adäquat sind, jedoch die „substantiell-gütermäßige" („materielle") Gewinndefinition eine verkappte Mengenrechnung mit fragwürdiger verrechnungstheoretischer Fundierung und komplizierter Handhabung darstellt.

Im „nominellen" Gewinn sind in Zeiten sinkenden Geldwertes bzw. steigender Preise „Scheingewinne" enthalten. Werden Vermögensgüter, die mit ihren Anschaffungspreisen (oder niedriger) in der Bestandsrechnung enthalten sind, in den Umsatzprozeß eingesetzt, so kann unter Zugrundelegung des Anschaffungswertprinzips und einer nominellen Definition des Eigenkapitals der Aufwand für den Faktoreinsatz höchstens nur mit den historischen Anschaffungspreisen der im Produktionsprozeß eingesetzten Faktoren bewertet werden. Der Aufwand ist somit nominell in Höhe der seinerzeit – in besseren Kaufkrafteinheiten – bezahlten Anschaffungsausgaben festgehalten und wird in der kaufmännischen Erfolgsrechnung (GuV-Rechnung) einem nach Maßgabe des Fortschreitens der Geldentwertung nominell ständig inflationierten Erlös gegenübergestellt. Verrechneter Periodenaufwand und verrechneter Periodenertrag sind somit nicht geldwertparitätisch; eine Saldobildung zwischen Periodenaufwandssumme und Periodenertragssumme wird somit mathematisch und ökonomisch unzulässig, nichtsdestotrotz ist sie jedoch gesetzlich vorgeschrieben. Insbesondere bei abnutzbaren Anlagevermögensgegenständen (Abschreibungen!) und bei Sachumlaufvermögen mit längerer Umschlagsdauer bleibt der verrechenbare pagatorische Aufwand hinter dem tatsächlichen Werteinsatz zurück.

Das sog. „Scheingewinnproblem" zeigt sich somit als ein spezifisches Problem der kaufmännischen Erfolgsermittlung durch „Aufwands- und Ertragsrechnung", das nur bei einer Gewinnermittlung aus dem Vergleich von periodisierten (!) Einnahmen („Erträgen") mit periodisierten (!) Ausgaben („Aufwendungen") entsteht und bei Einnahmen-Ausgaben-Überschußrechnern nicht existiert.

Da die Aufwands- und Ertragsrechnung nur eine Aufgliederung der geschäftsbedingten Eigenkapitaländerungen der Abrechnungsperiode darstellt, gilt obige Überlegung vollinhaltlich auch für die „bilanzmäßige" Gewinnermittlung durch Reinvermögensvergleich. Jedes Mehr an nominellem Eigenkapital (nach Korrektur um Privateinlagen und Privatentnahmen), das sich ja mit dem positiven Saldo der Gewinn- und Verlustrechnung deckt, gilt als „Gewinn", obwohl damit keine Aussage verbunden ist, ob und in welchem Ausmaß damit auch ein Mehr an eigenkapitalfinanzierter allgemeiner Kaufkraft verbunden ist.

Je länger die Anschaffung von Produktionsfaktoren zurückliegt, je länger somit Produktionsfaktoren sich schon im Unternehmungsvermögen befinden, je mehr die heutige Kaufkraft der Währungseinheiten im Vergleich zur Kaufkraft im Zeitpunkt der Anschaffung dieser langfristig schon vorhandenen Produktionsfaktoren gesunken ist, desto obsoleter und unwirklicher (niedriger) werden die in der Erfolgsrechnung verrechneten anschaffungsausgabenorientierten „Aufwendungen", die den in aktuellen Währungseinheiten geringerer Kaufkraft ausgedrückten Erlösen gegenübergestellt werden, um im Saldo den „Erfolg" zu berechnen.

Theorie und Praxis verlangen in Zeiten sinkenden Geldwertes und steigender Preise eine Scheingewinnbereinigung und eine Entzerrung der Bilanzzahlen. Die Theorie tritt überwiegend für die – theoretisch richtige – Geldwertkorrektur ("Constant Purchasing Power Accounting", "General Price-Level Accounting") ein, die Praxis präferenziert das Rechnen mit aktuellen oder zukünftigen Wiederbeschaffungspreisen ("Current Reproduction Cost" bzw. "Current Replacement Cost"), wie vor allem die Entwicklungen in den letzten Jahren in den USA und in Großbritannien gezeigt haben.

Es gibt viele Möglichkeiten für Adjustierungsrechnungen. Sie können an den Umsätzen, an den Bruttobeständen und am Eigenkapital vorgenommen werden; sie können die Preiskorrektur oder die Geldwertkorrektur bezwecken, sie können sich der Deflationierungs- oder der Inflationierungstechnik bedienen, sie können systematisch oder kasuistisch vorgenommen werden [*Seicht*, 1981a, S. 488ff.].

5.2.2.2.2.5 Additiv ermittelte Gewinne – Simultan ermittelte Gewinne

5.2.2.2.2.5.1 Additiv ermittelte Gewinne. Allen bisher skizzierten „Gewinnen“ („Verlusten“) ist gemeinsam, daß sie „additiv“ ermittelt werden. Aus der isolierten „Periodisierung“ der Einnahmen und Ausgaben der Totalperiode entstehen „Erträge“ und „Aufwendungen“ der einzelnen Erfolgsrechnungsperioden. Durch die Addition der Periodenerträge entsteht die positive und aus der Addition der Periodenaufwendungen die negative Komponente der Erfolgsrechnungsperiode. Der Saldo – „Gewinn“ bzw. „Verlust“ – errechnet sich als Differenz von positiver und negativer Erfolgsrechnungskomponente. Die Kehrseite dieser Vorgangsweise ist die sog. Einzelbewertung des positiven und negativen Vermögens in der Bestandsrechnung „Bilanz“.

Diese soeben beschriebene Vorgangsweise hat alte Tradition. Eine Stückerfolgs- und Partieerfolgsrechnung wäre auf andere Weise auch gar nicht möglich.

Ein kaufmännisches Unternehmen ist aber mehr als nur ein einmaliger Geschäftsfall. Es wird zum Zwecke des längerfristigen Betriebes gegründet, errichtet und aufrechterhalten. Die Erfolge der einzelnen Abrechnungsperioden lassen sich selbstverständlich auch durch Addition der Erfolge der einzelnen Geschäftsfälle der jeweiligen Erfolgsrechnungsperiode errechnen. Je kapitalintensiver man produziert, je mehr man auf Umwegen, d.h. durch Einsatz von „Potentialfaktoren“ produziert, desto mehr steht man vor dem Problem der zeitlichen Abgrenzung und wirtschaftlichen Zuordnung von Einnahmen und insbes. von Ausgaben.

Maschinen, die einen Nutzenvorrat für viele Abrechnungsperioden speichern, haben bei ihrer Anschaffung Ausgaben verursacht, die *gemeinsam* für eine Mehrzahl von Erfolgsrechnungsperioden angefallen sind. Das Problem der (fixen) „Gemeinkosten“ der Kostenrechnung findet hier sein Gegenstück in der kaufmännischen Buchhaltung und Jahresabschlußrechnung.

Jahresabschlüsse stellen eine künstliche Zäsur in einem Kontinuum von Einnahmen- und Ausgabenströmen dar. Man errechnet die Erfolge der einzelnen Teilperioden, obwohl man von der Existenz von Konjunkturzyklen, von Produktlebenszyklen etc. weiß.

Man bewertet die Vermögensgegenstände *einzeln*, obwohl einem bewußt sein muß, daß viele einzeln bewertete und in den Bestandskonten (Bilanz) ausgewiesene Vermögensgegenstände einzeln, d.h. bei ihrer einzelnen Nutzung, bestenfalls nur noch einen bescheidenen Schrotterlös als Zerschlagungswert erbringen könnten. Insbes. für alle „komplementären“ Potentialfaktoren (Grundstückseinrichtungen, einbetonierte Spezialmaschinen, Spezialgebäude etc.) gelten diese Überlegungen.

Den Periodenerfolg durch isolierte Periodisierung von Einnahmen und Ausgaben errechnen zu wollen, obwohl es vielfältige Interdependenzen vertikaler Art (zwischen den Produktionsfaktoren) und horizontaler Art (zwischen den einzelnen Erfolgsrechnungsperioden) gibt, und in den Beständen vorwiegend (wenn auch nicht ausschließlich) „Transitorien“, d.h. buchmäßig noch nicht als Aufwand bzw. Ertrag verrechnete vergangene Ausgaben bzw. Einnahmen zu sehen, entspricht der Konvention des Mittelalters, in dem der Geldwert meist stabil, die Produktion noch nicht anlagenintensiv und vor allem die Wirtschaft stationär, d.h. ohne Fortschritt und Expansion gewesen ist.

Die „objektive“ Wertlehre sah den Wert eines Gegenstandes in den bei seiner Anschaffung getätigten Ausgaben begründet. Der Kapitalbegriff der konventionellen kaufmännischen Buchhaltung und Jahresabschlußrechnung basiert auf dieser „Wert“-Vorstellung, wozu noch kommt, daß man meint, den Wert der Gesamtsache „Unternehmung“ aus der *Addition* der anschaffungswertorientiert *einzeln* bewerteten Vermögensgegenstände ermitteln zu können.

5.2.2.2.2.5.2 Simultan ermittelte Gewinne

5.2.2.2.2.5.2.1 Der „ökonomische Gewinn“. Die österreichische Grenznutzenschule brachte um die letzte Jahrhundertwende eine völlige Abkehr der Nationalökonomie von den objektiven, kostenbezogenen (ausgabenbezogenen) Wertvorstellungen und die Hinwendung zu einer Auffassung, die den Wert einer Sache in der Summe der abgezinsten zukünftigen Nutzleistung sieht. Insbesondere *Böhm-Bawerk* [1902, S. 15ff. sowie 1921, S. 374ff.] und *Fisher* [1906, S. 51f. sowie 1912, S. 27ff.] haben aus dieser neuen Einsicht einen neuen Kapitalbegriff geprägt, über den *Schumpeter* wie folgt berichtet [1965, S. 1096]: „Im Gefolge der Werke von Böhm-Bawerk und Fisher trat der Kapitalbegriff, definiert als diskontierter Wert von Strömen erwarteter Erträge in Gestalt des Wertes des Kapitals auf, nicht als Kapital sans phase.“

Böhm-Bawerk hat in der Theorie das nachvollzogen, was in der Geschäftspraxis, z.B. bei der Ermittlung des Wertes von Zinshäusern, schon längst bekannt und üblich war.

Schumpeter [1965, S. 1150] weist auch darauf hin, daß Fisher jener Autor war, der „den ersten Schritt zu einer Koordinierung der Arbeit des Volkswirts mit der des Buchhalters tat.“ *Fisher* definierte das *„Kapital“* (“capital”) als “a stock of wealth existing at an instant of time” und das Einkommen (“income”) als “a flow of services through a period of time” [1906, S. 52, vgl. auch 1912, S. 37f.].

Im Bilanzvermögen sah Fisher den Wert diskontierter zukünftiger Einnahmenüberschüsse bzw. Ausgabenüberschüsse. Für *Fisher* war die Bilanz somit eine Zukunftsrechnung [1906, S. 264].

Als “realized income” sah Fisher den Wert der empfangenen Leistungen (Zahlungen an die Eigentümer) und im *“earned income”* Ausschüttungen zuzüglich positive Veränderung des Eigenkapitals bzw. abzüglich negative Veränderung des Eigenkapitals.

In den positiven und negativen Eigenkapitalsänderungen sah Fisher keine echten Einkommensbestandteile.

Canning [1929] hingegen meinte, daß das Einkommen bzw. der durch den Jahresabschluß zu ermittelnde Gewinn als *gesamter* Wertzuwachs einer Periode zu errechnen sei, womit er eine Ansicht vertrat, die die frühen „Dynamiker“

[z.B. *Fischer*, 1909, S. 33] und dann vor allem Schmalenbach als „statische“ Ansicht ablehnten!

Cannings Lehre erfuhr eine gleichartige Kritik, wie sie die „Statiker“ der deutschsprachigen Literatur durch die „Dynamiker“ erleben mußten. Z.B. wandte May ein, daß der “book value” kein echter „Wert“, sondern nur eine “book figure” sei, und es sei ein Mißverständnis, im “book value” den wirklichen Wert sehen zu wollen [*May*, S. 18].

Cannings Lehre fand jedoch auch zustimmendes Echo. *Kelley* kommt zum Ergebnis, daß aus der Sicht eines Geschäftsmannes die Gegenstände seines Geschäftsvermögens nur so weit von Wert seien, als sie nützlich sind oder einen Dienst leisten können. Er führt z.B. aus [1935, S. 51]: ”Every asset of a business then is in essence ’a storage of service‘ and the degree of service which can be rendered by each is valued in terms of money or, more precisely, in terms of the money which may be derived by exchanging the goods or services produced on the market. Is it not evident, then, that value is indeed an accounting concept, for surely when an accountant prepares a balance-sheet he must of necessity consider the power of the assets to render service?“ Nur wegen der Unmöglichkeit, die Zukunft vorauszusagen, würde man in der Buchhaltung mit Anschaffungspreisen bewerten. An weiteren Autoren, die Meinungen vertreten, die jenen Cannings gleichen oder ähnlich sind, sind zu nennen: *Preinreich* [1939], *Buchanan* [1940], *Hicks* [1950], *Alexander* [1950], *Corbin* [1962].

Hicks z.B. definiert das Einkommen einer Person (den Gewinn einer Unternehmung) als ”the maximum value which he can consume during a week and still expect to be as well off at the end of the week as he was at the beginning“ [1950, S. 172]. Und *Corbin* schreibt über den nun schon sehr klar hervorgetretenen Begriff des „Ökonomischen Gewinnes“ [1962, S. 628]: ”If price-levels remain constant or better, if measurements are made in real terms, business income may be determined by applying the economic theory of value to the assets and liabilities of the business. After excluding the owners’ additional investment or withdrawals during a given period of time, the difference between the value of the business at the beginning and end of the period is the net income. This is the amount of money that could be paid in dividends to the owners and still keep their beginning investment intact.“

Fishers Ansicht, nur das “realized income”, also nur die Entnahmen, als Gewinn zu werten, hat nicht befriedigt, und Cannings Lehre konnte keine ungeteilte Zustimmung finden, weil sie keine Trennung zwischen laufendem Gewinn und Vermögenswertänderungen ermöglichte und sich auch den Vorwurf gefallen lassen mußte, in einen circulus vitiosus zu führen [vgl. z.B. *May*, S. 105].

Aus diesem unbefriedigenden Zustand der Theorie des ökonomischen Gewinnes haben schließlich verschiedene skandinavische Autoren [*Lindahl; Kristensen; Honko; Hansen*] herausgeführt.

Lindahl hat Fishers Gewinndefinition in der Weise modifiziert, daß er auch die Veränderungen des Erfolgskapitals zusätzlich zu den Entnahmen zum Jahreserfolg zählt. Der ökonomische Gewinn errechnet sich somit nach folgender Formel:

Erfolgskapital in t_n
./. Erfolgskapital in t_{n-1}
+ Entnahmen
./. Einlagen

= Ökonomischer Gewinn

Der ökonomische Gewinn ("economic income", "economic profit") stellt somit jenen Betrag dar, den man der Unternehmung entnehmen kann, *ohne das Erfolgskapital zu verändern.*

Unterstellt man vollkommene Voraussicht, bei der es keine Abweichungen zwischen prognostizierten zukünftigen Einnahmen bzw. Ausgaben und tatsächlich realisierten Einnahmen bzw. Ausgaben gibt, so kann man den „ökonomischen Gewinn" auch als Jahreszinsen auf das Erfolgskapital vom Jahresanfang definieren und wie folgt berechnen:

$$G = C_{\bullet} \cdot \frac{p}{100}.$$

Diese zweite Methode, den „ökonomischen Gewinn" als Zinsen auf das Erfolgskapital vom Jahresanfang zu ermitteln, bietet nun die Möglichkeit, im Falle von Prognoseänderungen oder Soll-Ist-Abweichungen zwischen *laufendem* Jahresgewinn und Kapitalwert*änderungen* zu unterscheiden.

Als *laufenden* Gewinn berechnet man die Zinsen auf das am Beginn des Geschäftsjahres für den Beginn des Geschäftsjahres errechnete Erfolgskapital der Unternehmung; die Vermögenswertänderungen (gains bzw. losses) lassen sich als jene Differenz errechnen, die sich bei Datenänderungen zwischen den nach den beiden Methoden errechneten Jahresgewinnen einstellen.

Der circulus vitiosus, der sich im Falle konventioneller Erfolgsrechnung bei isolierter Periodisierung von Einnahmen („Erträgen") und Ausgaben („Aufwendungen") zwischen Gewinnermittlung und ertragsabhängiger Vermögensbewertung ergibt, wird dadurch beseitigt, daß das „Vermögen" nicht aus der Kapitalisierung zukünftig erwarteter „Erträge", sondern aus der Diskontierung zukünftig erwarteter Einnahmen hergeleitet wird.

Die dem Konzept des „ökonomischen Gewinnes" zugrundeliegende Idee sieht somit in der Bilanz eine reine *Zukunftsrechnung*, in der es für transitorische Posten („Reste" vergangener Anschaffungsausgaben) keinen Platz mehr gibt.

Auch *Rieger* [1928] und *Käfer* [1962] sahen in der Bilanz eine Zukunftsrechnung. Während jedoch Rieger konform mit den Theoretikern des ökonomischen Gewinnes im Bilanzinhalt die durch Eskomptierung ermittelten „heutigen Werte" zukünftiger Geldwerdungsprozesse sah, blieb Käfer bei einer güterwirtschaftlichen Betrachtung, da er Vermögen als „zukünftige Eingänge von Gütern und Leistungen" definiert [*Käfer*, S. 38].

Kristensen [1944] und *Hansen* [1962] haben für den Fall von Soll-Ist-Abweichungen und Prognoseänderungen verschiedene Methoden zur Adjustierung des Erfolgskapitals und des Periodengewinnes entwickelt. Am sinnvollsten und praktikabelsten erscheint davon die Methode, am Jahresende für den Beginn des Jahres – also ex post – die zukünftigen Einnahmen und Ausgaben zu prognostizieren (besserer Informationsstand!) und mit dieser Einnahmen-Ausgaben-Reihe das Erfolgskapital und die Jahreszinsen darauf zu errechnen.

Den dieserart errechneten Jahresgewinn nennt *Hansen* "adjusted anticipated capital interest" [1962, S. 28].

Ob und in welchem Ausmaß man Vermögenswertänderungen (gains, losses) zum Jahresgewinn rechnet oder als Zufallserfolge (windfall profits und windfall losses) nicht den Jahreserfolgen zurechnen will, hängt davon ab, ob man eine quellentheoretische oder eine reinvermögenszugangstheoretische Auffassung des Gewinnes vertritt. Der Bilanz und der kaufmännischen bilanziellen Erfolgsrechnung liegt grundsätzlich das reinvermögenszugangstheoretische Konzept zugrunde.

So bestechend die Theorie des ökonomischen Gewinnes zunächst erscheinen mag, so problematisch erweisen sich bei näherer Betrachtung verschiedene Elemente und Prämissen desselben.

Wenn man unter dem „ökonomischen Gewinn" jenen Betrag versteht, den man der Unternehmung entziehen darf, ohne daß sich deren Wert als Unternehmung als Ganzes (Ertragswert, Erfolgskapital) verändert, dann muß umgekehrt auch die jährliche Entnahme dem ökonomischen Gewinn entsprechen. Entnimmt man mehr oder weniger als den errechneten ökonomischen Gewinn, so verstößt man gegen die ursprüngliche Absicht und Definition des ökonomischen Gewinnes. „Kapitalersparnisse" und „Kapitalentsparnisse" ändern dann in Wirklichkeit das Erfolgskapital der Unternehmung.

Eine Übereinstimmung von ökonomischem Gewinn und jährlichem Geldüberschuß ergibt sich jedoch nur im unrealistischen Modell der ewig lebenden Unternehmung, die jährlich ad infinitum wiederkehrend einen gleich hohen Geldüberschuß (R) erwirtschaftet.

Das Erfolgskapital EK errechnet sich dann als ewige Rente nach der Formel

$$EK = \frac{R \cdot 100}{p}$$

und der Jahresgewinn (G) wird ermittelt als

$$G = EK \cdot \frac{p}{100} = \frac{R \cdot 100}{p} \cdot \frac{p}{100} = R$$

$$\underline{\underline{G = R.}}$$

In diesem Falle ist jedoch das Problem bzw. dessen Lösung trivial und man könnte sich mit einer einfachen Einnahmen-Ausgaben-Rechnung begnügen.

In Wirklichkeit werden jedoch die jährlich errechneten „ökonomischen Gewinne" und die jährlichen Geldüberschüsse nicht übereinstimmen. Unternehmungen wachsen (in ihrem Ertragswert) durch Investitionen des Gewinnes und schrumpfen (in ihrem Ertragswert) durch Devestitionen und Eigenkapitalrückzahlungen. Jährlicher Geldüberschuß und ökonomischer Gewinn werden daher in aller Regel nicht zusammenfallen.

Ist der Geldüberschuß kleiner als der errechnete ökonomische Gewinn – Wachstumsmodell –, so müßte man einen Teil der Gewinnausschüttung mit Krediten finanzieren. Damit ändert sich jedoch der Strom prognostizierter zukünftiger Einnahmen und Ausgaben (Darlehenszuzählungen, Tilgungszahlungen, Zinszahlungen). Ist der Geldüberschuß größer als der errechnete ökonomische Gewinn – Schrumpfungsmodell –, so müßte man einen Teil des Geldüberschusses extern zinsbringend veranlagen, womit ebenfalls wiederum der ursprünglich prognostizierte und der Gewinnerrechnung zugrundeliegende zukünftige Einnahmen-Ausgaben-Strom eine Abänderung erfahren muß.

Wird jedoch in jeder Erfolgsrechnungsperiode der Geldüberschuß der jeweiligen Periode ausgeschüttet, so deckt sich die jährliche Ausschüttung nicht mit dem errechneten „ökonomischen Gewinn" und es wird dann sehr fragwürdig sein, weshalb man eine Größe berechnet, die als jene definiert ist, die man der Unternehmung entziehen könnte, ohne ihren Ertragswert zu ändern (insbes. zu schmälern)?!

In einen ähnlichen circulus vitiosus kommt man, wenn man das Erfolgskapital aus den ausgeschütteten „ökonomischen Gewinnen" berechnen will. Man bräuchte schon die Kenntnis der richtigen Periodenerfolge i.S. der ökonomischen Gewinne, um das Erfolgskapital der einzelnen Perioden und damit die ökonomischen Gewinne der einzelnen Geschäftsjahre berechnen zu können.

Lösbar ist das Problem nur, wenn man einen vollkommenen Kapitalmarkt unterstellt, bei dem die Unternehmung jede Menge Kapital zu einem konstanten Zinssatz aufnehmen und auch im Kapitalmarkt veranlagen kann.

Nur in diesem Falle lassen sich die Differenzen zwischen jährlich errechneten „ökonomischen Gewinnen" und jährlichen Geldüberschüssen durch Kapitalmarktoperationen so zum Ausgleich bringen, daß sich der Ertragswert der Unternehmung nicht ändert.

Unter den im obigen Modell nun formulierten Prämissen, nämlich vollkommene Voraussicht und vollkommener Kapitalmarkt, ist das Problem bzw. die Problemlösung wieder trivial: Der ökonomische Gewinn der einzelnen Jahre wird zur (jährlich gleichbleibenden) Gewinnannuität!

Hebt man nun in der weiteren Überlegung realitätskonform die Prämisse des unendlich elastischen (vollkommenen) Kapitalmarkts auf, so steht man vor der Frage, mit welchem Zinssatz man nun seine Diskontierungsrechnungen (Bilanz) und seine Jahreszinsenberechnungen („ökonomischer Gewinn") vornehmen soll, und weiters steht man vor dem Problem, daß die zur Überbrükkung der zwischen errechneten „ökonomischen Jahresgewinnen" und jährlichen Einnahmenüberschüssen nötigen Geld- oder Kapitalmarktoperationen auch die Höhe des Erfolgskapitals beeinflussen werden, womit wiederum die vorweg berechneten ökonomischen Jahresgewinne falsch sind und einer Neuberechnung bedürfen etc.

Auch der Vorschlag, die Jahresgewinne sowohl nach traditioneller buchhalterischer Methode und nach dem Konzept des ökonomischen Gewinnes zu berechnen und in den einzelnen Jahren (nur) den jeweils geringeren von beiden auszuschütten [*Schneider,* 1968], kann die auftretenden Probleme nicht lösen und erweist sich als wenig durchdacht. Darüber hinaus ist es durchaus keine Selbstverständlichkeit, daß die Finanzierung der Ausschüttung des (geringeren) buchhalterischen Gewinnes in jedem Jahr möglich sein wird [vgl. auch *Wegmann,* S. 101].

Ein weiteres Problem des ökonomischen Gewinnes ist die Festlegung des richtigen Kalkulationszinsfußes.

Von der Höhe des Zinsfußes hängt einerseits die Schärfe der Diskontierung der prognostizierten zukünftigen Einnahmen und Ausgaben und damit die Höhe des Vermögens, der Schulden und somit des Eigenkapitals (Erfolgskapitals) ab und andererseits die Größe der errechneten („ökonomischen“) Jahresgewinne (Berechnungsbasis und Zinssatz).

Wer aber soll den „richtigen“ Zinssatz nennen, von dessen Wahl so viel abhängt.

Empfohlen werden vor allem der „Kapitalmarktzinssatz“ und der Zinssatz der nächstbesten alternativen (externen) Veranlagungsmöglichkeit des Kapitals (Opportunitätskosten).

Letzterer Vorschlag stellt jedoch schon einen Widerspruch zu den Prämissen der Theorie des ökonomischen Gewinnes dar. Weitere Probleme ergeben sich bei Zinssatzänderungen, z.B. hat das Jahr 1981 weltweit zu einer gewaltigen Zinshausse geführt. Die Kapitalverluste der Unternehmungen müßten bei Bilanzierung nach dem Prinzip des ökonomischen Gewinnes – infolge der schärferen Abzinsung der prognostizierten Einnahmenüberschüsse – verheerend sein.

Eine Frage, die den Anhängern einer konventionellen Bilanzierung die Theorie oder gar die mögliche praktische Anwendung des Konzeptes des „ökonomischen Gewinnes“ suspekt erscheinen läßt, ist die Ungewißheit der ökonomischen Zukunft, mit der man bei dieser Konzeption völlig ungeschminkt konfrontiert wird. Man bevorzugt – heute noch – fast durchwegs eine vergangenheitsorientierte Form der Bilanzierung und Jahreserfolgsrechnung.

Der Anschaffungswert erscheint vielen als etwas so Objektives. Die Begründung eines Wertansatzes fällt sehr leicht und man übersieht, daß man ja auch bei konventioneller Jahresabschlußrechnung nach alter buchhalterischer Tradition sehr wohl auch versuchen muß, die Zukunft der Unternehmung, ihrer einzelnen Teile wie ihrer Gesamtheit zu ergründen. Wie sonst sollte man z.B. die Aktivierung von Entwicklungskosten (in Österreich zulässig), gekauftem Firmenwert etc., aber auch die Anwendung des Niederstwertprinzipes und die Festlegung von Nutzungsdauern von Potentialfaktoren verstehen?

Ein letzter wesentlicher Einwand ist gegen das klassische Konzept des „ökonomischen Gewinnes“ zu erheben: Es ist nicht in der Lage, den totalen Einnahmenüberschuß der Unternehmung, somit den Totalerfolg auf die einzelnen Erfolgsrechnungsperioden *so* zu verteilen, daß die grundlegende Formel jeder geldkapitalistischen Gewinnrechnungstheorie, die der „Erfolgskongruenz", ihre Gültigkeit behält. Zwischen dem mit einem kalkulatorischen Zinssatz zukunftsorientiert errechneten Erfolgskapital und dem anschaffungswertorientierten (eingezahlten) Eigenkapital besteht kein Zusammenhang. Die Summe aller „ökonomischen Gewinne" und die Summe der totalen Einzahlungsüberschüsse können sich daher nur per Zufall gleichen! Damit aber ist der „ökonomische Gewinn" auch nicht als Erfolgsmaßstab geeignet. Zur Berechnung des „ausschüttbaren" Gewinnes hat er sich schon obenstehend als nicht geeignet erwiesen. Eine Weiterentwicklung des Konzepts des ökonomischen Gewinnes zum Konzept des „kapitaltheoretischen Gewinnes" [*Seicht*, 1970a, S. 558ff.] hat versucht, die Schwächen des „ökonomischen Gewinnes" zu beseitigen.

5.2.2.2.2.5.2.2 Der „kapitaltheoretische Gewinn". Während die konventionelle, buchhalterische Methode, Bücher abzuschließen und Periodengewinne zu berechnen, zu sehr in die Vergangenheit blickt und das Problem des (geldmäßigen) Endes zu wenig bedenkt, sieht das Konzept des „ökonomischen Gewinnes" nur in die Zukunft und vergißt dabei das Problem des (geldmäßigen) Anfanges.

Nur wenn man im Vermögen Barwerte der Einnahmen der *Zukunft*, in den Schulden Barwerte der Ausgaben der *Zukunft* und im Eigenkapital die von den Eigentümern in der *Vergangenheit* geleisteten Einzahlungen (vermehrt um nicht entnommene Gewinne, vermindert um erlittene Verluste) sieht *und* die drei genannten Größen im doppischen System zum rechnerischen Ausgleich bringt, dann kann man die simultane Erfolgsperiodisierung unter Beachtung der Formel der Erfolgskongruenz zuwege bringen.

Dieser rechnerische Ausgleich des Inhaltes der beiden Kontenreihen „Reinvermögen" und „Eigenkapital" läßt sich dann bewerkstelligen, wenn man die Diskontierung der zukünftigen Einnahmen (Vermögen) und der zukünftigen Ausgaben (Schulden) nicht mit einem „kalkulatorischen" Zinsfuß, sondern mit dem sich aus den Zahlen der beiden Kontenreihen ergebenden *„internen"* Zinsfuß vornimmt.

Das „Vermögen" ist demnach definiert als der mit dem internen Zinsfuß der Unternehmung diskontierte Strom zukünftiger Einnahmen (von Dritten) und die „Schulden" errechnen sich als der mit dem internen Zinsfuß der Unternehmung diskontierte Strom zukünftiger Ausgaben (an Dritte).

Die zwischen so errechnetem Vermögen und so errechneten Schulden sich ergebende Differenz (Reinvermögen) muß in ihrer Höhe genau dem (anschaffungswertorientierten) Eigenkapital entsprechen.

Die Periodengewinne errechnen sich als jährliche interne Verzinsung des Eigenkapitals vom jeweiligen Jahresanfang.

Albach [1965] war mit seiner „Synthetischen Bilanztheorie" den umgekehrten Weg gegangen. Auch er sieht die Anwendung des internen Zinsfußes vor, aber zur Bewertung des Eigenkapitals, während er das Vermögen mit historischen Anschaffungspreisen zu bewerten vorschlägt. Zur Berechnung der internen Verzinsung bedarf er einer außerhalb der Buchhaltung und Bilanz durchzuführenden Vorschaurechnung, und die Bilanzgleichung läßt sich im Rahmen der synthetischen Bilanztheorie nicht aufrechterhalten [vgl. *Seicht*, 1970a, S. 552ff.].

Die Konzeption der „kapitaltheoretischen Bilanz“ und des „kapitaltheoretischen Gewinnes“ will weder die jährlichen Ausschüttungsbeträge berechnen noch geht sie von der Prämisse der Aufrechterhaltung des Erfolgskapitals aus; sie will einzig und allein eine simultane Erfolgsperiodisierung, die der axiomatischen Formel der Erfolgskongruenz gerecht wird.

Die Bilanzgleichung der *Gründungsbilanz* ist nach der „kapitaltheoretischen Bilanzauffassung“ wie folgt definiert:

$$\sum_{t=1}^{n} e_t \cdot \left(1 + \frac{p}{100}\right)^{-t} = \sum_{t=1}^{n} a_t \cdot \left(1 + \frac{p}{100}\right)^{-t} + C_0$$

(statische Form)

bzw.

$$\sum_{t=1}^{n} e_t \cdot \left(1 + \frac{p}{100}\right)^{-t} ./. \sum_{t=1}^{n} a_t \cdot \left(1 + \frac{p}{100}\right)^{-t} = C_0$$

(dynamische Form)

Hierbei bedeuten e_t die Einnahmen der t-ten Periode, a_t die Ausgaben der t-ten Periode, n die Anzahl der Perioden und p die interne Verzinsung des von den Eigentümern eingezahlten Eigenkapitals C_0.

Die *Schlußbilanz* des ersten Jahres (statische Form) zeigt folgendes Aussehen:

$$\sum_{t=2}^{n} e_t \cdot \left(1 + \frac{p}{100}\right)^{-(t-1)} = \sum_{t=2}^{n} a_t \cdot \left(1 + \frac{p}{100}\right)^{-(t-1)} + C_0 + G_1 .$$

G_1 stellt hierbei den Gewinn der ersten Periode dar und wird wie folgt berechnet:

$$G_1 = C_0 \cdot \frac{p}{100}$$

Beläßt man den Gewinn der ersten Periode in der Unternehmung, so beträgt das Eigenkapital C_1 am Beginn der 2. Periode wie folgt:

$$C_1 = C_0 + C_0 \cdot \frac{p}{100}$$

$$C_1 = C_0 \cdot \left(1 + \frac{p}{100}\right)$$

Die Bilanzgleichung der Schlußbilanz der ersten Periode kann daher auch wie folgt formuliert werden:

$$\sum_{t=2}^{n} e_t \cdot \left(1+\frac{p}{100}\right)^{-(t-1)} = \sum_{t=2}^{n} a_t \cdot \left(1+\frac{p}{100}\right)^{-(t-1)} + $$
$$+ C_0 \cdot \left(1+\frac{p}{100}\right)$$

Treten nun *Abweichungen* zwischen den für ein abgelaufenes Geschäftsjahr ex ante prognostizierten Einnahmen bzw. Ausgaben und den tatsächlich realisierten ein, so ist ex post, also am Jahresende, der *neue* interne Zinsfuß zu ermitteln und mit diesem der Jahresgewinn als Zinsen auf das revidierte Eigenkapital vom Beginn des Jahres zu berechnen. Gleiches gilt für Prognoseänderungen, die sich auf Grund des besseren Informationsstandes am Jahresende eventuell als erforderlich erweisen.

Das Problem der sich aus der Unsicherheit aller Prognosedaten ergebenden Vermögenswertänderungen ist damit – zumindest formal-rechnerisch – gelöst. Es erfolgt dann eine ständige Anpassung des Periodenerfolges an die interne Verzinsung des Eigenkapitals, und die Beachtung der Formel der Erfolgskongruenz bleibt stets gewahrt.

Auch das Problem der Geldwertschwankungen (Geldwertverschlechterungen) ist im Rahmen der Konzeption der „kapitaltheoretischen" Bilanz und Erfolgsrechnung leicht zu lösen: Die zukünftigen Zahlungsströme sind mit dem Geldwert des Bilanzstichtages neu zu prognostizieren und das anschaffungswertorientierte Eigenkapital vom Beginn des Abschlußjahres ist mit dem Geldentwertungsfaktor dieses Jahres zu inflationieren. Der Inflationierungsbetrag stellt einen Bestandteil des Eigenkapitals dar und ist bei der Berechnung des internen Zinsfußes und bei der Berechnung des Jahreserfolges mit zu berücksichtigen. Buchtechnisch sind die Inflationierungsbeträge als Aufwandskorrektur und als Eigenkapitalerhaltungsrücklage zu behandeln.

Die technische Abwicklung einer nach dem „kapitaltheoretischen" Konzept gestalteten Buchhaltung und Jahresabschlußrechnung läßt sich formal im traditionellen Rahmen der Doppik handhaben. An Beispielen wurde dies ausführlich demonstriert [*Seicht*, 1970a, S. 561ff.].

Abschließend sei noch die Frage des Auseinanderfallens von „kapitaltheoretischem" Gewinn und Einnahmenüberschuß der einzelnen Erfolgsrechnungsperioden angeschnitten.

Ist in einer Erfolgsrechnungsperiode der „kapitaltheoretische" Gewinn größer als der (verfügbare) Einnahmenüberschuß, so ist der verfügbare Einnahmenüberschuß auszuschütten und die sich zum kapitaltheoretischen Gewinn ergebende Differenz entweder in die Rücklagen einzustellen oder über die Ausgabe von Gratisaktien dem Grundkapital zuzuführen. Eine Neuberechnung des internen Zinsfußes oder des Vermögens ist nicht erforderlich, da der internen Zinsfußmethode prämissenkonform (nur) der erzielte Geldüberschuß ausgeschüttet worden ist. Eine weitere Möglichkeit bestünde in diesem Falle auch darin, den fehlenden Geldbetrag zunächst durch einen Kapitalnachschuß der

Eigentümer der Unternehmung zur Verfügung zu stellen und anschließend als Gewinnausschüttung wieder zurückzuholen („Zahl ein, hol zurück“).

Ist in einer Erfolgsrechnungsperiode jedoch der erzielte Einnahmenüberschuß größer als der errechnete kapitaltheoretische Gewinn, so müßte die den Gewinn übersteigende Ausschüttung als Eigenkapitalentnahme (Privatentnahme, Eigenkapitalherabsetzung) gebucht werden, oder man beschränkt die Ausschüttung auf die Höhe des errechneten kapitaltheoretischen Gewinnes.

Für den Fall, daß der in der Unternehmung verbleibende Geldüberschuß zum bisherigen internen Zinssatz investiert werden kann, bleiben der Wert des Vermögens, das Eigenkapital und der interne Zinsfuß im Vergleich zum Vorjahresstand unverändert; im Vergleich zur ex ante-Prognose des kommenden Jahres bedarf es dann allerdings einer Prognoserevision und einer Neuberechnung des „kapitaltheoretischen Gewinnes“ (bei unverändertem internen Zinsfuß) der Folgeperioden.

Kann der in der Unternehmung verbleibende Geldüberschuß nur zu einer vom bisherigen internen Zinssatz abweichenden Rendite investiert werden, dann ist für die Folgeperioden nicht nur eine Neuprognose der zukünftigen Einnahmen und eine Neuberechnung der „kapitaltheoretischen Gewinne“, sondern auch eine Neuberechnung des internen Zinsfußes erforderlich.

Zusammenfassend ist aus der Sicht des Autors zu sagen, daß die kapitaltheoretische Bilanz- und Erfolgsrechnungskonzeption eine vollkommene (simultane) Erfolgsperiodisierung erlaubt, daß sie die Einzelveräußerungswerte sowie den Wert der Unternehmung als Ganzes (bzw. die Verzinsung des investierten Eigenkapitals) zeigt und daß sie weiters über den zukünftigen cash flow Aufschluß gibt. „Sie bietet daher optimale Entscheidungsgrundlagen, läßt den ausschüttbaren Teil des Periodenerfolges leicht errechnen, zwingt die Unternehmungsleitung zu vorausschauender Planung und optimalem Planvollzug und bietet alle Voraussetzungen zur systematischen und rationalen Quantifizierung der mit jedem Abschluß verbundenen Unsicherheit. Darüber hinaus ermöglicht sie in einfachster Weise die Berechnung des sich aus der allgemeinen Geldentwertung ergebenden Scheingewinnes und schafft somit die Voraussetzung zu einer gezielten Politik der realen Kapitalerhaltung.“ [*Seicht,* 1970a, S. 618]

5.2.2.3 Das „statische“ Bilanzierungsziel

5.2.2.3.1 Grundsätzliches zum Ziel der „Vermögensermittlung“

Unter einer „statischen“ Bilanz wird in der bilanztheoretischen Literatur jede Bilanz verstanden, deren Ziel die *„Vermögensermittlung“* ist, gleichgültig was man unter „Vermögen“ versteht, wie man es bewertet und errechnet, gleichgültig ob man den Gesamtwert der Unternehmungen als Ganzes, den Reproduktionskostenwert, den Zerschlagungswert etc. errechnen und darstellen will.

„Statische“ Bilanzen sind Bilanzen, die etwas Zuständliches ermitteln oder darstellen sollen, obwohl natürlich jede Bilanz – auch die „dynamische“ – als

Zeitpunktrechnung (Stichtagsrechnung) eine statische Momentaufnahme ohne Zeitdimension ist.

Jede Bilanz ist daher „Vermögensbilanz“. Mit dem Begriff der „Erfolgsbilanz“ bezeichnet man entweder – sprachlich wenig geglückt – die Gewinn- und Verlustrechnung, oder man meint damit einen Jahresabschluß, der vor allem zwecks Feststellung des Jahreserfolges erstellt wird. Ja der Begriffsbastard „Erfolgsbilanz“ wird heute auch außerhalb des ökonomischen Bereiches häufig verwendet, um damit einen rückblickenden Rechenschaftsbericht – etwa eines Sportlers oder dessen Trainers – zu charakterisieren.

Während eine reine „dynamische“ Zielsetzung bzw. eine reine „statische“ Zielsetzung zur Klassifizierung als „dynamische Bilanz“ bzw. „statische Bilanz“ führen und damit eine saubere, weil konsequente Angelegenheit zu sein scheinen, führt eine „dualistische“ Zielsetzung – gleichzeitige Gewinn- und Vermögensermittlung – nach Ansicht der „Dynamiker“, insbes. Schmalenbachs, zu „unwissenschaftlichen“ dualistischen Bilanztheorien.

Gleichzeitige Gewinn- und Vermögensermittlung in derselben Jahresabschlußrechnung bzw. Bilanz wird von Schmalenbach für unmöglich erklärt, scharf kritisiert und als „unwissenschaftlich“ abgelehnt. *E. Walb* [1933, S. 4f.], *Kosiol* [1944, S. 10f.] und andere „Dynamiker“ schlossen sich dieser Einstellung Schmalenbachs an.

Die Praxis und verschiedene Autoren sind jedoch im Gegensatz zur erklärten Ansicht der Dynamiker davon überzeugt, daß die Bilanz sowohl der Vermögensermittlung dienen und gleichzeitig auch ein Instrument der Gewinnrechnung sein kann, ja daß die richtige Vermögensermittlung sogar die Voraussetzung für eine richtige Gewinnermittlung sei.

Auch hat die Praxis ohne Zweifel ein Bedürfnis, durch den Jahresabschluß nicht nur Informationen über den Erfolg des abgelaufenen Geschäftsjahres und über die Höhe des Reinvermögens (Eigenkapitals) zu erhalten, sondern auch Hinweise auf die Struktur des Vermögens und die Fristigkeit der Verfügbarkeit des Kapitals zu bekommen. Die Zielsetzung der Praxis muß daher naturgemäß eine „dualistische“ sein.

Durch Schmalenbachs Ablehnung des Dualismus der Bilanzziele sah sich *Gerstner* schon sehr früh zu einer Gegenstellungnahme veranlaßt. Er schrieb [1922, S. 17]: „Das Ziel der kaufmännischen Rechnungslegung – und hierbei gehen wir mit der dynamischen Bilanzlehre einig – wie schon oben betont, ist selbstverständlich die Ermittlung des Erfolges. Diese Ermittlung des Erfolges setzt jedoch voraus, daß bei periodischer Rechnungslegung logischerweise *nach* Feststellung des Vermögens (im Sinne des Reinvermögens) am Schlusse der Rechnungsperiode und nach Vergleich dieses mit Hilfe der Inventur und Bilanz festgestellten Reinvermögens mit dem Reinvermögen am Anfang dieser Rechnungsperiode sich der Erfolg (Gewinn oder Verlust) ergibt.“

Insbesondere Rieger mit seiner Bilanz als Zukunftsrechnung und Schmidt mit seiner „organischen“ Bilanz- und Erfolgsrechnungstheorie vertreten eine dualistische Zielsetzung, ja gehen davon aus, daß eine richtige Gewinnermittlung überhaupt nur bei richtiger Vermögensermittlung durchführbar sei, daß somit erstere die letztere voraussetze. Ihnen sekundiert *Holzer,* wenn er darlegt [1936, S. 4]: „Da ich mit Rieger und Schmidt der Ansicht bin, daß der Erfolg nur durch Vergleich zweier Vermögenszustände ermittelt werden kann, daß also Vermögens- und Erfolgsrechnung unlösbar miteinander verbunden sind, ist die Folge, daß jede Bilanz für mich statisch-dynamisch, Einheitsbilanz im Schmidtschen Sinne ist.“

Auch in der amerikanischen Literatur findet sich der „Mythos“, daß man sich zwischen einem "income approach“ und einem "balance sheet approach“ entscheiden müsse. *Biermann* nimmt zu dieser Ansicht wie folgt Stellung [1965, S. 542]: „This myth exists widely in academic circles as well as practicing accountants. The accounting for financial position is inoxerably tied to the accounting for income and the two cannot be separated. For scheduling or indexing we may define a topic as being concerned with financial position or income, but certainly in studying either of these items we must bring in the effect on the other.“

Selbst Schmalenbach, der schärfste Kritiker des Dualismus der Bilanzziele, relativiert sein ablehnendes Urteil, ja hebt es wieder völlig auf und trägt damit – wie meist mit seinen zahlreichen widersprüchlichen Ausführungen – mehr zur Verwirrung denn zur Klärung bilanztheoretischer Fragen bei.

Schmalenbach hält zunächst die „statischen Ziele“ . . . „mittels der Bilanz für unerreichbar“, und er sieht daher „keinen Grund, einen eigenen Versuch in dieser Richtung zu wagen“ [1931, S. 81].

Da die Erreichung eines „statischen“ Zieles mit keiner Bilanz erreichbar sei, verlangt *Schmalenbach* die kompromißlose Ausrichtung der Bilanzierung auf das Ziel der Errechnung des „vergleichbaren Gewinnes“. Es sei unerheblich, ob das eine oder das andere Bilanzziel eine gewisse Vorhand besitze, „Kennzeichen des Dualismus“ ist es nach Schmalenbach schon, „wenn die Bilanzregeln nicht einheitlich orientiert sind, wenn auch nur an einer Stelle die Konsequenz ins Wanken gerät.“ [1931, S. 80]

Die Zurückweisung auch nur von Spuren einer dualistischen Zielsetzung scheint durch ihre Schärfe jeden Zweifel an Schmalenbachs Sicht des Problems zu beseitigen, ja er hält die Erreichung der „statischen Ziele“ mittels der Bilanz schlechthin – somit auch mittels einer „statischen Bilanz“ – für unerreichbar.

Wer sich jedoch nicht allein mit der Durchsicht von Einleitungen und ersten Kapiteln begnügt, kann bei Schmalenbach seine Überraschungen erleben. Etwas mehr als 260 Seiten nach den oben zitierten Ausführungen schreibt *Schmalenbach* in derselben Quelle folgendes [1931, S. 342]: „Bilanzieren nach dynamischer Art bedeutet, daß in der Bilanz die Gewinnrechnung die Vorhand hat; daß mithin überall dort, wo dieser Zweck mit anderen Zwecken im Wettbewerb steht, die anderen Zwecke die Gewinnrechnung nicht gefährden dürfen. Bilanzieren nach dynamischer Art bedeutet nicht, daß die Verfolgung anderer Zwecke ausgeschlossen ist. Man kann die Frage aufwerfen, welche statischen Zwecke sich mit der dynamischen Bilanz erfüllen lassen, und dann kann man die Bilanz, ohne ihren Hauptzweck in Gefahr zu bringen, so gestalten, daß sie diese Zwecke auf die beste Weise erfüllt. Man muß noch einen Schritt weiter gehen. Soll die Bilanz die erwähnten Zwecke erfüllen, so ist es oft nicht mit der Bilanz getan, wie sie die Erfolgsrechnung bietet; man muß zuweilen die Kontierung zu statischen Zwecken reicher gestalten, als der dynamische Zweck es verlangt. Auch sind in für die Erfolgsrechnung nicht wesentlichen Dingen Konzessionen erlaubt; man entscheidet sich etwa für Zeitwerte statt der Anschaffungswerte, wo es für die Erfolgsrechnung nicht störend, für statische Zwecke aber vorteilhaft ist."

Schmalenbach hält es somit nicht nur für möglich, „statische" Ziele mittels einer Bilanz zu erreichen, sondern er glaubt offenbar sogar, daß dies auch mittels einer „dynamischen" Bilanz „auf die beste Weise" geschehen könne.

Und über „die dynamische Bilanz als Bilanz der Kapitalbeanspruchung" führt er aus [1931, S. 344]: „Derartige Vermögensbilanzen, sowohl in absoluten als auch in relativen Zahlen dargestellt, sind wertvoll zu vielerlei Zwekken. Sie hellen die allmähliche, im einzelnen unmerkliche Verschiebung der Schichten auf; sie zeigen Wirkungen der Bilanz- und Finanzpolitik, insbesondere die Einflüsse neuer Geschäftsleiter auf diese Politik, die Einflüsse der Konjunkturen und die allmähliche Wandlung der Kapitalbedürfnisse des Betriebes. Beim Vergleiche vergleichbarer Unternehmungen beleuchten sie, allerdings hier mit stärkeren Störungen infolge der Unterschiede in den Bewertungsmethoden, die Verschiedenheit der Struktur; sie geben zuweilen überraschende Aufschlüsse in Fragen der Selbstkostenunterschiede. Sie zeigen bei Kapitalmangel Möglichkeiten der Einsparung; bei Kapitalüberfluß die Stellen, an denen die Kapitalverwendung relativ schwach war. Zuweilen geben sie bei Finanztransaktionen einen Anhalt über die Höhe der zu beschaffenden Gelder."

Man ist verwirrt, was eine „dynamische Bilanz" nach Ansicht Schmalenbachs nun plötzlich alles können soll!

Mit nachfolgenden Ausführungen *Schmalenbachs* wird seine vorausgeschickte Kritik an den statischen und an den dualistischen Bilanzzielen wohl endgültig hinfällig [1931, S. 344]: „Wenn man den periodischen Bilanzen außer der primären Aufgabe der Erfolgsermittlung die Funktion zuweist, sekundär die Zusammensetzung des Vermögens zu zeigen, so daß sich bis zu gewissem Grade erkennen läßt, wie sich die Bestandteile relativ und absolut in Hinsicht auf die Kapitalbeanspruchung verändern, so ist nur ein kleiner Schritt zur Darstellung von Liquiditätsübersichten." . . . „Es kann keinen Zweifel darüber geben, daß eine gute monatliche Erfolgsrechnung beides, Status sowohl als auch Bewegungsrechnung, nebeneinander zeigen soll; teilweise, weil der eine Teil der Rechnung Anregungen gibt für den anderen, teilweise aber auch deshalb, weil man mit jeder Rechnung alle Ziele verfolgen soll, die sie zu erfüllen vermag, selbstverständlich auch statische Ziele."!

5.2.2.3.2 Die Reinvermögensermittlung

Das „Reinvermögen“ errechnet sich formal als Differenz zwischen dem gesamten positiven Vermögen und dem negativen Vermögen i.S. der Schulden und wird als abstrakte Saldogröße durch das bilanzielle „Eigenkapital“ dargestellt.

Gilt das alleinige Interesse eines Bilanzierenden der Höhe dieses Reinvermögens zu einem bestimmten Stichtag, so ist sein Ziel ein rein „statisches“. Will er außerdem aus dem Vergleich dieses aktuellen Eigenkapitalstandes mit dem Eigenkapitalstand eines vorhergegangenen Stichtages den in der Zwischenzeit erzielten Erfolg errechnen, so dient die Reinvermögensermittlung auch dem Ziel der Erfolgsermittlung, da Gewinn bzw. Verlust im Rahmen der bilanzmäßigen Erfolgsermittlung als ein Mehr bzw. Weniger des bilanzmäßigen Reinvermögens (Eigenkapital) definiert ist.

Bei einer ausschließlich „statischen“ Zielsetzung genügt dem Bilanzierenden die Kenntnis der Höhe des Eigenkapitals per Bilanzstichtag. Die Ermittlung der Eigenkapitalsänderung wird ihn nicht interessieren, und die Eigenkapitalsveränderung der jüngst abgeschlossenen Periode wird nicht gesondert ermittelt.

Bilanzen, in denen kein Erfolg der abgelaufenen Geschäftsperiode gesondert ausgewiesen wird, sind solche, die eine allein „statische“ Zielsetzung manifestieren. Sie zeigen, wie „reich“ man zu einem bestimmten Stichtag ist.

Auseinandersetzungsbilanzen, die zur Feststellung des Auseinandersetzungsguthabens eines ausscheidenden Gesellschafters erstellt werden, oder die Statusrechnungen für Kreditanträge etc. wären hier auch zu nennen. *Leitner* schreibt dazu [1929, S. 19]: „Außerhalb der Jahresbilanz können Vermögensaufstellungen ohne formellen Abschluß der Bücher, aber auf Grund der buchmäßigen oder statistischen Aufzeichnungen aufgemacht werden, die besonderen Zwecken dienen; z.B. ein Status, d.i. eine Übersicht über den Vermögensstand (nach § 314 HGB), die Zwischenbilanz nach § 240 HGB; die Monatsbilanzen der Kreditbanken und andere Zwischenbilanzen.“

Nach dem Willen und Interesse des Handelsgesetzgebers sind die Bilanzen im Interesse der Vermögensermittlung und nicht als Instrument der Erfolgsermittlung durch Reinvermögensvergleich jährlich zu erstellen.

Die Ermittlung des Standes des Reinvermögens kann nun nach verschiedenen Wertvorstellungen und Bewertungsideen erfolgen. Das „Reinvermögen“ kann durch eine „Anschaffungswertbilanz“, durch eine „Einzelveräußerungswertbilanz“, durch eine „Reproduktionskostenbilanz“, durch eine Bilanz kalkulatorisch abgezinster zukünftiger Einnahmen- und Ausgabenerwartungen und durch eine „Gesamtwertbilanz“ ermittelt werden. Die ersten drei Konzeptionen haben das Prinzip der Einzelbewertung gemeinsam und die Vorstellung, aus der Addition der Einzelwerte und nach Abzug der Schulden den Wert der Unternehmung zu erhalten. Die letztgenannte Konzeption sieht im Unternehmen eine Bewertungseinheit.

Eine Bilanz mit diskontierten zukünftigen Einnahmen und Ausgaben kann

Elemente einer Einzelbewertung beinhalten, stellt aber überwiegend und ihrer Grundidee nach ebenfalls eine Gesamtwertbilanz dar.

Gesamtwertbilanzen wollen grundsätzlich durch Erfolgskapitalisierung den Wert der ganzen Unternehmung ermitteln.

Sieht man im historischen Anschaffungspreis grundsätzlich den Wert eines Vermögensgegenstandes manifestiert, geht man über mögliche Preissteigerungen und Geldwertänderungen achtlos hinweg und meint man aus der Addition der Werte der einzelnen Teile und nach Abzug der Schulden den Wert der ganzen Unternehmung ermitteln zu können, so wird man zur Befriedigung seines statischen Informationsbedürfnisses eine *Anschaffungswertbilanz* erstellen. Die Annahme einer stationären Wirtschaft, eines stabilen Geldwertes und der Nichtkomplementarität der einzelnen Vermögensgegenstände sind die Prämissen einer derartigen Vorgangsweise.

Eine *Einzelveräußerungswertbilanz* wird man erstellen, wenn man wissen möchte, in welchem Ausmaß im Falle einer tatsächlichen Liquidation Reinvermögen zur Ausschüttung an den Eigentümer in Form von Geld verbleiben würde. Bei einer derartigen Vorgangsweise würde das Reinvermögen dem Liquidationskapital entsprechen.

Sieht man im vorhandenen Vermögen Vermögensgegenstände, die man für den beabsichtigten Weiterbetrieb auf jeden Fall benötigt, so kann man in ihnen auch ersparte Ausgaben sehen. Die Bewertung hat dann mit aktuellen (oder zukünftigen) Wiederbeschaffungspreisen zu erfolgen. Die Rechnung zeigt dann eine „Reproduktionskostenbilanz". Schmidts Konzept einer organischen Tageswertbilanz entspricht dieser Idee.

Versteht man unter dem bilanziellen Reinvermögen (Eigenkapital) den Wert einer Unternehmung als Ganzes und hat man erkannt, daß der Wert aus der Diskontierung zukünftiger Vorteile, Nutzen, Gewinne herzuleiten ist, dann wird man das „Reinvermögen" einer Unternehmung durch Erfolgskapitalisierung errechnen wollen. Eine derartige Bilanz sah *Schmalenbach* als die typische „statische" [1931, S. 84] Bilanz an und kritisierte sie in Wiederholung von Argumenten Fischers und Passows in dem Sinne, daß man den Gewinn nicht als Reinvermögensunterschied errechnen könne, wenn man die Errechnung des Reinvermögens durch eine Erfolgskapitalisierung vornehme [1931, S. 101].

Schon der Dynamiker *Fischer* schrieb lange vor Schmalenbach in Kritik des berüchtigten Urteils des preußischen Oberverwaltungsgerichtes aus 1873, das eine Bilanzbewertung zu Geschäftsveräußerungswerten (i.S. von Ertragswerten) gefordert hatte, über diesen circulus vitiosus folgendes [1909, S. 30]: „Es untersteht hiernach nicht mehr den geringsten Zweifeln: diese Methode heißt nicht mehr und nicht weniger, als den bisherigen Ertrag mehrfach berechnen, einmal nämlich in der regulären Weise und nachher so, daß der reguläre Gewinn kapitalisiert wird. Vom Standpunkt der Bilanz als der Erfolgs- und deshalb der Selbstkostenrechnung, die allein die aus dem Geschäftsvermögen organisch herauswachsende Vermehrung registriert, ist der Vorwurf der Ertragskapitalisierung der denkbar schlimmste, der erhoben werden kann."

Passow weist später darauf hin daß in die Aktivseite der Bilanz der Wert der einzelnen Vermögensgegenstände nicht aber etwa der Wert des Geschäftes als Ganzes einzustellen ist" [1921, S. 101], und führt weiters aus [1921, S. 119]: „ Aber auch davon abgesehen wäre das Ausgehen von dem Ertragswert des Geschäfts völlig sinnlos. Wie wir wissen, dient die Bilanz in der Praxis hauptsächlich der Ermittlung des Geschäftserfolges. Der Vermögensstand zweier verschiedener (regelmäßig ein Jahr auseinanderliegender) Zeitpunkte wird verglichen, und aus der Erhöhung oder Verminderung des Reinvermögens ergibt sich der Gewinn oder Verlust. Man kann aber nicht aus den Veränderungen des Vermögens den Ertrag ablesen und gleichzeitig bei der Bewertung des Vermögens von dem erwarteten künftigen Ertrag ausgehen. Der Praxis liegt eine derartige Bilanzaufstellung denn auch vollständig fern."

Errechnet man den Wert einer Unternehmung als Ganzes nicht durch Kapitalisierung konventionell als Überschuß der „Erträge" über die „Aufwendungen" ermittelter Gewinne, sondern aus dem prognostizierten Einnahmen-Ausgaben-Strom der Unternehmung, so entgeht man diesem Zirkelschluß, doch tauchen im Falle einer Vorgangsweise nach dem Konzept des „ökonomischen Gewinnes" ebenfalls schwerwiegende neue Probleme auf. Die sinnvollste Lösung scheint im Konzept der „kapitaltheoretischen Bilanz" zu liegen, die neben dem anschaffungswertorientierten Eigenkapital den „Wert" desselben durch Errechnung und Mitteilung dessen interner Verzinsung bekanntgibt.

5.2.2.3.3 Die Gesamtvermögensdarstellung

Die Errechnung des Reinvermögens, sei es additiv durch Einzelbewertung oder sei es durch Ertragskapitalisierung, ist Voraussetzung und Mittel der Gewinnfeststellung und wird fast immer zu diesem Zweck vorgenommen.

Eine ganz andere Zielsetzung liegt vor, wenn es gilt, die *Struktur des Vermögens* oder die *Struktur des Kapitals* oder beides zu einem bestimmten Stichtag darzustellen, um Schlüsse über die finanzielle Situation, über Liquidität und Schuldendeckungsfähigkeit der Unternehmung zu ermöglichen.

Die Darstellung der Art des Vermögens und Kapitals, ihrer Quantität und Qualität sowie des Verhältnisses der nach Qualität gegliederten Vermögens- und Kapitalteile ist dann das Ziel der Bilanz.

Bei einer derartigen Formulierung des Bilanzzieles ist es klar, daß einer tiefen und aussagekräftigen Gliederung der Bilanz größte Bedeutung zukommt, und es sind *Gliederungslehren,* die sich aus einer derartigen Zielsetzung entwickeln müssen.

Interessiert auch oder vor allem die *Kapitalstruktur,* somit die Art der Finanzierung der Unternehmung, so wird man insbesondere die Kapitalseite der Bilanz einer tiefen Gliederung unterziehen. Ursprung, Rechtsform und Fristigkeit der Verfügbarkeit der einzelnen Kapitalschichten werden hierbei wichtige Gliederungskriterien abgeben.

Ist es vor allem die *Vermögensstruktur,* somit die Art der Investition des aufgebrachten Kapitals, der das Interesse gilt, so wird man auch oder vor allem die Aktivseite der Bilanz tief gliedern. Art, Funktion und Fristigkeit der Kapitalbindung werden durch eine weitgehende Gliederung transparent gemacht werden.

Da eine isolierte Betrachtung der Vermögensseite unter Vernachlässigung der Kapitalseite und eine isolierte Betrachtung der Kapitalseite unter Vernachlässigung der Vermögensseite keine fundierten Aussagen über die Qualität und Probleme der Mittelaufbringung und Mittelverwendung erlaubt, wird man Vermögensstruktur und Kapitalstruktur, somit den Rechenschaftsbericht über Investition *und* Finanzierung als einheitliches Ganzes sehen müssen. Aus der gegenüberstellenden Betrachtung von Teilen des Vermögens mit Teilen des Kapitals wird man erst jene Informationen gewinnen, die ein stichhaltiges Urteil über die finanzwirtschaftliche Situation der Unternehmung erlaubt.

Die Grade der „Liquidität" und die Grade der „Schuldendeckung" sind Kennzahlen, die man aus derartigen „Deckungsbilanzen" errechnet.

Die Überprüfung und Beurteilung der Einhaltung von branchenüblichen „Finanzierungsregeln" bedürfen solcher statischer Bilanzen. Kreditinstitute werden derartige Berichte sogar als Sonderbilanzen („Kredit-Status") verlangen.

Le Coutre nennt Bilanzen, die vor allem das Ziel verfolgen, die Kapitalaufbringung (Finanzierung) transparent zu machen, „Unternehmungsrechnungen", während er Bilanzen, die vor allem die Vermögensstruktur darstellen, als „Betriebsrechnungen" bezeichnet [1949, S. 8].

In jungen Jahren sah *le Coutre* den „natürlichen Inhalt" der statischen Bilanz „im Kapital". Er führte aus [1933, S. 422f.]: „Die statische Bilanzlehre fordert ferner grundsätzlich die Einstellung sämtlicher Vermögensteile zum Anschaffungswert und Einsatz des nach Ansicht des betreffenden Betriebs- und Unternehmungsleiters eingetretenen Wertverzehrs, insbesondere der vorgenommenen Abschreibungen auf der rechten Seite der Bilanz. Das aus zwei Gründen, nämlich weil sie (1) die Bilanz an sich auffaßt als Abrechnung über die in den Unternehmungen und in ihren Betrieben investierten Kapitalien; (2) weil sie der Bilanz die Aufgabe zuweist, den Betriebsorganismus in der Eigenart der kapitalmäßigen Rechnung und der bilanzmäßigen Darstellung aufzuzeigen. In diesem Punkte geht sie weiter als die praktische Auffassung, die in der Bilanz lediglich eine Abrechnung durch Zusammenstellung der vorhandenen Vermögenswerte und Schulden sieht. So kommt die statische Bilanzlehre zu der Betonung der Bilanz als Kapitalrechnung. Der natürliche Inhalt der Bilanz ist allein das Kapital, allein der Geldwert, nicht die Sache, die durch den Begriff Vermögen repräsentiert wird. . . . Ich sehe den natürlichen Inhalt der Bilanz im Kapital und die natürliche Eigenart der Bilanz in der zusammenfassenden Zusammenstellung oder Gegenüberstellung bestimmter Posten."

In späteren Jahren betonte *le Coutre,* daß es die Vermögensseite der Bilanz sei, die in Zukunft Bedeutung habe, „weil nur auf ihrer Grundlage die mit der Neuordnung des Rechnungswesens verfolgten Zwecke, insbesondere die Wirtschaftlichkeitskontrolle, erfüllt werden können“ [1949, S. 239]. Der Schwerpunkt seines Interesses liegt nun ganz auf der Vermögensseite [1949, S. 56]: „Der wirtschaftliche Sinn der Bilanzaufstellung ist hauptsächlich der, die Vermögenslage übersichtlich darzustellen, um die Beständeerhaltung und die gesunde Entwicklung des Betriebes zu verfolgen, damit bei rückläufiger Entwicklung und auftretenden Verlusten sofort eingegriffen werden kann.“

Sieht man in der Bilanz einen Rechenschaftsbericht über die Aufbringung und Verwendung finanzieller Mittel, so ist die Forderung nach Anwendung des Anschaffungswertes verständlich und akzeptabel. Will man jedoch Dekkungsbilanzen aufstellen und Kennzahlen der Liquidität und Schuldendekkung usw. errechnen, so wäre eine Bewertung mit aktuellen Preisen angebracht. *Le Coutre* meint jedoch, in einer „statischen Bilanz“ in allen Fällen mit historischen Anschaffungspreisen bewerten zu sollen. Er führt aus [1949, S. 240]: „Sie erfordert eine Bilanz zu Anschaffungswerten. Diese stellt die Investitionswerte, also den vollen Kapitaleinsatz dar und gewährt damit die einfachste und treffendste Grundlage für alle Betriebsvergleiche und sonstige Berechnungen. Durch die Anschaffungswerte wird das sachliche Volumen des Betriebes aufgezeigt und ein branchencharakteristisches Strukturbild geschaffen, aus dem sich wirklich praktische Folgerungen für den Zustand des Betriebes ziehen lassen.“

Eine „statische“ Bilanzlehre wird häufig als „Gliederungslehre“ interpretiert, und tatsächlich haben die „Statiker“ die Notwendigkeit einer tiefen und sinnvollen Gliederung der Bilanz sehr betont. *Le Coutre* schreibt, daß „für alle Betriebsdispositionen, Leistungs- und Wirtschaftlichkeitsüberwachung, Kostenrechnungen, Betriebsvergleiche und sonstige Betriebskontrollen eine sachgemäße Gliederung des Vermögens notwendig“ sei [1949, S. 240]. Nachfolgende Ausführungen *le Coutres* sind für diese Einstellung der neueren „Statiker“ typisch [1932, S. 341f.]: „Die statische Bilanzlehre gliedert grundsätzlich den ganzen Bilanzinhalt nach Funktionen, nach Aufgaben, nach Arten, nach Risiken der einzelnen Vermögens- und Kapitalteile, und zwar jeder Teil der vorangehenden Gruppe nach den folgenden Gruppen unterteilt.“

Schon *Passow* hatte eine weitergehende Mindestgliederung der Bilanzen gefordert. Er führte 1921 [S. 299] aus: „Will die Gesetzgebung im übrigen Ordnung in das Chaos der Bilanzen bringen – sei es allgemein, sei es für bestimmte Arten von Unternehmungen –, so wird sie vor allem die formale Seite zu regeln haben. So könnte z.B. in Frage kommen, daß bezüglich der Gliederung und Ausführlichkeit bestimmte Mindestforderungen aufgestellt werden.“

Damals verlangten die aktienrechtlichen Vorschriften des HGB im § 261 als Bilanzmindestgliederung nur den gesonderten Ausweis des Grundkapitals, der offenen Reserven und des Gewinnes (Verlustes). Die Notverordnung des Reichspräsidenten Hindenburg vom 19.9.1931 brachte in den §§ 261 a bis 261 c eine Mindestgliederung der Bilanz (und der GuV-Rechnung), die 1937 fast unverändert in das deutsche Aktiengesetz 1937 übernommen wurden. In Österreich hat sich daran – trotz 1965 vorgenommener „Austrifizierung“ des deutschen Aktiengesetzes 1937 – kaum etwas geändert.

Die Hauptgliederung der Bilanz stellt sich der „Statiker" *le Coutre* wie folgt vor [1949, S. 244]:

Aktiva	Passiva
A. Werbendes Vermögen 1. Anlagevermögen 2. Beschäftigungsvermögen B. Sicherungsvermögen C. Verwaltungsvermögen D. Überschußvermögen E. Sozialvermögen F. Verrechnungsposten (Eventualforderungen, Rechnungsabgrenzungen)	A. Eigenkapital 1. langfristiges 2. kurzfristiges 3. sofort fälliges B. Fremdkapital 1. langfristiges 2. kurzfristiges 3. sofort fälliges C. Verrechnungsposten (Eventualverbindlichkeiten, Rechnungsabgrenzungen) D. Reingewinn

Noch sinnvoller erschiene eine Gliederung der Bilanz, die auf der Vermögensseite mit den liquidesten Mitteln beginnt und mit den illiquidesten endet und auf der Kapitalseite die kurzfristig fälligen Verbindlichkeiten zuerst nennt und mit dem langfristigen Eigenkapital endet. Die derartig gestaltete aktienrechtliche Bilanzgliederung Brasiliens könnte dafür als gutes Vorbild dienen.

Um die tatsächliche Liquidität und Schuldendeckungskraft zu ersehen, wäre allerdings ein von den Zahlen der Buchhaltung losgelöster Status („Liquiditätstabelle") erforderlich, in dem das versilberbare Vermögen (unter Beachtung der Steuerlatenz) mit den erzielbaren Erlösen nach Fristen der Realisierbarkeit gegliedert ausgewiesen und das Kapital nach Fristen der Verfügbarkeit geordnet mitgeteilt werden.

Da es bei diesen Überlegungen um die zukünftige Fähigkeit der Schuldendeckung geht, sind die Vermögenswerte mit ihrer erwarteten zukünftigen Geldwerdung anzuschlagen. Je nach der Prämisse der tatsächlichen raschen Versilberung der Vermögensgegenstände oder ihrer weiteren planmäßigen Nutzung werden hierbei die Wertansätze verschieden sein.

Eine vorsichtige „statische" Bilanz müßte die Vermögensgegenstände mit ihren geschätzten Einzelveräußerungspreisen ansetzen und die Differenzen zu den höheren Anschaffungswerten (Buchwerten) oder Ertragswerten als Ertragswertdifferenzen gesondert ausweisen. Hierbei könnte man in der Bilanzgliederung Ertragswertdifferenzen erster Ordnung, zweiter Ordnung usw. unterscheiden [*Seicht,* 1970a, S. 580].

Kein Bilanzkonzept kommt diesen dargelegten Ansprüchen einer „Dekkungsbilanz" so entgegen wie das „kapitaltheoretische", leitet es doch – jeweils nach Jahren gegliedert – das Vermögen aus der Planung der zukünftig erwarteten Einnahmen und das Fremdkapital aus den zukünftig erwarteten Ausgaben ab. Das „statische" Bilanzziel, Darlegung der Schuldendeckungsfähigkeit der Unternehmung, wird hierbei in höchst „dynamischer" Weise, nämlich unter Berücksichtigung des Zeitaspektes gelöst. Und in der Tat gibt es doch kaum ein betriebswirtschaftliches Problem, das so dringend einer „dynamischen“ Lösung, also einer Lösung unter Einbeziehung des Zeitfaktors bedarf, wie das der Schuldendeckungskraft bzw. der strukturellen Zahlungsfähigkeit.

Zahlen, die aus einer konventionellen Bilanz abgeleitet werden, vermögen dem „statischen“ Ziel der Deckungsbilanz nur sehr bedingt zu genügen, da konventionelle Bilanzen Zwittergebilde aus einer unvollständigen Vergangenheitsrechnung („Transitorien“, „Reste“) und einer noch unvollständigeren Zukunftsrechnung („Antizipationen“) darstellen.

E. Walb erkennt dieses Problem und führt dazu aus [1948, S. 58]: „Die übliche Form des bilanzmäßigen Liquiditätsnachweises, die sich auf die Gegenüberstellung der verschiedenen flüssigen Mittel und der verschiedenen demnächsten Fälligkeiten beschränkt, schließt eine nicht zu unterschätzende Gefahr in sich. Sie läßt in der Regel die Bilanz flüssiger erscheinen, als sie es in Wirklichkeit ist, beziehungsweise sie täuscht eine Verfügbarkeit über freie Mittel vor, die nicht besteht. Dieser Mangel beruht darauf, daß gewisse festgelegte zukünftige Ausgaben bilanzmäßig nicht in Erscheinung treten können. Dabei handelt es sich hier weniger um das Schulbeispiel demnächst zu zahlender Löhne und Steuern, sondern um größere sonstige, bilanzmäßig noch nicht erfaßbare, zukünftige Ausgaben.“

Auch *Lohmann* weist auf die begrenzte statische Aussagefähigkeit einer konventionell konzipierten Bilanz hin, indem er ausführt [1964, S. 203]: „Aus einer Bilanz kann man die Zahlungsansprüche nicht ablesen, da in ihr über eine Reihe von wichtigen Posten wie Lohnzahlungen, Steuerzahlungen, beabsichtigte Investitionen, Gewinnauszahlungen, Kreditzusagen nichts mitgeteilt und abgesehen davon die Bilanz für einen mehr oder weniger weit zurückliegenden Stichtag aufgestellt wird.“

5.2.2.3.4 Die Ermittlung der Vermögens- und Kapitaländerungen

Ein Ziel der Bilanz oder besser der Bilanzanalyse kann in der Darlegung der *Veränderungen der Vermögens- und Kapitalstruktur* liegen, die diese in der vergangenen Geschäftsperiode erfahren haben. Da es sich dabei um *Bestände* handelt, die in ihrer Veränderung interessieren, wäre eine derartige Zielsetzung wohl unter den „statischen“ einzuordnen. Da es sich aber um *Bewegungen* dieser Bestände handelt, die man erkennen will, könnte man dieses Informationsziel durchaus auch zu den „dynamischen“ rechnen.

Und in der Tat stellt ja auch die Gewinn- und Verlustrechnung eine *Bestandsveränderungsrechnung* eigener Prägung dar. Aufwendungen sind Kapitalverzehr und Erträge sind Kapitalreproduktion.

Die übliche Ermittlung der Veränderungen in der Vermögens- und Kapitalstruktur einer Unternehmung erfolgt in der sogenannten „Bewegungsbilanz“, die schon der wirtschaftsjournalistischen Praxis der zehner Jahre dieses Jahrhunderts bekannt gewesen ist.

E. Walb nennt diese Bewegungsbilanz „Finanzwirtschaftliche Bilanz" [1948] und klassifiziert sie als „dynamische Bilanz in letzter Konsequenz" [1948, S. 47], obwohl es sich dabei ja nur um das Ergebnis eines komparativ-*statischen* Vorgehens handelt und das erklärte Ziel einer „Bewegungsbilanz" keineswegs die Erfolgsermittlung, sondern die Ermittlung der mehr oder weniger gegliederten Veränderungen der Bestände „Vermögen" und „Kapital" ist.

Die grundsätzliche Aufgliederung der errechneten Veränderungen der Bilanzbestände erfolgt in „Aufbringung finanzieller Mittel" und in „Verwendung finanzieller Mittel", wobei erstere aus Passivamehrungen („Finanzierung") und Aktivaminderungen („Devestition") und letztere aus Aktivamehrungen („Investition") und Passivaminderungen („Definanzierung") bestehen können.

Der Cash Flow erweist sich als Teil der Aufbringungsrechnung, und die diversen amerikanischen Formen der Kapitalflußrechnungen ("Statements of Funds") zählen zu dieser Kategorie von Bestandsveränderungsrechnungen. Eine spezielle Form der Aufbringungs- und Verwendungsrechnung stellt die „Funktionale Kontorechnung" nach *Thoms* [1955] dar. Die tiefsten Einblikke in die Veränderung der Vermögens- und Kapitalstruktur und in deren Ursachen erlaubt die „Schachbilanz" [*Weizmann,* S. 464ff.], die in neuerer Zeit als „Matrizenbuchhaltung" wiederentdeckt worden ist.

Der Periodenerfolg einer Unternehmung läßt sich nicht nur durch die Gewinn- und Verlustrechnung, sondern auch durch die Bewegungsbilanz ermitteln, da die Aufbringungen und Verwendungen in ihrer Wirkung auf das Eigenkapital klassifizierbar sind. Der Gewinn errechnet sich demnach gemäß folgender Formel:

Gewinn = Vermögensmehrungen
./. Vermögensminderungen
+ Schuldenminderungen
./. Schuldenmehrungen

Jede Erfolgsermittlung ist Ermittlung der Reinvermögensänderung (Eigenkapitalsänderung). Dynamisches Bilanzziel und statisches Bilanzziel sind untrennbar miteinander verkettet. Die Möglichkeit der Erfolgsermittlung über eine Bestandsveränderungsrechnung (Bewegungsbilanz) hat dies wieder besonders deutlich gemacht.

5.2.3 Die Bilanzierungsgründe

Als Bilanzierungszweck wurde die Informationsgewinnung genannt, als Bilanzierungsziele Gewinnermittlung und Vermögensermittlung bzw. -darstellung. Und nun ist zu fragen, welche *Gründe* es sind, daß man ein Bedürfnis nach Informationen über die Erfolgssituation und die Vermögenslage der Unternehmungen hat?

Die Gründe, weshalb man überhaupt derartige Informationen über die Unternehmungen anstrebt, sind das Bedürfnis der Bilanzinteressenten nach *Kontrolle* der Entwicklung und Lage der Unternehmung und das Bedürfnis nach möglichst *rationalen Entscheidungen.* Man kann von der „Kontrollfunktion" und von der „Dispositionsfunktion" des Jahresabschlusses sprechen. Hierbei gibt es eine Reihe von Bilanzinteressenten, an die sich der Jahresabschluß richten kann.

Marple führt treffend aus [1963, S. 479]: "The results of the accounting process are used by many different people for many different purposes. Accounting reports are used to appraise the past, plan the future and control the present. They supply the financial information used by stockholders and investors, by all levels of company management, by taxing authorities and by regulatory agencies." Auch *Cowan* betont die Dispositions- und Kontrollfunktion des Jahresabschlusses [1965, S. 10]: "Most accounting is undertaken to aid management in planning and controlling the activities of an undertaking, and in its stewardship of the resources committed to its care. Accounting for internal purposes has to be designed and executed to meet the needs of management."

Jahresabschlüsse werden jedoch nicht nur für „interne" Zwecke, d.h. für „interne" Bilanzinteressenten erstellt, sondern auch und vor allem für externe Bilanzadressaten, für die die Jahresabschlüsse ja auch große finanzielle Rechenschaftsberichte der Unternehmungsleitungen sind. *Bouffier* betont ebenfalls die Dispositions- und Kontrollfunktion des Jahresabschlusses, weist aber auch darauf hin, daß Jahresabschlüsse sich heute vorwiegend an die externen Bilanzinteressenten wenden. Er schreibt [1967, S. 13]: „Die primäre Aufgabe des Jahresabschlusses soll darin bestehen, den mit der Leitung des Unternehmens betrauten Personen die für ihre Dispositionen und deren Kontrolle erforderlichen Informationen über die Struktur des Vermögens und Kapitals sowie deren arten- und größenmäßige Veränderung, insbesondere über den Erfolg der abgelaufenen Rechnungsperiode zu geben. So dient der Jahresabschluß zunächst unternehmens- und betriebsinternen Zielen. Allerdings gelangen diese Informationen erst nach dem Ende der Wirtschaftsperiode an die Unternehmungsleitung und damit vielfach zu spät, so daß in der modernen Unternehmungsführung die kurzfristige Erfolgsrechnung, die Betriebsrechnung, die Planüberwachung und -kontrolle zumeist die Informationsfunktion des Jahresabschlusses übernommen und diesen mehr in ein Instrument der Information Außenstehender und in ein Instrument der Gesamtkontrolle der übrigen Teilinformationsmittel umgewandelt haben."

Ein Großteil der bilanztheoretischen Literatur nennt jedoch in sehr einseitiger und vor allem in unsystematischer Weise andere Bilanzierungsgründe und vermengt die Kategorien „Bilanzierungszwecke", „Bilanzierungsziele", „Bilanzierungsgründe" und „Bilanzierungsmotive".

Le Coutre spricht von den „vier Aufgaben" der Bilanz: Wirtschaftsübersicht, Wirtschaftsergebnisfeststellung, Wirtschaftsüberwachung und Rechenschaftslegung [1949, S. 25]. *Leffson* sieht die Hauptzwecke der Bilanz in der Dokumentation und Rechenschaft [1964, S. 46f.]. Ebenso tut dies *Saage* [1967, S. 3]. *Müller* [1965, S. 836] nennt als „Aufgaben" Disposition und Dokumentation, *Hämmerle* sieht in der Buchführung eine im öffentlichen Interesse dem Kaufmann aufgetragene Dokumentation [1967, S. 169], *Koeller* nennt als „Zweck der Bilanz" die jährliche Rechenschaftslegung vor sich selbst oder der Öffentlichkeit [1933, S. 790f.] usw.

Die verschiedensten Kreise von möglichen Bilanzlesern haben ein Bedürfnis nach Informationen über die Rechenschaft legenden Unternehmungen zwecks Ermöglichung und sachlicher Fundierung von Kontrollen und Dispositionen. Eine umfassende Aufzählung von möglichen Bilanzinteressenten bietet *Heinen* [1976, S. 29] wie folgt: „Eigentümer und Unternehmungsleitung, Überwachungs-, Prüfungs- und Beratungsorgane, Finanzbehörden, Gläubiger, Gerichte und Rechtsvertreter, wirtschaftpolitische Organe des Staates, Wirtschaftsverbände, private Investoren, Öffentlichkeit, Kunden und Lieferanten, Konkurrenten, Wirtschaftspublizisten, wissenschaftliche Institutionen."

Bouffier nennt neben den Mitgliedern der Geschäftsleitung noch folgende „Außenstehende" als Bilanzadressaten [1967, S. 13f.]: „die nicht an der Geschäftsführung beteiligten Gesellschafter, die präsumptiven und tatsächlichen Gläubiger, die im Betrieb beschäftigten Dienstnehmer und deren Vertretungsstellen (Betriebsrat), die wirtschaftspolitisch interessierte Öffentlichkeit (Verbände, staatliche Stellen mit wirtschaftspolitischen Aufgaben, statistische Institutionen) und die Wirtschaftswissenschaften." Der Steuerfiskus fehlt in dieser Aufzählung.

Eine häufig im Zusammenhang mit Fragen der Bilanzpolitik zu findende Einteilung ist die in „interne" und in „externe" Bilanzinteressenten bzw. in „interne" und in „externe" Funktionen der Bilanz. Die „interne Funktion" der Bilanz wird hierbei in der richtigen Information der bevorzugten internen Informationsempfänger (Unternehmungsleitung, Hauptaktionär) gesehen, während der „externe" (veröffentlichte) Jahresabschluß der Manipulation der externen Bilanzleser dienen soll. *Harder* beschreibt diesen Sachverhalt wie folgt [1962, S. 13]: „Betrachtet man die Aufgaben, die Bilanz und Erfolgsrechnung für die einzelnen Interessenten zu erfüllen haben, so lassen sie sich in zwei verschiedenen Kategorien zusammenfassen. Diese unterteilen sich danach, ob der Jahresabschluß internen oder externen Zwecken dient. Im ersten Fall kommen als Empfänger die Verwaltungsorgane, hauptsächlich also die Unternehmungsleitung, in Betracht, im zweiten Fall die Außenstehenden. Je nach dem Empfängerkreis sind die Funktionen des Jahresabschlusses grundverschieden."

Aus dem Vorhandensein unterschiedlicher Kreise von möglichen Bilanzinteressenten werden nun verschiedenartige Schlüsse gezogen.

Eine Lösung des Problems könnte nach dem Motto „Jedem Bilanzinteressentenkreis seine eigene Rechnung" im gleichzeitigen Aufstellen verschiedener Bilanzen oder bilanzähnlicher Rechnungen gesehen werden. *Stützel* scheint in seiner „funktionsanalytischen Bilanztheorie" eine derartige Ansicht zu vertreten. Er schreibt [1967, S. 321]: „Damit wäre ich bei einer meiner Hauptthesen, einer Grundthese dessen, was ich hier als eine Art funktionsanalytische Bilanztheorie vortragen möchte. Diese Grundthese lautet: In einem Katalog der Bilanzzwecke, der uns bilanztheoretisch angesichts der Relation zwischen Bewertungszweck und Bewertungsverfahren wirklich weiterhilft, also hinreichende Kriterien zur Beurteilung der Qualifikation von Bilanzierungsverfahren liefert, dürfen die Ausdrücke ‚Gewinnermittlung' und ‚Vermögensausweis' nicht vorkommen, es sei denn mit erläuternden Zusätzen, aus denen hervorgeht, was die also mit ‚Gewinn' oder ‚Vermögen' getauften Zahlen leisten, für welche praktische Entscheidungen sie gebildet werden sollen."

Eine andere Lösung meint Osbahr gefunden zu haben, der die widerstreitenden Interessenlagen durch eine einzige, vom Standpunkt der Unternehmung erstellte Bilanz zum Ausgleich bringen zu können glaubt. *Osbahr* schreibt [1923, S. 114]: „Und wir meinen, daß es einen solchen Standpunkt gibt. Er muß ruhen auf dem breiten Grunde des volkswirtschaftlichen Motivs der Förderung des öffentlichen Wohles, des Wohles der Gesamtheit wie aller einzelnen und muß dem Sonderinteresse der einzelnen rein wirtschaftlich interessierten Subjekte gerecht werden; er muß das Gläubigerinteresse des rein handelsgesetzlichen und das Unternehmerinteresse des erwerbswirtschaftlichen Anschauungskreises nicht nur umschließen, sondern muß geradezu ihre gegenseitige Bedingtheit begründen. Der Standpunkt, von dem wir dieses erwarten, ist der Standpunkt der Unternehmung. Das Interesse der Unternehmung, d.h. ihre möglichst größte Lebensdauer und ihre kräftigste wirtschaftliche Wirkungsfähigkeit und die daraus entspringenden betriebswirtschaftlichen Notwendigkeiten: sie nur können das leitende Motiv sein bei der Entwicklung und Durchführung aller Bilanzgrundsätze."

Eine Reihe von Autoren, z.B. *Gnam* [1950, S. 293f.], strebt zumindest die Vereinheitlichung von „Handelsbilanz" und sog. „Steuerbilanz" zu einer „Einheitsbilanz" an. *Schmidt* meint, daß dies auf Basis seiner „organischen" Bilanz erfolgen könnte [1943, S. 1ff.]. *Groener* vertritt die Ansicht, diese Vereinheitlichung müsse durch Angleichung der handelsrechtlichen Vorschriften an die steuerrechtlichen Vorschriften herbeigeführt werden [1941, S. 233].

Zahlreiche Autoren halten eine Vereinheitlichung von Handelsbilanz und Steuerbilanz wegen der unterschiedlichen Interessenlagen für unmöglich. Die Handelsbilanz wolle nicht zu viel Gewinn und die Steuerbilanz wolle nicht zu wenig Gewinn ausweisen [*Bühler*, S. 6]. *Kosiol* sieht in der Einheitsbilanz eine „Utopie" und fürchtet wohl zu Recht, daß eine „Einheitsbilanz" „die Selbstaufgabe der Handelsbilanz und ihre Auslieferung an den Fiskus bedeute" [1949, S. 207].

Wirtz glaubt, die Einheitsbilanz könnte nur durch Angleichung der Steuerbilanz an die Handelsbilanz realisiert werden. Er führt aus [1951, S. 516]: „Die derzeitigen steuerfiskalischen formalrechtlichen Begriffsbestimmungen des Betriebsvermögens und des ‚Wirtschaftsgutes' stehen einer Angleichung von Handels- und Steuerbilanz entgegen. Das Steuersystem muß sich der Wirtschafts- und Gesellschaftsordnung anpassen, nicht umgekehrt. Auch der fiskalisch-kameralistische Begriff der Betriebsausgaben muß durch den betriebswirtschaftlichen Aufwandsbegriff im Steuerrecht abgelöst werden. Nur wenn sich eine dynamische wirtschaftliche Sinngebung und Betrachtungsweise für die Steuergesetze und Steuerrechtssprechung durchsetzt, kann eine Angleichung zwischen Handels- und Steuerbilanz versucht werden; ein solcher Wandel muß sich aber insbesondere auch in der steuerlichen Verwaltungspraxis auswirken."

Eine in sich etwas widersprüchliche Haltung nimmt *Illetschko* ein, der einerseits die Einheitsbilanz für unrealistisch ansieht, aber gleichzeitig offenbar durch eine entsprechende Kompromißhaltung mit einer einzigen Bilanz auszukommen glaubt. Er schreibt [1958, S. 27]: „Damit ist eine Vierfronten-Haltung gekennzeichnet, statische, dynamische, fiskalische und betriebswirtschaftliche Erwägungen werden den Bilanzierenden leiten. Regelungen von Seiten des Handelsrechtes, des Steuerrechtes und betriebswirtschaftliche Grundsätze engen sein Verhalten und sein Ermessen ein. Versuche, die vier angeführten Verhaltensweisen theoretisch auf einen Nenner zu bringen, haben nicht gefehlt. Sie beweisen nur eine wenig realistische Auffassung. Die Interessenlagen von Gläubiger, Partner, Fiskus und Unternehmen sind nicht durch Theorien, sondern nur durch die Geschäftsdispositionen auf einen Nenner zu bringen. Die Einheitsbilanz kann nur auf dem Papier gefordert werden. Es ist weitaus besser, wenn der Bilanzierende sich über die vier Interessenlagen durchaus im klaren ist und seine tatsächliche Haltung bei der Bilanzierung, je nach dem Zweck seines Tuns, als Resultierende aus den vier Interessenlagen findet."

Schließlich ist noch zu erwähnen, daß Vertreter von „Antibilanzkonzeptionen" den Jahresabschluß eliminiert sehen möchten und an seine Stelle finanzplanähnliche Rechnungen setzen wollen. So schlägt z.B. *Moxter,* der [1976] auch ein Lehrbuch zur – konventionellen – Bilanzierung geschrieben hat, vor, den Jahresabschluß durch ein „finanzplanorientiertes Tableau" zu ersetzen [1966]. Dieses Tableau soll die Einzahlungen und Auszahlungen nach Empfängern oder Leistenden und nach Verwendungszwecken gegliedert zur Darstellung bringen. „Gewinne" werden keine berechnet und die Ausschüttungsbeträge sollen in Nebenrechnungen ermittelt werden.

Tatsache ist, daß es z.Zt. keine Einheitsbilanz gibt: Handels- und steuerrechtlicher Abschluß weisen zwar viele Gemeinsamkeiten und manche gegenseitige Abhängigkeiten, aber in manchen Punkten doch auch wesentliche Unterschiede auf.

Neben Handels- und Steuerbilanz gibt es Ergänzungen durch obligatorische (England, USA) oder freiwillige Rechnungen mit Wiederbeschaffungspreisen oder durch Rechnungen in geldwertkorrigierten Recheneinheiten. Bewegungsbilanzen, diverse Formen von Kapitalflußrechnungen, Finanzpläne und Planbilanzen stellen weitere Ergänzungen der Jahresabschlüsse dar. Der Trend scheint nicht in Richtung einer einzigen, universellen Abschlußrechnung, sondern eher in Richtung auf eine weitere „Diversifizierung" zu laufen.

5.2.4 Die Bilanzierungsmotive

Als Gründe für die Bilanzierung haben sich das Bedürfnis nach Kontrolle der Entwicklung und Lage der Unternehmungen sowie das Bedürfnis nach rationalen Entscheidungen erwiesen.

Alle Bilanzinteressenten bedürfen insbesondere der Informationen, die der Jahresabschluß bereitstellt, um die Qualität ihrer Entscheidungen zu verbessern. Die Geschäftsleitung wird an Hand von Jahresabschlußinformationen die Unternehmungszieladäquanz ihrer Geschäftspolitik überprüfen und diese erforderlichenfalls revidieren, die Eigentümer werden an Hand der erhaltenen Informationen die Qualität des Managements beurteilen und dieses bestätigen oder austauschen wollen. Die Gläubiger werden sich in ihren Entscheidungen über Prolongation, Ausweitung oder Aufkündigung der gewährten Kredite von den vorgelegten Bilanzinformationen leiten lassen. Der Fiskus bemißt nach Maßgabe der vorgelegten Steuerbilanzen die Gewinnsteuern und wird an Hand von Bilanzinformationen entscheiden, ob die Einbringlichkeit von eventuell zu stundenden Steuern gesichert ist. Die Belegschaft und die Arbeitnehmervertreter werden mit Zahlen des Jahresabschlusses argumentieren, wenn es um Forderungen nach Lohnerhöhungen oder Arbeitszeitverkürzungen geht. Konsumentenvertreter werden bei Preisbehörden mit aus den Jahresabschlüssen entnommenen Gewinnzahlen gegen beantragte Preiserhöhungen ankämpfen wollen etc. Schließlich wird oder sollte sich auch die staatliche Wirtschaftspolitik etwas von den Zahlen leiten lassen, die die Jahresabschlüsse der Unternehmungen zur Verfügung stellen. Das Ignorieren des Scheingewinnproblems, das Verwechseln von Scheingewinnen mit echten Gewinnen, ist jedoch eine Eigenheit, die die Politiker vieler Staaten scheinbar gemeinsam haben.

Alle Bilanzadressaten – ausgenommen die Wirtschaftswissenschaften, die nur registrieren – wollen ihre Kontrolle und Planung möglichst effizient gestalten. Dies setzt Informationen – vor allem auch aus dem Jahresabschluß – voraus.

Das Motiv für das Bedürfnis nach Informationen zwecks Kontrolle der Lage der Unternehmungen und zwecks Vorbereitung möglichst rationaler Entscheidungen ist im *Schutzgedanken* zu finden.

Ohne Informationen gibt es keine rationalen Entscheidungen und keine Kontrolle. Ausreichende Informationen durch den Jahresabschluß sollen vor unzureichender Kontrolle und vor falschen Entscheidungen schützen.

Gesetzgebung, Rechtsprechung, Kommentatoren und frühe Bilanztheoretiker sahen lange Zeit als einziges Motiv der Bilanzierung den Schutz der Gläubiger durch „richtige“ oder „vorsichtige“ Darstellung des Vermögens.

So schreibt z.B. *Leitner* [1929, S. 123]: „Nach § 40 wünscht der Gesetzgeber im Interesse der Gläubiger eine Vermögensbilanz, die die Lage des Vermögens und der Schulden wahr und vollständig darstellt. Die Erfolgsermittlung ist Privatsache.“

Passow führt über diese Frage folgendes aus [1921, S. 123]: „Das Gesetz hat bei Erlaß der allgemeinen Bilanzvorschriften vorzugsweise im Interesse

Dritter an eine möglichst genaue Darstellung des Vermögensstandes gedacht, die Praxis betrachtet die Bilanz dagegen, wie schon bemerkt, in erster Linie unter dem Gesichtspunkte der Erfolgsermittlung." Auch *Helpenstein* [1932, S. 1] betont, daß mit der Bilanzierung der Gläubigerschutz bezweckt werde. Gleicher Ansicht ist *Loitlsberger* [1955, S. 74], weshalb er sogar die Bilanzierung privater (persönlicher) Schulden fordert.

Bouffier verläßt diese doch zu sehr auf den Gläubigerschutz fixierte Betrachtung und stellt heraus, daß es neben den Interessen der Gläubiger durchaus auch noch andere schutzwürdige Interessen gibt. Nachdem er betont hat, daß sich durch die Geschichte des Rechnungswesens und der Bilanzierungsvorschriften wie ein roter Faden der Gedanke des Schutzes der Rechte der am Unternehmen beteiligten Personen und vor allem der der Gläubiger zieht, kommt er zu folgendem Ergebnis [1967, S. 19]: „Aus dieser Betrachtung der mit dem Jahresabschluß verbundenen Ziele geht mithin hervor, daß Information, Gläubigerschutz, Schutz der Kapitalinteressen der Gesellschafter und Schutz der Interessen der Dienstnehmer gleiche Anforderungen an den Jahresabschluß stellen, daß jedoch die Interessen der Unternehmungsleitung und bisweilen der substanzbeteiligten Gesellschafter einerseits und die der erfolgsbeteiligten Gesellschafter sowie des Fiskus andererseits dann auseinandergehen, wenn die Erfolgsausweisung gleichbedeutend mit der Erfolgsverteilung wird."

Der Schutzgedanke geht über den Gedanken des Gläubigerschutzes und des Aktionärschutzes weit hinaus. Alle Bilanzinteressenten haben schutzwürdige Interessen. Jeder Bilanzadressat möchte vor eigenen falschen Entscheidungen bewahrt werden, wie er auch ein Interesse hat, von falschen Entscheidungen anderer Bilanzadressaten – zumindest soweit sie ihm zum Nachteil gereichen – verschont zu bleiben.

Die Eigentümer wollen richtige Grundsatzentscheidungen in Angelegenheiten der Unternehmungspolitik, Auswahl der Manager, Bemessung der Entnahmen und Einlagen etc. treffen.

Die Gläubiger wollen richtige Entscheidungen über Prolongation, Ausweitung, Einschränkung oder Aufkündigung ihres Kreditengagements vornehmen.

Der Fiskus will den Unternehmungen keineswegs zu wenig an Steuern – und hoffentlich auch nicht zu viel – abnehmen.

Arbeiterkammern, Unternehmerverbände und sonstige Interessenvertretungen wollen solche Entscheidungen treffen, die ihren Mitgliedern Vorteile bringen etc.

Eigene falsche Entscheidungen sind eine unangenehme Sache. Falsche Entscheidungen anderer, unter denen man dann auch zu leiden hat, sind es ebenfalls. Eine unbegründete bzw. eine auf Fehlinformation oder Fehleinschätzung der Hausbank beruhende Aufkündigung der Kredite kann eine Unternehmung in ihrer Existenz bedrohen und auch zum Ruin führen, womit die Hausbank mit ihrer unrichtigen Entscheidung scheinbar sogar Recht behält bzw. um eine nachträgliche Rechtfertigung ihres Verhaltens nicht verlegen zu sein braucht.

Überhöhte Steuerzahlungen, seien sie durch einen verständnislosen Steuergesetzgeber oder durch eine uneinsichtige Verwaltung aus den Betrieben gepreßt, stellen ohne Zweifel volkswirtschaftliche Fehlentscheidungen dar; aber unter diesen haben auch und vor allem die Betriebe, ihre Eigentümer, ihre Manager, die Belegschaft und auch die Konsumenten und damit die breite Öffentlichkeit zu leiden.

Das *Schutzmotiv,* das dem Zwang zur Buchführung und regelmäßigen Jahresabschlußrechnung zugrunde liegt, sollte *viel weiter* gesehen und formuliert werden, als dies heute der Fall ist.

5.2.5 Die Bilanzbewertung

5.2.5.1 Bilanzbewertung und Prämissen

Das bedeutendste Element einer Bilanztheorie wird meist in der zugehörigen Bewertungstheorie gesehen. Schon *Rehm* [1914, S. V] hat z.B. festgestellt, daß das „Wichtigste an der Jahresbilanz . . . die richtige Bewertung“ sei.

Bilanztheorien werden oft als Bewertungstheorien und Bewertungstheorien als Bilanztheorien interpretiert. *Thoms* führt dazu treffend folgendes aus [1933, S. 195]: „Durch die Art der Vermögensbewertung werden die verschiedenen Bilanztheorien charakterisiert, von denen die dynamische, organische, eudynamische und statische Bilanz als die beachtenswertesten zu bezeichnen sind.“

Hauck [1933, S. 20] sieht in der „Bilanzbewertung“ die „Ausgangsproblematik für jede reine Bilanztheorie“ und erklärt überhaupt aus dieser Tatsache das Vorhandensein von Bilanztheorien, denn sie seien im tiefsten Grunde nichts anderes als verschiedene Verfahren zur Berechnung der Periodengewinne durch Anwendung ganz bestimmter Bewertungsverfahren, um dann noch anzufügen: „Die Erklärung, Vertretung und Anwendung dieser Bewertungsverfahren (Bewertungstheorien) macht den Kern jeder Bilanztheorie aus.“

Auch wenn man der Meinung nicht beitreten kann, daß die Bilanztheorien nur aus Bewertungstheorien bestünden, besteht kein Zweifel, daß der Bewertungsfrage in jeder materiellen Bilanztheorie ganz entscheidende Bedeutung zukommt, denn schließlich werden Ergebnis und Inhalt des Jahresabschlusses weitgehend von der Art der Bewertung bestimmt sein.

Die Mehrheit der Literaturmeinungen vertritt die Ansicht, daß die Art der Bilanzbewertung von den mit dem Jahresabschluß verfolgten Zwecken und Zielen abhängig sei. Dies betont schon *Passow,* wenn er ausführt [1921, S. 140]: „Die Durchführung jeder Vermögens- und Ertragsberechnung wird immer bedingt sein durch die besonderen Zwecke, die damit verfolgt werden. Die normalen Jahresbilanzen haben in erster Linie den Zweck, den Geschäftserfolg in dem Sinne der geschäftlichen Praxis zu ermitteln, und demgemäß wird die Bewertung vorgenommen.“

E. Walb führt über die Bilanzbewertungsfrage aus [1926, S. 320]: „Will man hierüber Klarheit gewinnen, so darf man die Zweckfrage nicht außer acht lassen. Die jeweilige Bestimmung beruht auf der jeweiligen Erfolgsauffassung.

Diese ist aber ihrerseits wieder die Folge einer jeweiligen Zwecksetzung. Je nachdem also, was man letzten Endes will, ergibt sich eine bestimmte Einstellung zum Wesen des Erfolges und daraus zu den materiellen Fragen der Erfolgsrechnung."

Insbesondere *Holzer* stellt in seinem bilanztheoretischen Systematisierungsversuch die Zweckabhängigkeit der Bilanzbewertung heraus und führt dazu u.a. aus [1936, S. 77]: „Die Geltung der Bewertungsgrundsätze ist eine relative. Vor Verwendung eines bestimmten Bewertungsgrundsatzes ist die Natur des zu berechnenden Datums zu untersuchen, der der zur Verwendung gelangende Bewertungsgrundsatz entsprechen muß. Eine Entscheidung für oder gegen die Anwendung eines Bewertungsgrundsatzes kann also nur von Fall zu Fall auf Grund genauer Analyse der jeweiligen Wirklichkeit und des besonderen Rechnungszweckes gefällt werden."

Die Zweckbestimmtheit des Rechnungswesens und die Zweckabhängigkeit der Art der Bilanzbewertung wird schließlich auch insbes. von *Kosiol* betont. Er schreibt [1944, S. 8]: „Leitstern aller Erwägungen muß die Erkenntnis sein, daß der Inhalt des Rechnungswesens als Mittel der Betriebsführung vom Zweck her bestimmt ist. Die Formung des Zahlenstoffes, seine Abgrenzung und Bewertung sind von dem gesteckten Rechnungsziel abhängig."

Naheliegend wäre nun die Vermutung, daß die diversen Bilanzautoren bei gleicher Zielsetzung zu gleichartigen Bewertungsregeln gelangen und daß bei gleichen Bewertungspostulaten keine unterschiedlichen Zielsetzungen impliziert werden. Dem ist aber keineswegs so. Schmalenbach, Schmidt, Kosiol und Rieger wollen das gleiche Ziel erreichen, nämlich den Jahresgewinn ermitteln. Trotzdem vertreten sie ganz verschiedene Bewertungsideen: Schmalenbach empfiehlt die gleichzeitige Anwendung aller nur denkbaren Bewertungsprinzipien, Schmidt bewertet mit Wiederbeschaffungspreisen, Kosiol vertritt kompromißlos das Anschaffungswertprinzip und Rieger sieht die richtige Bewertung in einer solchen mit antizipierten und „eskomptierten" zukünftigen Einnahmen und Ausgaben.

Auch fällt auf, daß verschiedene Autoren, die unterschiedliche Ziele verfolgen, zu gleichartigen Bewertungsempfehlungen gelangen. Die „Statiker" Berliner, Osbahr, Nicklisch und le Coutre vertreten ebenso das Anschaffungswertprinzip in ihren Theorien wie die „Dynamiker" von Wilmowski, Fischer, Walb, Kosiol und Schweitzer.

Geht man diesen scheinbaren Widersprüchlichkeiten auf den Grund, so muß man erkennen, daß die Art der von den einzelnen Bilanzautoren für „richtig" gehaltenen Bewertung keineswegs allein von den jeweils unterstellten Zwecken und Zielen abhängig ist, sondern daß es eine Reihe weiterer Faktoren, explizite und implizite Prämissen gibt, von denen die empfohlenen Bewertungsregeln beeinflußt oder gar geprägt werden.

Nicht nur Bilanzierungszwecke und Bilanzierungsziele, sondern auch die Art der Definition des „Vermögens"-Begriffes und des „Gewinn"-Begriffes, die explizit oder implizit unterstellte „Einzelbewertung" oder „Gesamtbewertung", die Definition des „Eigenkapitals", die Art des bevorzugten Periodisierungsprinzips, die Motive der Bilanzerstellung, die Blickrichtung der Bilanz (des Bilanzierenden) und das unterstellte zukünftige Schicksal der Unternehmung werden einen Einfluß auf die empfohlene Bilanzbewertung nehmen, wobei es zwischen den aufgezählten Einflußgrößen noch wechselseitige Einflüsse und Abhängigkeiten geben wird.

Es wundert nun nicht mehr, daß man sich in der bilanztheoretischen Diskussion der Vergangenheit, insbesondere in der Bewertungsfrage, auf keine gemeinsame Ansicht einigen konnte. Zu verschieden waren die meist unausgesprochenen oder gar unbewußten Prämissen, von denen die Diskutanten ausgegangen waren.

Nachfolgend soll die Abhängigkeit der jeweils für „richtig" gehaltenen Art der Bilanz- und Erfolgsbewertung von den aufgezählten Einflußgrößen untersucht und die einschlägige Literatur schlaglichtartig zitiert werden.

5.2.5.2 Bilanzbewertung und Vermögensbegriffe

Keine Theorie, die sich mit der kaufmännischen Bilanz beschäftigt, kommt um den Begriff „Vermögen" herum, sei es, um damit den Inhalt ihres Untersuchungsgegenstandes zu konkretisieren („Statiker"), oder sei es, um darzutun, was der Inhalt der Bilanz angeblich nicht ist („Dynamiker").

Es gibt viele schillernde Begriffe in der ökonomischen Theorie, wie z.B. den des „Wertes", des „Kapitals", der „Kosten" etc. Der Begriff des „Vermögens" gehört da auch dazu.

Der Inhalt des Vermögensbegriffes wird keinesfalls von allen Bilanzautoren und Bilanztheorien in gleicher Weise gesehen, und meist hat man in der Diskussion gar nicht erkannt, daß man Unterschiedliches meint, wenn man von „Vermögen" spricht. *Sewering* hat das schon sehr früh erkannt, wenn er ausführt [1927, S. 264]: „Das Wort ‚Vermögen' wird anscheinend von den verschiedenen Richtungen für verschiedenartige Vorstellungen gebraucht."

Unter „Vermögen" kann man eine konkrete Sache, ein einzeln veräußerbares Recht, somit einen „Vermögensgegenstand" mit Einzelverkehrsfähigkeit verstehen. Dieser bürgerlich-rechtliche Vermögensbegriff hat offenbar dem Handelsgesetzgeber vorgeschwebt, als er in den §§ 39 und 40 HGB den Ausdruck „Vermögensgegenstände" wählte.

„Vermögen" kann jedoch auch als eine Eigenschaft aufgefaßt werden. Es wird gerade für einen Kaufmann von Interesse sein, einmal im Jahr sich darüber Rechenschaft abzulegen, was die in seinem Unternehmen vorhandenen Gebäude, Maschinen, Vorräte etc. wirtschaftlich noch „vermögen". Nicht in der Tatsache vergangener Ausgaben, sondern im erwarteten zukünftigen Nutzen wird man dann die Begründung für Bilanzierungsfähigkeit und Wertansatz von Vermögensteilen sehen. Nonvaleurs wird ein seriöser Kaufmann – mögen sie noch so viel gekostet haben – nicht aktivieren. Diese Eigenschaft, in Zukunft für den Betrieb noch einen Nutzen (zukünftige Einnahmen, ersparte zukünftige Ausgaben) stiften zu können, müssen Vermögensgegenstände haben, wenn sie in der Bilanz erscheinen sollen. Dies betont nicht nur der

„Subjektivist" Simon, sondern auch der Ausgabenverteilungstheoretiker (= „Dynamiker") Schmalenbach. Daß man die Aktivierung in ihrer Höhe mit den Anschaffungsausgaben meist beschränkt, liegt am gewünschten Realisationsrechnungscharakter der konventionellen Jahresabschlußrechnung und am Verständnis des konventionellen Vorsichtsprinzips.

Der Kaufmann hat im Vermögen meist einen zukünftigen Nutzen und nicht einen einzelverkehrsfähigen Gegenstand gesehen. Der Jurist, der meist nur Konkursmassen und Liquidationsbilanzen zu Gesicht bekommt, mag unter „Vermögen" wohl meist nur den einzeln veräußerbaren „Vermögensgegenstand" verstanden haben.

Pape umschreibt den Begriff des „wirtschaftlichen Vermögens" als „die menschliche Fähigkeit, so zu wirken, daß die Befriedigung seiner Bedürfnisse durch seltene (wirtschaftliche) Güter gemäß dem Güterbestande gesichert ist" [1929, S. 64]. Ohne diese menschliche Fähigkeit sind Sachen wirtschaftlich gesehen wertlos.

Die Verwendung der Begriffe „Vermögen" und „Kapital" erfolgt nicht immer und überall gleich. Am Beginn dieses Jahrhunderts war es durchaus noch möglich, statt vom „Anlagevermögen" vom „stehenden Kapital" zu sprechen, das "working capital" der Amerikaner versteht heute noch das „arbeitende Kapital" als Umlaufvermögen, und der § 4 Abs. 1 EStG verlangt zur Gewinnermittlung keinen „Eigenkapitalvergleich", sondern einen „Betriebsvermögensvergleich" (i.S. von Reinvermögensvergleich), was verständlich wird, wenn man weiß, daß man vor Jahrzehnten statt von Eigenkapital vom „Geschäftsvermögen" sprach. Auch die Interpretation der Schulden als „negatives" Vermögen ist anzutreffen und durchaus schlüssig.

Vertauscht man die Begriffe Vermögen und Kapital, versteht man somit unter „Vermögen" das, was man heute üblicherweise unter „Kapital" versteht, und definiert man das „Kapital" dynamisch als Gegenwartswert zukünftigen Nutzens i.S. des Ertragswertes einer Unternehmung als Ganzes, dann sind wir bei jener Vorstellung, die die Dynamiker Fischer und Schmalenbach vom „Vermögen" hatten. Eine derartige „Vermögens"-Ermittlung in der Bilanz mußte dann zu einem Zirkelschluß führen, wenn man in der Jahresabschlußrechnung gleichzeitig ein Instrument der Erfolgsrechnung sah.

Die Konsequenzen, die Fischer und insbes. Schmalenbach aus dieser Überlegung zogen, waren, daß eine „dynamische" Bilanz keine Vermögensbilanz sein könne, daß daher in einer „dynamischen" Bilanz nicht „Vermögen" auszuweisen und zu bewerten sei, sondern nur noch nicht erfolgsrechnungsmäßig verrechnete Anschaffungsausgaben. Schmalenbach sprach von „Vorleistungen" (statt von „Vermögen") und von „Nachleistungen" (statt von „Kapital"), die nicht durch eine Bewertung, sondern als „Reste" der „richtigen" Erfolgsrechnung zustandekämen.

Die übrigen „Dynamiker", insbes. Walb und Kosiol, interpretierten zwar das bilanzielle „Vermögen" nicht als Ertragswert der Unternehmung als Ganzes, wohl aber als (einzeln veräußerbare) „Vermögensgegenstände" i.S. des bürgerlich-sachenrechtlichen Vermögensbegriffes. Sie hatten es dann leicht, zu argumentieren, daß ihre „dynamische“ Bilanz mit den Rechnungsabgrenzungsposten für vorausbezahlte Miete, Disagio usw. doch keine Vermögensbilanz sein könne, auch wenn sich in ihrer Bilanz – zufällig – auch einige Positionen befänden, die auch „Statuscharakter“ hätten. *E. Walb* führt z.B. aus [1925, S. 31]: „Daß Rohstoffe und Geld Vermögensformen sind, ist ohne weiteres einzusehen, daß aber Disagio und vorausbezahlte Steuern es sein sollen, versteht man ohne Kommentar nicht. Ebensowenig ist einzusehen, weshalb ein Obligationsagio der jährlichen Verminderung ausgesetzt ist u.a.m. Schließlich verleitet diese Begriffsbestimmung noch dazu, daß man annehmen muß, die Aufnahme dieser Posten geschehe nur um der Vermögens- bzw. Kapitaldarstellung halber, während sie aus ganz anderen Gründen erfolgt.“

Schmalenbach hat in einem Besprechungsaufsatz den Autor Berliner, der immerhin in der ganzen (!) Bilanz „ein großes transitorisches Konto“ sah, das dazu dient, „die Rechnungen zweier Geschäftsperioden von einander zu scheiden und jedem einzelnen Jahre sein Recht auf Vermögensbestand, auf Gewinn oder Verlust zuzuteilen“ [*Berliner,* 1921, S. 9], u.a. wie folgt kritisiert [1920, S. 118]: „In der Erörterung darüber, wie Gewinn oder Verlust durch die Buchhaltung richtig dargestellt werden, empfindet Berliner mit Recht die Nichtanwendbarkeit seiner Theorie für die transitorischen Posten. Anstatt nun dem Mangel nachzugehen, ergänzt er seine Theorie durch die Lehre von der Aktivierbarkeit der Nutzungsrechte und Leistungen. Das ist logisch nicht korrekt. Wenn man erkennt, daß die statische Rechnung die Erfolgsrechnung nicht gewährleistet, und dann die statische Rechnung ausflickt, so daß sie für die Erfolgsrechnung brauchbar wird, so ist es im Grunde der dynamische und nicht der statische Zweck, der der Bilanz Richtung und Inhalt gibt.“

Bei einer derartigen Vorgangsweise der Dynamiker, Vermögen nicht als wirtschaftlichen, sondern als einen rein rechtlichen Begriff zu interpretieren, fällt es ihnen natürlich nicht schwer, zu behaupten, daß ihre „dynamische“ Bilanz nicht „Vermögen“ beinhalte und daß in den Bilanzen der „Statiker“ die „Rechnungsabgrenzungsposten“ wie der „deus ex machina im Drama“ erscheinen [z.B. *E. Walb,* 1925, S. 37].

Tatsächlich haben Kaufleute im „Vermögen“ meist einen wirtschaftlichen Begriff und keinen rein rechtlichen gesehen. Selbst das Einkommensteuerrecht spricht vom „Wirtschaftsgut“ und nicht mehr vom „Vermögensgegenstand“, wie dies beim älteren Handelsgesetzgeber der Fall gewesen ist. *Bouffier* führt dazu sehr treffend folgendes aus [1967, S. 40]: „Schon die unterschiedlichen Begriffe ‚Vermögensgegenstände‘ (§ 39 HGB) und ‚Wirtschaftsgüter‘ (§ 6 EStG) lassen Unterschiede vermuten; diese könnten sich vor allem daraus ergeben, daß der handelsrechtliche Begriff ‚Vermögensgegenstände‘ mit dem sachenrechtlichen Begriff des bürgerlichen Rechtes identifiziert wird, der steuerrechtliche Begriff des Wirtschaftsgutes jedoch alle Vermögensgegenstände, Rechte, Vorteile und Verbindlichkeiten umfaßt, die sich aus der Durchführung der wirtschaftlichen Aufgaben ergeben. Tatsächlich hat sich aber der handelsrechtliche Begriff der Vermögensgegenstände weitgehend von der formalrechtlichen Vorstellung gelöst und deckt heute nach allgemeiner Auffassung den wirtschaftlichen Tatbestand der Zugehörigkeit zu den betrieblichen Leistungsfaktoren. So erklärt schon Rehm, ‚Vermögensgegenstände und Schulden sind in diesem Zusammenhang keine Rechts-, sondern wirtschaftliche Begriffe' oder an anderer Stelle ‚Die Begriffe Vermögensgegenstände und Schulden in §§ 30ff. sind in erster Linie nicht rechtlich, sondern wirtschaftlich zu erklären'."

Wird der Begriff des „Vermögens" wirtschaftlich aufgefaßt und verwendet, dann stellen vorausbezahlte Mieten, Zinsenaufwendungen usw. ohne Zweifel bilanzfähige Positionen dar. Und in dieser Weise hatten nicht nur die Praktiker des Wirtschaftslebens, sondern auch die maßgeblichen Autoren den Vermögensbegriff gehandhabt, lange schon, bevor die jüngeren „Dynamiker" in Erscheinung traten.

Rehm führte z.B. aus [1914, S. 19]: „In die Jahresabschlußbilanz kann als Aktivum nur gelangen, was am Bilanztag noch wirtschaftliches Gut ist, nicht das, was wirtschaftliches Gut für die Vergangenheit war, denn dies ist kein positiver Wert, kein Vermögensgegenstand mehr. Ausgaben besitzen Bilanzfähigkeit als Aktivum nur, sofern sie nicht bloß dem Jahre ihrer Entstehung, sondern auch dem oder den folgenden Betriebsjahren wirtschaftlichen Vorteil bringen, auch noch in diesem Werte erzeugend wirken. M.a.W. die Regel hat Bedeutung nur für den Erfolgsausgleich zwischen mehreren Jahren. Geschäftsausgaben sind aktiv bilanzfähig, wenn durch sie über das Bilanzjahr hinaus ein wirtschaftliches Gut geschaffen wird."

Auch *Passow* hat schon sehr frühzeitig versucht, Klarheit in die Verwirrung zu bringen, die die Dynamiker mit ihren Behauptungen gestiftet hatten. Er führt aus [1921, S. 71]: „Diese Tatsache, daß als bilanzmäßiger Wert solcher Ansprüche die dafür gezahlten Summen eingesetzt werden, hat in der Terminologie zu erheblichen Unklarheiten geführt. Man sagt in der Praxis meist nicht: ich setze meine ‚Ansprüche aus Miet- oder Versicherungsverträgen', sondern: ich setze die für die Zukunft bereits gezahlten Kosten, den Betrag der für die nächsten Jahre gezahlten Miete, Versicherungsprämie usw. in die Bilanz ein." Und später wird Passow unmißverständlich deutlich [1921, S. 72]: „Diese Bezeichnung und Begründung der fraglichen Posten ist falsch. Sie zeigt, zu welcher Begriffsverwirrung es führt, wenn man die Bilanz nicht aus ihrem Wesen, sondern aus buchhalterischen Operationen und Vorstellungen zu erklären versucht. Tatsächlich bedarf es gar keiner Entschuldigung oder besonderen Erklärung für die Aufnahme dieser Posten in die Bilanz, vielmehr ist die Aufnahme ganz selbstverständlich und direkt erforderlich. Die Rechte und Verpflichtungen aus Miets-, Versicherungsverträgen usw. sind genau so gute Aktiva oder Schulden, wie z.B. Geldforderungen und Geldschulden und sie sind keineswegs prinzipiell von ihnen unterschieden, haben keinerlei ‚antizipatorischen' Charakter."

Wird der Vermögensbegriff wirtschaftlich aufgefaßt, so stellen Rechnungsabgrenzungsposten keinen Fremdkörper in den „Vermögens"-Bilanzen dar, und auch die Dynamiker bedienen sich einer Bewertung, wenn sie die Bilanzierungsfähigkeit von „Resten" begründen und abschätzen wollen. Auch Schmalenbach will künftigen Perioden nicht die Kosten von „nonvaleurs" aufhalsen, und er spricht von der Bilanz nicht nur als „Resterechnung", sondern auch als „Kräftespeicher". Auch bei den Dynamikern ergibt sich der Bilanzinhalt aus Bewertungsvorgängen und nicht aus einer mechanistischen Einnahmen- und Ausgabenverteilungstätigkeit. Auch bei den Dynamikern bedarf es zur Bilanzfähigkeit des wirtschaftlichen Vermögenscharakters, nonvaleurs sind auch bei ihnen nicht bilanzfähig. Dies sei mit nachfolgenden Ausführungen *Schmalenbachs* belegt [1931, S. 119]: „Alle diese Posten stellen, wenn wir das Wort „Leistung" im weiteren Sinne gebrauchen, Vorleistungen des Betriebes dar. Man kann sie auch als Aktivleistungen bezeichnen, und das Wort ‚Aktiva' deckt den Begriff in einer Weise, wie wir es nicht besser wünschen können. Die Passiva stellen Nachleistungen der Unternehmung dar. Entweder ist sie bei diesen Posten mit einer Leistung, die eine Betriebsleistung oder eine Zahlung (Ausgabe) sein kann, im Rückstand, oder sie ist mit dem Aufwande im Vorschuß. Nachleistungen sind es in allen Fällen. Auch hier ist das Wort Passiva als Gegenstück zu dem Worte Aktiva das Bessere. Bei den Aktiven handelt es sich größtenteils um Werte, an denen zukünftige Jahre noch ihren Nutzen haben; diese Jahre müssen an den Kosten dieser Werte den ihnen zukommenden Anteil tragen. Es ist dabei unerheblich, ob diese Werte auch volkswirtschaftliche Werte sind; auf das Unternehmen allein kommt es an. Diesen individuellen Nutzen für die Folgejahre müssen sie haben; diese Fähigkeit, Nutzen zu bringen, diesen Gebrauchswert müssen sie besitzen; denn wir können nicht späteren Jahren die Kosten von Nonvaleurs aufhalsen."

Rudolf Fischer, Schmalenbachs unmittelbarer Vorläufer und geistiger Vater in Sachen „dynamischer Bilanzauffassung", hat den Bilanzinhalt aus den Buchhaltungszahlen ohne Bewertungsvorgänge erklärt. Er wird von *Osbahr* zu Recht mit folgenden Feststellungen kritisiert [1923, S. 13]: „Mag übrigens die Wertfrage noch so verworren sein, um die Tatsache, daß wir in der Bilanzkunde mit den vielartigen Ergebnissen einer ungelösten und zur Gänze wohl überhaupt unlösbaren, weil flüssigen Frage umgehen müssen, kommt man nicht herum, auch nicht dadurch, daß man wie Fischer bei der Bilanzierung überhaupt einen Bewertungsvorgang, damit die wirkliche Bedeutung der wirtschaftlichen Wertlehre für die Bilanzfrage in Abrede stellt und an die Stelle der Bewertung die rein buchmäßige Selbstkostenbezifferung setzt – wenigstens grundsätzlich; denn tatsächlich steht auch Fischer in seinen Ausführungen unter der vollen Macht der Wertfragen und Wertbegriffe."

Der von den „Dynamikern" behauptete Gegensatz in der Frage des Vermögensbegriffes und damit in der Frage des materiellen Bilanzinhaltes erweist sich somit als ein scheinbarer und konstruierter. Statiker und Dynamiker verwenden einen *wirtschaftlichen* Vermögensbegriff, in den sich auch die „Rechnungsabgrenzungsposten" einschließen lassen, und auch die Dynamiker stellen in ihre Bilanzen nur Posten ein, die für die zukünftigen Perioden noch Nutzen versprechen, somit aus einem Bewertungsvorgang hervorgegangen sind.

Schließlich sind die Rechnungsabgrenzungsposten, die ja von den „Dynamikern" als Charakteristikum „ihrer" Theorie reklamiert und als Fremdkörper in „statischen" Bilanzen dargestellt werden, Bilanzpositionen, die bei jährlich wiederkehrenden gleichartigen Bildungen und Auflösungen nichts am Periodenergebnis zu ändern vermögen und daher wohl eher als Erfordernis einer richtigen Vermögensdarstellung interpretiert werden könnten.

Die Art der Bilanzbewertung ist von der Art des Vermögensbegriffes abhängig. Der Begriff des „Vermögens" als Wert der Unternehmung als Ganzes wird zu einer Gesamtbewertung i.S. einer Gewinnkapitalisierung führen; „Vermögen" i.S. des wirtschaftlichen Gutes wird eine Art von Bewertung nach sich ziehen, wie sie bei den regelmäßigen kaufmännischen Jahresabschlüssen üblich ist, und ein Vermögensbegriff i.S. des Handelsgesetzbuches müßte, insbesondere bei tatsächlicher Beachtung des Prinzips der „Einzelbewertung", zu einer Bewertung der einzelnen Vermögensgegenstände zu ihrem jeweiligen isolierten Verkehrswert (Liquidationsbilanz) zwingen.

5.2.5.3 Einzelbewertung oder Gesamtbewertung?

Die Bilanzbewertung hat heute zweifelsfrei nach dem Prinzip der „Einzelbewertung" zu erfolgen. Paragraph 39 HGB fordert, daß bei der jährlichen Erstellung der kaufmännischen Bilanz „der Wert der einzelnen (!) Vermögensgegenstände anzugeben" sei. Auch das (österreichische) Aktiengesetz 1965 stellt im § 135 fest, daß die Bilanzvorschriften für den Ansatz der „einzelnen Posten" gelten. Über die Fragwürdigkeit, komplementäre Produktionsfaktoren (Grundstückseinrichtungen, Spezialmaschinen etc.) „einzeln" bewerten zu wollen, wird nicht gesprochen und wahrscheinlich auch nicht nachgedacht. Eine Gesamtbewertung ist nicht vorgesehen und würde mit dem Hinweis auf die Gewinnermittlungsfunktion der Bilanz und auf die Zirkelhaftigkeit eines solchen Vorgehens sicher abgelehnt werden. Über diesen Sachverhalt führte *Isaac* aus [1930, S. 16f.]: „Die Vermögensbilanz erscheint meist als Summe der Einzelteile des einer Unternehmung gewidmeten Vermögens. Man addiert die Werte der Maschinen, Rohstoffe, der Barmittel, der Guthaben usw. zusammen und erhält nach Abzug der Schulden eine Summe, die man als Reinvermögen der Unternehmung zu bezeichnen pflegt. Es handelt sich, wie unten noch zu zeigen ist, hierbei nicht um den Wert der Unternehmung als Ganzes, sondern lediglich um eine Summierung der Werte der Einzelteile. . . . Wenn es sich darum handelt, den Wert der Unternehmung als Ganzes festzustellen, genügt die Summierung der einzelnen Vermögensteile, die wir im vorigen Abschnitt erwähnten, nicht. Es sind hier noch Größen zu berücksichtigen, die man mit ‚Geschäftswert' bezeichnet. Es handelt sich hier etwa um den Wert der Kundschaft, den Wert besonders günstiger Geschäftslage, der Wirksamkeit besonders tüchtiger Leiter usw."

Auch aus der Sicht des Steuerrechtes hält man es für angebracht, am Prinzip der „Einzelbewertung" festzuhalten. *Helpenstein* argumentiert wie folgt [1933, S. 822f.]: „Bei der Ermittlung des Geschäftsgewinnes . . . wird nicht der Wert des Unternehmens als einer wirtschaftlichen Einheit festgestellt und dieser Wert dem Werte des Gesamtunternehmens zu Beginn des Geschäftsjahres gegenübergestellt, sondern es ist eine Bewertung der einzelnen dem Unternehmen gewidmeten Gegenstände oder doch von Gruppen solcher Gegenstände vorzunehmen.“

Bühler spricht die für die Handelsbilanz und Steuerbilanz heute gültige Maxime der „Einzelbewertung“ in aller Klarheit aus und verteidigt sie mit folgenden Worten [1950, S. 281]: „Die Grundsätze ordnungsmäßiger Buchführung haben allen Grund, am Prinzip der Einzelbewertung festzuhalten, das allein ordnungsmäßige Durchführung der Bewertungsvorschriften verspricht – und das Steuerrecht erst recht.“

Eine Gesamtbewertung wird somit im Rahmen der kaufmännischen Jahresbilanz abgelehnt. Die offenbare Zirkelhaftigkeit eines solchen Bewertungsverfahrens macht eine ertragswertabhängige Bewertung unbrauchbar. *Passow* führt zu diesem Thema folgendes kritisch aus [1921, S. 119]: „Aber auch davon abgesehen wäre das Ausgehen von dem Ertragswert des Geschäfts völlig sinnlos. Wie wir wissen, dient die Bilanz in der Praxis hauptsächlich der Ermittlung des Geschäftserfolges. Der Vermögensstand zweier verschiedener (regelmäßig ein Jahr auseinanderliegender) Zeitpunkte wird verglichen, und aus der Erhöhung oder Verminderung des Reinvermögens ergibt sich der Gewinn oder Verlust. Man kann aber nicht aus den Veränderungen des Vermögens den Ertrag ablesen und gleichzeitig bei der Bewertung des Vermögens von dem erwarteten künftigen Ertrag ausgehen. Der Praxis liegt eine derartige Bilanzaufstellung denn auch vollständig fern.“

Das heute herrschende und von den Dynamikern geforderte und für ihre Lehre reklamierte Prinzip der Einzelbewertung müßte nun zur Folge haben, daß jeder Vermögensgegenstand „einzeln“, also alleine für sich und ohne Rücksicht auf die Verbundwirkung mit anderen Gegenständen bewertet werden müßte. Dies hätte logisch zwingend eine Bewertung zu Einzelveräußerungspreisen, also zu den Zerschlagungswerten zur Folge.

Eine derartige objektive Einzelbewertung lehnen jedoch die Subjektivisten, allen voran Veit Simon, auf den sich Schmalenbach gerne berief, zumindest für das Anlagevermögen ab. Das Umlaufvermögen („Veräußerungsvermögen“) empfahlen sie tatsächlich zu Veräußerungspreisen zu bewerten; das im Verbund wirkende Anlagevermögen („Betriebsvermögen“) sei jedoch nicht zur Veräußerung bestimmt, daher auch nicht zu Einzelveräußerungspreisen, sondern zu den Nutzwerten („Gebrauchswert“) zu bewerten, die diese Vermögensgegenstände für den jeweiligen Betrieb haben. Inkonsequenterweise kommen Scheffler und Simon nun nicht zum Schluß, das Anlagevermögen mit Ertragswerten zu bewerten, sondern sie stellen die – nicht sehr stichhaltige – Vermutung auf, daß der jeweilige Anschaffungswert bzw. fortgeschriebene Anschaffungswert diesem subjektiven Gebrauchswert entspreche, weshalb sie für das Anlagevermögen eine Bewertung zu Anschaffungspreisen und nicht zu Einzelveräußerungspreisen postulieren [*Scheffler,* S. 19ff., insbes. S. 24f.; *Si-*

mon, 1899, S. 399; weiters *Rehm,* 1914, S. 366ff., *Berliner,* 1911, S. 92ff.].

Diese Lehre löste die juristische Ansicht ab, die nach Ergehen des AHGB (1861 bzw. 1862) zunächst gemeint hatte, in den Bilanzen im Interesse des Gläubigerschutzes alle Vermögensgegenstände mit Einzelveräußerungspreisen bewerten zu müssen („Deckungsbilanzen").

Insbesondere *Schmalenbach* hat in unverkennbarer Anlehnung an Simon stets die Bedeutung der Nutzenschätzung, des Gebrauchswertes für die Bilanzbewertung betont und die geistige Vaterschaft Simons nicht verleugnet, indem er ausführt [1917/18, S. 186]: „Wir Privatwirtschaftler wissen, daß die Bilanzfragen gut dabei gedeihen, wenn wir außer Arbeiten aus unserer eigenen Werkstatt auch Angehörige anderer Wissenschaften daran tätig sehen. Wir erinnern uns insbesondere mit Dankbarkeit daran, daß der Jurist Simon derjenige Autor gewesen ist, der die Lehre von der Bilanz von dem Dunkel einer sterilen Anschauungsweise befreit hat und die Bahn für fruchtbare Weiterschöpfung öffnete."

Scheffler, Simon und Schmalenbach ist es nicht aufgefallen, daß ihre nutzentheoretische Begründung der Bewertung des Anlagevermögens zu einer ertragswertabhängigen Bewertung hätte führen müssen und daß sich das Anschaffungswertprinzip aus einer Gebrauchswerttheorie nicht schlüssig herleiten läßt. Nur von Wilmowski, Fischer, E. Walb und in jüngerer Zeit Kosiol haben das für die dynamische Bilanzlehre so typische Anschaffungswertprinzip nicht gebrauchswerttheoretisch im Sinne Simons, sondern aus dem Realisationsrechnungscharakter der Jahresabschlußrechnung hergeleitet.

Simons Lehre wurde kommentiert und zu Recht kritisiert. *Borkowsky* führt z.B. aus [1946, S. 56]: „Simon, und an ihn anschließend die anderen Autoren seiner Richtung, erklären einfach, daß der Gebrauchswert gleich dem Anschaffungswert abzüglich Abschreibungen sei. Der naheliegende Ertragswert wird von Simon ausdrücklich abgelehnt." *Münch* führt treffend aus [1940, S. 22]: „Der hervorstechendste Zug der Lehre Simons und seiner Nachfolger ist der überall sich zeigende Zwiespalt zwischen den aufgestellten praktischen Bilanzierungsregeln und der Theorie, die diese Regeln decken soll. Die einzelnen Bilanzierungsvorschriften sind der Praxis entnommen und zumeist durchaus zu billigen: die Theorie aber steht ohne jeden Zusammenhang neben ihnen."

Eine generelle Bewertung zum Anschaffungspreis läßt sich weder nutzentheoretisch noch aus dem Prinzip der Einzelbewertung ableiten. Zur logisch schlüssigen Begründung des Anschaffungswertprinzips als tragendes Prinzip der Bilanzbewertung müßte man das Argument des Realisationsrechnungscharakters der Jahresabschlußrechnung und die „nominelle" Definition des „Eigenkapitals" und des „Gewinnes" bemühen.

So bleibt nur die Interpretationsmöglichkeit, in der Aktivierung von Anschaffungsausgaben eine nach oben mit dem Anschaffungspreis der einzelnen Vermögensgegenstände limitierte verkappte Gesamtbewertung zu sehen, die nur formal am einzelnen Ausweis der Werte der Teile festhält. Und in der Tat weist die heute noch immer herrschende steuerliche Teilwertlehre in diese

Richtung, wenn sie z.B. bei nachhaltiger Ertragswertminderung eine „Teilwertabschreibung“ für zulässig erklärt!

Eine echte, ernstgemeinte, logisch schlüssige Einzelbewertung müßte dazu führen, alle Vermögensgegenstände, somit auch die einzelnen Gegenstände des Anlagevermögens, zu ihrem Einzelveräußerungspreis – oft wohl nur der Schrotterlös – auszuweisen und die Differenz zwischen der Summe der Werte der so bewerteten Einzelgegenstände und der Summe der Anschaffungswerte aller Vermögensgegenstände als den sich aus dem Verbund ergebenden (nach oben limitierten) Mehrertragswert der Unternehmung darzustellen.

In der steuerrechtlichen Lehre vom Teilwert ist der Widerspruch in klarer Weise manifestiert worden, der zwischen einer Bewertung der *einzelnen* Teile („Teilwert“) und der Idee der *Gesamt*bewertung der Unternehmung bestehen muß. Sie sei im nachfolgenden näher behandelt.

Die Idee des „Teilwertes“ als Wert des einzelnen Gegenstandes im Rahmen des Gesamtwertes einer fortzuführenden Unternehmung ist über hundert Jahre alt. Ihre Wurzel ist im berühmt-berüchtigten Urteil des deutschen Reichsoberhandelsgerichtes vom Jahre 1873 zu sehen. *Wall* schreibt darüber folgendes [1960, Sp. 5392]: „Der Teilwertgedanke ist nicht steuerlichen Ursprungs. Er entstammt vielmehr einer alten handelsrechtlichen Übung, die bereits 1873 in einer Entscheidung des Reichsoberhandelsgerichts (Bd. 12, S. 19) erwähnt wird, in der es u.a. heißt: ‚Der Bilanz liegt . . . die Idee einer fingierten augenblicklichen allgemeinen Realisierung sämtlicher Aktiva und Passiva zugrunde, wobei jedoch davon ausgegangen werden muß, daß in Wirklichkeit nicht die Liquidation, sondern vielmehr der Fortbestand des Geschäftes beabsichtigt wird . . . ‘. Dieser Gedanke wurde von der preußischen Steuerrechtsprechung übernommen und fand über § 139, Abs. 1 AO 1919 (RGBl S. 1993) seinen Weg in § 19 EStG 1925 (RGBl I, S. 189), wo in Absatz 1 Satz 2 folgendes bestimmt ist: ‚Bei der Ermittlung des gemeinen Wertes von Gegenständen, die nicht zum Verkauf bestimmt sind, ist nicht der bei der Veräußerung jedes Gegenstandes im einzelnen erzielbare Preis zu ermitteln, vielmehr ist davon auszugehen, daß der Gegenstand auch fernerhin der Fortführung des Betriebes dient, dem er zur Zeit der Bewertung angehört.‘ Aus dieser Definition und der hierzu ergangenen Rechtsprechung ist alsdann – wie aus der Begründung zum Einkommensteuergesetz 1934 hervorgeht (RStBl. 1935, S. 38) – der § 6 Ziff. 1 S. 3 entstanden.“

Als Schöpfer der Teilwertidee wird von einer Anzahl von Autoren [*Helpenstein,* 1933; *Tomfohrde; Koch; John; Albach,* 1966] ein Steuerbeamter namens Mirre genannt, der im Jahre 1913 eine Arbeit über „Gemeiner Wert und Ertragswert“ veröffentlichte. *Koch* berichtet darüber [1960, S. 330]: „Als Schöpfer der Teilwertkonzeption darf wohl Mirre gelten. Dieser hat bereits im Jahre 1913 Begriff und Namen geprägt. Jedoch ist die Teilwertidee erst in den zwanziger Jahren in das Steuerrecht übernommen worden. An Hand der Literatur läßt sich nicht feststellen, ob und inwieweit vielleicht der Teilwertbegriff bereits bei der recht unklaren Fassung des § 19 EStG von 1925 von Bedeutung gewesen ist. Völlig eindeutig aber zeigt sich die Einführung des Teilwertbegriffs in dem bekannten Urteil des RFH vom 14. Dezember 1926 und später in dem § 6 des EStG 1934."

Mirre wollte den Teilwert nur in den Vermögensbilanzen angewandt wissen [*Helpenstein*, 1933, S. 851]. Seine überragende Rolle spielt er jedoch in den steuerlichen Erfolgsbilanzen, in die somit, trotz formaler Einzelbewertung, der Gedanke der ertragswertabhängigen Bewertung Eingang gefunden hat.

Der § 6 EStG definiert den „Teilwert" wie folgt: „Teilwert ist der Betrag, den ein Erwerber des ganzen Betriebes im Rahmen des Gesamtkaufpreises für das einzelne Wirtschaftsgut ansetzen würde; dabei ist davon auszugehen, daß der Erwerber den Betrieb fortführt."

Da der Wert einer fortzuführenden Unternehmung aus ihrem Ertragswert besteht, hat mit dem „Teilwert" eine ertragswertabhängige (gesamtwertabhängige) Wertkategorie den gemeinen Wert i.S. des Verkehrswertes der einzelnen Vermögensgegenstände abgelöst. Formale Einzelbewertung (Teile-Bewertung) und die Prämisse der Gesamtwertabhängigkeit stehen in einem nicht auflösbaren Widerspruch. Trotz aller Kritik am Teilwert wird bis heute an ihm festgehalten.

Schon *Passow* hatte die die Teilwertbestimmungen vorwegnehmende zeitgenössische Steuerjudikatur als im Widerspruch zu der vom Gesetz befohlenen Einzelbewertung stehend erkannt und wie folgt kritisiert [1921, S. 118]: „Es sei noch angeführt, daß die Berücksichtigung des Veräußerungswertes des Unternehmungsvermögens als Einheit bei der Bewertung der Aktiva in der Bilanz nicht nur der ausdrücklichen Bestimmung des Gesetzes widerspricht, sondern dadurch praktisch zu den ungeheuerlichsten Resultaten führen würde."

Es erscheint fast als Selbstverständlichkeit, daß *Kosiol* als Vertreter der „dynamischen" Bilanzauffassung und Verfechter der Einzelbewertung und des Anschaffungswertprinzips („pagatorische" Bewertung) den Teilwert wegen seiner Zirkelhaftigkeit ablehnt. Er tut dies mit folgenden Worten [1944, S. 81]: „Dazu kommt, daß alle ertragsabhängigen Wertansätze in der Erfolgsbilanz einen bewertungstheoretischen circulus vitiosus nach sich ziehen. Eine Wertgröße, die vom Reinertrag der Unternehmung beeinflußt wird, kann nicht dazu dienen, diesen Reinertrag selbst zu ermitteln. Der Teilwert setzt voraus, daß der Erfolg der Unternehmung rechnerisch festgestellt werden kann bzw. die Rentierlichkeit der einzelnen Wirtschaftsgüter eindeutig erfaßbar ist. Dann kann er aber nicht dazu verwandt werden, um den Reinertrag der Unternehmung zahlenmäßig zu bestimmen. Ertragsbedingte Werte können daher ganz grundsätzlich in einer Erfolgsermittlungsbilanz nicht auftreten, da sie erst nachträglich bestimmbar werden."

Zahlreiche andere Autoren, z.B. *Littmann* [1951, S. 27], *Gutenberg* [1952, S. 535], *Koch* [1960, S. 330], *Schulze* [1966, S. 130], lehnen den Teilwert als Widerspruch in sich ab.

Da weder die Interpretation nach der „Differenzenmethode" noch die nach der „Zurechnungsmethode" zu brauchbaren Ergebnissen kommt, hat die

Praxis Teilwertvermutungen aufgestellt, die den Begriff des „Teilwertes“ operationalisieren und eine willkürliche Handhabung hintanhalten sollen.

Demnach entspricht der Teilwert im Zeitpunkt der Anschaffung oder Herstellung den Anschaffungs- oder Herstellungskosten; bei den nicht abnutzbaren Anlagegütern (Grundstücke, Geschäftswert, Beteiligungen) entspricht der Teilwert noch in einem späteren Zeitpunkt den Anschaffungskosten; bei abnutzbaren Anlagegütern entspricht der Teilwert in späteren Zeitpunkten den um die Absetzung für Abnutzung verminderten Anschaffungs- oder Herstellungskosten (fortgeschriebener Anschaffungswert); und bei Wirtschaftsgütern des Umlaufvermögens gilt als Teilwert der Wiederbeschaffungspreis am Bilanzstichtag [*Hax*, 1957, S. 78f.].

Die Idee des ehemaligen Staatssekretärs Reinhardt, im Falle rentabler Unternehmungen den Teilwert von betriebsarteigenen Wirtschaftsgütern des Anlagevermögens auch in den höheren Wiederbeschaffungskosten zu vermuten [*Reinhardt*, S. 143f.], ist im Rahmen der (an sich unlogischen) Teilwertdefinition konsequent, aber heute nicht mehr aktuell, sieht man von ihrer Auswirkung auf die in Deutschland 1964 verworfene, in Österreich aber noch immer praktizierte „Opfertheorie“ ab.

Eine Form der gesamtwertabhängigen Bilanzbewertung liegt auch bei der „kapitaltheoretischen Bilanz“ vor. Diese sieht in der Bilanz grundsätzlich eine Zukunftsrechnung i.S. Riegers. Das Vermögen besteht in zukünftig erwarteten Einnahmen und das Fremdkapital in zukünftig erwarteten Ausgaben.

Die Bewertung des Vermögens und der Schulden hat durch Diskontierung der erwarteten Einnahmen bzw. Ausgaben auf den Bilanzstichtag zu erfolgen. Die Konzeption des „ökonomischen Gewinnes“ sieht dabei den Ansatz eines als exogene Größe einzuführenden kalkulatorischen Zinssatzes vor, während die Theorie der „kapitaltheoretischen Bilanz“ auf der Anwendung des sich als endogene Größe ergebenden internen Zinssatzes basiert.

Der Wert der einzelnen Vermögensgegenstände besteht aus den auf den Bilanzstichtag diskontierten zukünftigen Einnahmen, die aus diesem Gegenstand noch erwartet werden. Einnahmenerwartungen, die aus dem verbundenen Wirken komplementärer Produktionsfaktoren (Anlagevermögen!) hergeleitet werden, sind gesondert als Ertragswerte auszuweisen.

Die „kapitaltheoretische Bilanz“ macht somit das Problem des Widerspruches von Einzelbewertung und Gesamtbewertung dem Bilanzierenden bewußt und zwingt ihn zu dessen Beachtung und Lösung.

Ein circulus vitiosus liegt bei dieser Konzeption nicht vor, da die Vermögensermittlung bzw. -bewertung keines Umweges über Periodenerfolge bedarf, sondern direkt aus prognostizierten Einnahmen- und Ausgabenreihen abgeleitet wird.

Der „heutige“ Wert einer Bilanzposition hängt somit von der Höhe des in Zukunft erwarteten Zahlungseinganges bzw. Zahlungsausganges, von der zeitlichen Ferne der erwarteten Realisation in Geld und vom angewandten Diskontierungssatz ab.

Während bei Anwendung eines kalkulatorischen Zinssatzes das errechnete Reinvermögen größer oder auch kleiner als das eingebrachte, anschaffungswertorientierte Eigenkapital sein kann, decken sich bei Anwendung des internen Zinsfußes das errechnete Reinvermögen und das um vergangene (kapitaltheoretisch errechnete) Gewinne und Verluste, Entnahmen und Einlagen korrigierte, ursprünglich eingebrachte Eigenkapital. Die Interpretation des Wertes dieses Eigenkapitals ist dann nicht nur aus dessen absoluter Höhe, sondern auch aus der internen Verzinsung des Eigenkapitals herzuleiten.

5.2.5.4 Bilanzbewertung und Eigenkapitaldefinitionen

5.2.5.4.1 Grundsätzliches

Das bilanzielle Eigenkaptial ist die formal-rechnerische Differenz zwischen dem bilanziellen Gesamtvermögen und den Schulden. Da das Vermögen der Aktivseite der Bilanz auch als *positives* Vermögen und die Schulden als *negatives* Vermögen (wirtschaftliche Lasten) gesehen werden können, trifft auch die Bezeichnung „Reinvermögen" den Sachverhalt.

Das Eigenkapital soll anzeigen, welchen „Wert" die Unternehmung für den Eigentümer hat. Nicht das Gesamtvermögen, sondern der Saldo „Eigenkapital" (= Reinvermögen) gilt als Indikator des Reichtums des Eigentümers.

„Gewinn" ist eine Vermehrung des Reinvermögens und nicht des Gesamtvermögens; Verlust hat eine Verringerung des Reinvermögens und nicht des Gesamtvermögens als Ursache. Der Definition des Eigenkapitals kommt somit für die Definition des Erfolges entscheidende Bedeutung zu. Aufwand ist Kapitalverzehr, Ertrag ist Kapitalreproduktion. Die Differenz stellt den Erfolg dar. Eigenkapitaldefinition und Erfolgsdefinition stehen in wechselseitiger Beziehung und haben zusammen größten Einfluß auf die Bilanz- und Erfolgsbewertung.

Der Begriff „Kapital" ist vieldeutig und wird in vielfältiger Weise verwendet. Ursprünglich verstand man darunter (lat. „caput") das geliehene Geld (Vieh) bzw. die geliehenen Güter (Leihkapital), dann verstand man unter „Kapital" das konkrete Vermögen („Realkapital"). Der Volkswirt versteht unter „Kapital" die produzierten Produktionsmittel (vorgetane Arbeit), im privatwirtschaftlichen Sprachgebrauch steht „Kapital" für das Erwerbsvermögen. In neuerer Zeit wird „Kapital" auch als „Geld für Investitionszwecke" definiert [*Fettel,* 1958, Sp. 2963; *Preiser,* S. 18; *Münstermann,* 1963, S. 65], was nicht zu befriedigen vermag, denn dann wäre jede Investition Kapitalvernichtung und die Kapitalproduktion könnte man der Notenpresse überlassen.

„Kapital" ist die schon vorhandene Verfügungsmacht über Vermögen und „Eigenkapital" ist „jene Verfügungsmacht über Vermögen, die man alleine ausübt, die zeitlich nicht beschränkt ist und deren Aufrechterhaltung durch die Rechtsordnung begünstigt bzw. nach fest umrissenen Normen geschützt wird" [*Seicht,* 1970a, S. 389].

Da eine eindeutige Zuordnung von Teilen des Vermögens zu den einzelnen Schuldtiteln meist nicht möglich ist und es im Ermessen des Kaufmannes liegt, welche Vermögensgüter er zur Befriedigung seiner Gläubiger verwenden will, kann die unbeschränkte Verfügungsmacht des Eigenkapitals nur abstrakt, nicht aber auf einzelne Vermögensgegenstände gezielt formuliert werden. Das bilanzmäßige Eigenkapital kann nur anzeigen, wieviel vom Gesamtvermögen in der Verfügungsmacht des Eigentümers verbliebe, wenn am Bilanzstichtag alle Schulden bezahlt würden und die zur Befriedigung der Gläubiger herangezogenen Vermögensgüter einen Erlös in Höhe ihrer Buchwerte erzielt hätten.

Die „einfache“ kaufmännische Buchhaltung zeichnet alle Veränderungen des Vermögens und der Schulden auf, ist somit eine vollständige Bestandsverrechnung und ermöglicht die Erfolgsermittlung über den stichtagsbezogenen Reinvermögensvergleich.

Die doppelte kaufmännische Buchhaltung ergänzt die einfache Buchhaltung durch eine laufende systematische Aufzeichnung der Reinvermögensminderungen (= Aufwand, Eigenkapitalverzehr) bzw. der Reinvermögensmehrungen (= Ertrag, Eigenkapitalreproduktion).

Der konventionelle bilanzmäßige Eigenkapitalbegriff ist *vergangenheitsbezogen.* Das bilanzielle Eigenkapital zeigt an, wieviel Vermögen der Unternehmer in der Vergangenheit in sein Unternehmen eingebracht, durch Gewinne vergangener Perioden vermehrt und durch Verluste und Entnahmen vergangener Perioden vermindert hat.

Die Bilanz konventioneller Art stellt vorwiegend eine vergangenheitsorientierte Realisationsrechnung (Amortisationsrechnung) dar, die vor allem die noch nicht erfolgsmäßig getilgten (verrechneten) Reste von Zahlungen der Vergangenheit ausweist. Im bilanzmäßigen Kapital wird der der Amortisation und Rückzahlung an die Kapitalgeber harrende Rest vergangener Investitionen gesehen. Das Eigenkapital könnte man somit als Rest (Saldo) der Reste begreifen. In der „dynamischen“ Interpretation der Bilanz kommt diese Betrachtungsweise am deutlichsten zum Ausdruck.

Eine grundsätzlich andere, neuere Auffassung des bilanzmäßigen Kapitals sieht in diesem den „heutigen Wert“ der in der Zukunft erwarteten Einnahmenströme und im Eigenkapital („Erfolgskapital“) den Ertragswert der Unternehmung. Nicht das, was ein Vermögensgut in der Vergangenheit gekostet hat, sondern was es an zukünftigen Nutzen bringen wird, stellt seinen Wert dar. Nicht das, was der Eigentümer in der Vergangenheit in sein Unternehmen eingezahlt hat, sondern die zukünftig erwarteten Entnahmen begründen die Höhe seines Eigenkapitals.

Eine derartige zukunftsbezogene Eigenkapitaldefinition würde der Dynamik der wirtschaftlichen Entwicklung der Unternehmung und ihrer Umwelt in idealer Weise Rechnung tragen, wäre daher im hohen Maße „dynamisch“. Aber gerade im Kampf gegen eine derartig dynamische Eigenkapitalauffassung haben die „Dynamiker“ Fischer, Schmalenbach etc. ihre vergangenheitsbezogene, in Wirklichkeit höchst statische Bilanzkonzeption und Eigenkapitaldefinition entwickelt.

Die Ursachen dafür sind bekannt. Man fürchtete den bewertungstheoretischen circulus vitiosus, und darüber hinaus wollte Schmalenbach ja nur den „vergleichbaren" Betriebsgewinn als Ergebnis der Rechnung vorweisen. Hätten die Dynamiker in der Bilanz eine reine Zukunftsrechnung gesehen, die nicht vorwiegend Transitorien, sondern nur Antizipationen beinhaltet, und hätte sich Schmalenbach des Instrumentes der Erfolgsspaltung zu bedienen verstanden, dann hätte die Konzeption der „dynamischen Bilanz" wohl anders ausgesehen und die Bezeichnung hätte ihre Rechtfertigung gefunden.

Daß Schmalenbach keinesfalls reiner Amortisationsrechner war (und damit die rechnungstheoretische Basis der „dynamischen Bilanztheorie" gar nicht voll erkannte), geht sowohl aus seinem Bewertungspluralismus wie auch aus seiner starken Neigung zur erfolgsrechnerischen und damit auch bilanziellen Berücksichtigung zukünftig erwarteter Nutzen hervor. Nur die Unsicherheit der Bewertung sei es, die die „dynamische Rechnungsweise" auf die Berücksichtigung derartiger Leistungen verzichten lasse! *Schmalenbach* führt z.B. aus [1931, S. 124]: „Werden Erfindungen gemacht, werden neue Geschäftsbeziehungen angeknüpft, erweitert man das Erzeugungsprogramm oder tut man sonst eine in die Zukunft hinein wirksame gute wirtschaftliche Tat, so sind das alles Leistungen. Sie haben auch alle einen Wert, leider aber einen niemandem bekannten und nicht errechenbaren Wert. Wollte man diese Leistungen bewerten, so käme vollkommene Unsicherheit in die Erfolgsrechnung. Nur diese Unsicherheit ist es, die die dynamische Rechnungsweise auf die Feststellung dieser Leistungen verzichten läßt. Es ist kein Zweifel, daß, wenn man dieser Unsicherheit Herr werden könnte, die Berücksichtigung derartiger Leistungen in der Gewinnrechnung gefordert werden müßte."

Zusammenfassend ist festzuhalten, daß von der Art der Definition des bilanziellen Eigenkapitals die Definition des Gewinnbegriffes geprägt wird und von beiden Definitionen die Art der Bilanzbewertung entscheidend beeinflußt wird. Da die diversen Bilanztheoretiker durchaus auch verschiedene Eigenkapitalbegriffe verwendeten, mußte es zwangsläufig zu unterschiedlichen Auffassungen über die „richtige" Art der Bewertung kommen.

E. Walb hat schon sehr früh [1921] die Möglichkeit erkannt, das Eigenkapital verschiedenartig zu definieren. Er unterschied nominelles, reales und materielles Eigenkapital. In seinem Aufsatz „Zur Theorie der Erfolgsrechnung" [1923] betont er, daß zwischen geldwirtschaftlicher und güterwirtschaftlicher Rechnung ein grundlegender Unterschied besteht. Er führt aus [S. 437f.]: „Die hier entwickelten Kapitalarten gehören, wie aus den Darlegungen ersichtlich ist, zwei scharf getrennten Gruppen an. Auf der einen Seite steht die nominelle Kapitalerhaltung, und zwar reduziert oder unreduziert, bei der ein ursprünglicher Geldziffernbetrag erhalten wird ohne Rücksicht auf die ursprünglich vorhandenen Mengen. Auf der anderen Seite steht die Erhaltung eines Kapitals, das mengenmäßig bestimmt ist, ohne Rücksicht auf die Geldziffer, die den Mengen ursprünglich entsprach. Während in dem ersteren Fall die Geldziffer des Kapitals unmittelbare Bedeutung gewinnt, ist sie im zweiten Fall eine Attrappe, hinter der als einzig bedeutungsvoll die Mengen stehen. Daraus ergeben sich dann auch zwei wesensverschiedene Inhalte des Erfolgsbegriffes. Auf der einen Seite ist Erfolg die Geldziffer, die von einem ursprünglich gegebenen Geldbetrag abweicht, auf der anderen Seite die Geldziffer, die sich als Unterschied von einem Geldbetrag ergibt, der die ursprünglichen Mengen irgendwie deckt. Anders ausgedrückt ergibt sich eine Erfolgskategorie, die auf der Geldrechnung (geldmäßig bestimmte) und eine, die auf der Güterrechnung im weitesten Sinne (gütermäßig bestimmte) beruht, oder was dasselbe bedeutet, eine geldwirtschaftlich und eine naturalwirtschaftlich gesehene Ermittlungsart.“

Unbefriedigend an diesen Formulierungen ist, daß E. Walb von verschiedenen Formen der Kapital*erhaltung* spricht, obwohl doch nur verschiedene Formen der Eigenkapital*definition* gemeint sein können.

Bestimmte Formen der Kapitalerhaltung kann man fordern und anstreben. Ob sie gelingen, ist eine andere Frage. Gelingt es nicht, das in irgendeiner Weise definierte Eigenkapital zu erhalten, so ist es trotzdem möglich, einen Erfolg zu berechnen. Erfolge können auch in Verlusten bestehen.

Eine klare und eindeutige und von jedem Sachkundigen in gleicher Weise geistig nachvollziehbare Definition des Eigenkapitals ist die Voraussetzung einer eindeutigen, klaren und nachprüfbaren „Gewinn“-Ermittlung.

Die Forderungen nach „leistungsäquivalenter“, „entwicklungsadäquater“, „qualifizierter“ usw. Eigenkapitalerhaltung sind als betriebswirtschaftliche Postulate durchaus verständlich und akzeptabel; als axiomatische Grundlage einer Gewinnermittlung und Bilanzbewertung sind sie jedoch weniger geeignet. Buchhaltung und Bilanz sind nämlich – auch – ein mathematisches Problem.

Erst in der Beschlußfassung über die Gewinnverwendung kann über die Dotierung von Wachstumssicherungsrücklagen etc. befunden werden. Die Gewinnermittlung geht der Gewinnverwendung voraus. Man sollte sie streng auseinanderhalten, wie man auch Eigenkapitaldefinition und Eigenkapitalerhaltung nicht verwechseln sollte. Erstere ist die logische Voraussetzung jeder Erfolgsermittlung, letztere eine Folge des erzielten (und errechneten) Erfolges und somit eine Tatsachenfrage.

Im nachfolgenden sollen die wichtigsten in der Literatur anzutreffenden Eigenkapitaldefinitionen (Erhaltungspostulate) skizziert und nach ihren Konsequenzen für die Bilanzbewertung geprüft werden.

5.2.5.4.2 Nominelle Eigenkapitaldefinition

Die „nominelle“ Definition des bilanziellen Eigenkapitals sieht im Eigenkapital die Summe der Beträge an Geld, die der Eigentümer in der Vergangenheit in die Unternehmung eingebracht hat, vermehrt um die errechneten und nicht ausgeschütteten Gewinne und vermindert um die errechneten Verluste und getätigten Eigenkapitalrückzahlungen.

„Gewinn“ („Verlust“) ist bei dieser Definition des bilanziellen Eigenkapitals jedes Mehr (Weniger) an nominellem bilanziellen Eigenkapital. Geldwertschwankungen und Preisänderungen wirken sich dabei auf die Bilanz und auf die Erfolgsrechnung verzerrend aus, ohne daß man dies durch besondere Vorkehrungen zu berücksichtigen oder auszuschalten sich bemüht. Die Bewertung in Bilanz und Erfolgsrechnung erfolgt demnach mit den historischen Anschaffungspreisen.

Die Anwendung des „Anschaffungswertprinzips" ist die Folge einer nominellen Eigenkapital- und Gewinndefinition oder sie impliziert zumindest eine nominelle Definition des Eigenkapitals und des Gewinnes.

Viele Bilanztheoretiker haben eine nominelle Definition des Eigenkapitals vertreten, kamen daher in überwiegender Zahl zur Empfehlung des Anschaffungswertes als tragender Wertkategorie, obwohl die Gründe für die nominelle Definition des Eigenkapitals keineswegs bei allen Autoren die gleichen waren.

Die Gründe, weshalb man sich für eine nominelle Definition des Eigenkapitals entschließt, können folgende sein:

1. Man erkennt nicht das Problem der Geldwertschwankungen und Preisänderungen.
2. Man sieht in der kaufmännischen Buchhaltung eine Rechnung über Geld und Geldwerdungsprozesse und nicht eine solche über Güter und Kaufkraft.
3. Man interpretiert die kaufmännische Buchhaltung und Abschlußrechnung als eine Realisationsrechnung (Amortisationsrechnung).
4. Man beruft sich auf die Autorität des Staates in Geld- und Währungsfragen und auf die nominalistischen Legaldefinitionen des Gewinnes, der Bewertungsregeln etc.
5. Man hält die Fehler einer nominalistischen Rechnung für tolerierbar.
6. Man hält aus Gründen der Praktikabilität an der nominalistischen Rechnung fest.

Eine Unkenntnis der laufenden Entwertung des Geldes mag in der inflationsunerfahrenen Zeit vor dem ersten Weltkrieg geherrscht haben, in der man Preissteigerungen als gelegentliche Teuerungen, nicht aber als Folge eines Sinkens der Kaufkraft des Geldes interpretiert hat. Auch können sich Steigerungen der Preise mancher Güter und Senkungen von Preisen anderer Güter die Waage gehalten haben, so daß im gesamtwirtschaftlichen Durchschnitt das Preisniveau und damit der Wert des Geldes unverändert blieben.

Seit dem ersten Weltkrieg ist wohl jedem Wirtschaftskundigen das Phänomen der Preissteigerungen (Preissenkungen) und Geldwertänderungen (meist Geldwertverschlechterungen) bekannt.

Trotzdem findet man kompromißlose Verfechter der nominellen Definition des Eigenkapitals und des bilanzmäßig zu ermittelnden Gewinnes.

Insbesondere der Gesetzgeber, vor allem der Steuergesetzgeber, wäre hier zu nennen, der aus seiner opportunistischen Haltung heraus am Anschaffungswertprinzip und damit an der nominellen Eigenkapital- und Gewinndefinition festhält. Jeder Teil des Erlöses in Geld, der über das ursprünglich vom Eigentümer investierte Geld hinausgeht, soll als Gewinn gelten, und daher sind das Eigenkapital nominell zu definieren und Vermögen sowie Aufwand mit den historischen Anschaffungsausgaben zu bewerten.

Jedes Mehr an Geld soll als Gewinn errechnet, aufgefaßt und behandelt werden. Das Mehr an Geld bedarf dann nicht der Eigenschaft eines Mehrs an Kaufkraft. Geldwertänderungen sind nicht zu berücksichtigen, wenn Geld nicht als Maßeinheit, sondern als Gegenstand der Verrechnung selbst angesehen wird.

Ein auf Basis einer solchen nominellen Eigenkapitaldefinition errechneter Gewinn mag in Inflationszeiten zum großen Teil Scheingewinn sein; verglichen mit dem Schicksal der Nominalwertbesitzer und Sparer können sie als echte Gewinne i.S. nicht erlittener Verluste verstanden werden.

Ein Exponent einer Auffassung, die in der kaufmännischen Buchhaltung und Abschlußrechnung eine Rechnung über Geld und Geldwerdungsprozesse sieht und die Berechtigung zur eigenmächtigen Korrektur dieser Rechnungen durch Anwendung kaufkraftstabiler Recheneinheiten oder aktueller Wertansätze und die rechnerische Neutralisierung von Scheingewinnen leugnet, ist Wilhelm Rieger.

Rieger wird in seinen Absichten, Forderungen und Prämissen von vielen heutigen Autoren gründlich mißverstanden, und auch manche seiner Epigonen übersehen die von Rieger für seinen Nominalismus formulierten Grundannahmen, indem sie voraussetzungslos die nominelle Rechnung als einzig richtige und mögliche hinstellen.

Als Beleg für die Fehldeutung der Riegerschen Lehre mag ein Zitat aus einer Arbeit von *Karl Hax* dienen. Er führt aus [1970, Sp. 243]: „Rieger hat nachgewiesen, daß die kaufmännische Gewinnrechnung grundsätzlich nur Geldrechnung sein kann. Er überspannt den Bogen insofern, als er jede Möglichkeit verneint, bei Schwankungen des Geldwertes durch Ausgestaltung der Bilanzierungsmethoden zum mindesten die Erhaltung eines Geldkapitals gleicher Kaufkraft oder bei Schwankungen einzelner Güterpreise die Erhaltung der ursprünglichen Gütermenge (= Substanz) nachweisbar zu machen. In Wirklichkeit hat die Praxis derartige Methoden schon seit langem entwickelt und mit Erfolg angewandt.“

In welcher Weise auch manche jüngere Anhänger der Riegerschen Lehre deren Prämissen übersehen, mag aus den folgenden Ausführungen *Ashraffs* hervorgehen, der jede Art der Geldwertkorrektur, auch wenn sie nur in „Hilfs- oder Informationsrechnungen“ vorgenommen wird, ablehnt [1960, S. 34]: „Die Formel Mark = Mark ist das unerschütterliche Fundament alles wirtschaftlichen Denkens. Jeglicher Versuch, die Geldrechnung durch eine andere Rechnung zu ersetzen, muß scheitern.“ Auch Fettel ist als Anhänger Riegers bedingungsloser Nominalist und übersieht dabei ebenfalls die von Rieger formulierten Prämissen [*Fettel,* 1951, S. 3ff.].

Riegers Nominalismus liegt eindeutig in seiner Respektierung der gesetzlichen Regelung von Buchhaltung und Jahresabschlußrechnung als nominalistische Rechnung begründet. Rieger übersah keineswegs, daß es gerade zu seiner Zeit eine große Inflation gegeben hat, er bestritt auch gar nicht die theoretische und praktische Möglichkeit einer indexkorrigierten kaufkraftstabilen Rechnung nach dem Vorschlage Fishers. Rieger vertrat nur die Ansicht, daß die nominelle Rechnung solange gelte, solange es der Gesetzgeber befehle, und daß die indexkorrigierte Rechnung dann gelte, wenn der Gesetzgeber sie vorschreibe.

In seinem Buch „Über Geldwertschwankungen“ [1938] hat *Rieger* seine Position zur Frage der richtigen Art der Eigenkapitaldefinition und des Gewinnbegriffes und damit der zu praktizierenden Bewertung klar vorgetragen. Einige der markantesten Ausführungen seien nachfolgend als Belege gebracht.

Rieger schreibt z.B. [S. 7]: „Ich kann mir für die völlige Verkennung des Problems kaum einen schlagenderen Beweis denken, als diese Einstellung; denn wenn es ein staatswirtschaftliches Gebiet gibt, dann doch das des Geldes. . . . Die Wirtschaft und damit Buchführung und Bilanz als ihr Rechnungsmittel – hat sich des Geldes zu bedienen, das der Staat geschaffen hat, ganz gleich, wie es materiell begründet ist und welche Mängel es nach Ansicht eines doppelten Buchhalters aufweist. Kann man sich im Ernst vorstellen, daß jedermann nach Belieben an der offiziellen Geldrechnung herumdoktern darf?“

Rieger leugnet keineswegs die Möglichkeit einer geldwertstabilen Rechnung, er bestreitet nur die Zulässigkeit, diese an die Stelle der gesetzlich vorgeschriebenen nominellen Rechnung zu setzen. Er führt aus [S. 42]: „Die Problemstellung bei Fisher ist – mindestens in dem in Frage kommenden Werke, ‚die Kaufkraft des Geldes‘ – von der meinen grundverschieden. Wenigstens habe ich keine Zeile finden können, die darauf schließen läßt, daß Fisher sich gleich den Betriebswirten um die Korrektur einer bestehenden Geldrechnung bemüht. Es ist ihm nur darum zu tun, eine Geldrechnung mit tunlichst gleichbleibender Kaufkraft zu inaugurieren, und dagegen ist nicht das mindeste einzuwenden, wie ich oben schon angedeutet habe.“ Etwas später fährt *Rieger* fort [S. 43]: „Wenn ein solcher Unternehmer also für sich privatim eine verbesserte Rechnung, meinethalben in Dollars oder in Indexmark aufmacht, so wüßte ich wirklich nicht, was ich dagegen tun könnte. Nur darum geht der Streit: welche Rechnung gilt, die unkorrigierte Markrechnung oder die veredelte Rechnung? Und meine Antwort lautet: maßgebend können einzig und allein die Ergebnisse der Markrechnung sein.“

Auch bestreitet *Rieger* keineswegs das Recht der Wissenschaft, Vorschläge über korrigierte Rechnungen zu entwickeln und sie zur Einführung zu empfehlen. Er führt aus [S. 46]: „Dessenungeachtet hätte ich keinerlei Einwendungen zu erheben, wenn ein Vertreter der Wissenschaften unter Berufung auf die von ihm auf irgendeine Weise nachgewiesenen erheblichen Schwankungen des Geldwertes bei den zuständigen Stellen den Vorschlag oder Antrag einbrächte, eine andere, weniger schwankende Geldrechnung einzuführen. Aber nicht wahr: davon wird einstweilen die geltende Rechnung nicht im geringsten berührt, solange sie in Kraft ist, gilt sie – unbeschränkt und ohne jede Korrektur!“

Rieger deponiert schließlich, daß er sich sogar für die Indexmark einsetzen würde, *wenn* sie von Staats wegen eingeführt würde. *Rieger* schreibt [S. 59]:

„Ich weise nochmals ausdrücklich darauf hin, daß mir nichts ferner liegt, als etwa gegen eine Indexrechnung Einwände zu erheben; nur als Korrekturmittel ist sie genau so untauglich wie irgendeine andere ausdenkbare Methode. Mein Kampf gilt also der Korrektur, nicht der Indexrechnung! Wenn eine solche erst eingeführt wäre – offizielle, von Staats wegen! – dann würde ich mich für sie genauso einsetzen, wie für jede andere Geldrechnung, nämlich in dem Sinne, daß sie absolut gilt (nominelle!) und daß niemand das Recht hat, sie durch sogenannte Korrekturen zu denaturieren und zu verfälschen.“

Auch wenn Rieger in seiner Deutung der Bilanz in dieser eine Zukunftsrechnung sah und eine Bewertung zum „heutigen Wert“ empfahl, ohne diese Idee allerdings hinreichend auszuführen, kommt er auf Grund seines Nominalismus zum gleichen Totalperiodenerfolg wie die „Dynamiker“. Nur die Verteilung des Totalperiodenerfolges i.S. des totalen nominellen Einnahmenüberschusses auf die Teilperioden muß nach dem Konzept Riegers zu anderen Ergebnissen führen als bei den Dynamikern.

Rudolf Fischer, später Kosiol und in neuerer Zeit Schweitzer gehen von einer nominellen Eigenkapitalauffassung aus, wenn sie eine kompromißlose Bewertung zu historischen Anschaffungspreisen in der Erfolgsrechnung und in der Bilanz verlangen.

Zum Unterschied von Rieger sehen sie in der Bilanz keine Zukunftsrechnung, sondern eine vorwiegend vergangenheitsgerichtete Amortisationsrechnung. Die Bilanz hat jene Reste historischer Anschaffungsausgaben zu verwalten, die noch nicht erfolgswirksam verrechnet worden sind. Ihre nominelle Gewinnauffassung impliziert eine nominelle Definition des bilanziellen Eigenkapitals.

Bewertung und Gewinndefinition sind bei diesen Autoren nicht die Folge einer nominellen Eigenkapitaldefinition und einer daraus resultierenden Bewertung zu historischen Anschaffungspreisen, sondern ihre Präferenz, die sie der Bewertung zu Anschaffungspreisen geben, führt erst zu einer nominellen Definition von Eigenkapital und Gewinn.

Im Vergleich zu Riegers Nominalismus liegt gewissermaßen eine Vertauschung von Prämisse und Schlußfolgerung vor.

Kosiol meint, daß bei einem Aufgeben des Anschaffungswertprinzips eine „Verarmung unseres kaufmännischen Rechnungswesens“ eintreten würde [1944, S. 19], und empfiehlt, die Erhaltung des „realen“ Eigenkapitals durch eine entsprechende Rücklagenpolitik sicherzustellen.

Kosiol übersieht dabei jedoch, daß es für eine derartige gezielte Rücklagenpolitik auch der Kenntnis der realen Gewinne bedarf und daß auch bei völligem Verzicht auf Ausschüttungen an die Eigentümer eine reale Eigenkapitalerhaltung dann nicht immer gelingen wird, wenn der Steuerfiskus weiterhin auf nomineller Definition von Eigenkapital und Gewinn besteht und die Erfolgssteuern auf den nominellen Gewinn höher sind, als der erzielte reale Gewinn vor Steuern ausmacht, was heute schon sehr häufig der Fall sein wird.

5.2.5.4.3 Reale Eigenkapitaldefinition

Die „reale" Eigenkapitaldefinition sieht im Eigenkapital die Summe jener allgemeinen *Kaufkraft,* die der Eigentümer in der Vergangenheit in die Unternehmung eingebracht hat, vermehrt um kaufkraftmäßig errechnete Gewinne und vermindert um in Kaufkrafteinheiten ausgedrückte Ausschüttungen und Kapitalrückzahlungen.

Buchhaltungen und Jahresabschlußrechnungen, denen eine „reale" Eigenkapitaldefinition zugrunde gelegt wird, müssen mit Indexkorrekturen arbeiten. Die Geldwertänderungen verzerren die Maßeinheit, in der bei nomineller Rechnung die Werte von Güter- und Kapitalbeständen und deren Veränderungen angeschlagen werden. Die Einnahmen und Ausgaben der Totalperiode finden in der Zeit statt. Im Laufe der Zeit ändert sich aber der innere Wert der Währungseinheit. Geschäftsfälle (Bestandsveränderungen, Aufwendungen, Erträge), die zu verschiedenen Zeitpunkten stattgefunden haben und in Währungseinheiten der jeweils gerade herrschenden Kaufkraft bewertet wurden, sind nicht vergleichbar und daher ökonomisch sinnvoll auch nicht addierbar bzw. saldierbar.

Der Meßfehler, der vorliegt, wenn man in geldwertinstabilen Zeiten die zu den verschiedenen Zeitpunkten getätigten und in Währungseinheiten unterschiedlicher Kaufkraft bewerteten Geschäftsfälle einfach addiert oder saldiert, soll durch ein Umrechnen in eine kaufkraftstabile Recheneinheit vermieden werden. Bei einer derartigen Vorgangsweise verbleiben Buchhaltung und Jahresabschluß grundsätzlich geldkapitalistische Rechnungen. Eigenkapital und Gewinn sind nach wie vor geldkapitalistische Größen. Eigenkapital wird als ein Bestand an eigenfinanzierter allgemeiner Kaufkraft und Gewinn als ein Mehr an eigenfinanzierter allgemeiner Kaufkraft gesehen.

Das Geld dient bei einer solchen Auffassung des kaufmännischen Rechnungswesens nur als Generalnenner, als Wertmesser und Wertausdrucksmittel und wird keineswegs als Gegenstand der Rechnung selbst betrachtet.

Kaufleute haben als oberstes Ziel ihrer Tätigkeit stets das Schaffen von Mehr an Werten, von Mehr an allgemeiner Kaufkraft und nicht das Anhäufen von entwerteten und wertlosen Geldzeichen gesehen.

Es ist daher verständlich, daß nach Erkennen von inflatorischen Prozessen und deren verfälschenden Auswirkungen auf Buchhaltung und Jahresabschlußrechnung die Kaufleute nach Abhilfe suchten. Die Lösung dieses Problems kann nur in der Einrichtung einer Rechnung in kaufkraftstabilen Recheneinheiten gefunden werden, sei sie nun parallel zur nominellen Rechnung geführt oder sei sie als deren Ersatz gedacht. Selbst dann, wenn die offizielle, vom Gesetzgeber vorgeschriebene Rechenweise nach wie vor die nominelle sein sollte, mag es für viele Unternehmungen und Bilanzleser von großem Interesse sein, Zusatzinformationen über Jahreserfolg, Umsatz, aber auch über Bestände in kaufkraftstabilen Recheneinheiten zu erhalten. Wissenschaft und Praxis haben sich daher mit diesem Problem beschäftigt, Lösungen erarbeitet und praktiziert, obwohl man in der offiziellen Rechnung auf Grund der Rechtslage nach wie vor von der Fiktion Mark = Mark auszugehen hatte.

Die Folgen, die Geldwertänderungen (Geldwertverschlechterungen) für Buchhaltung und Jahresabschluß haben, sind nachstehend skizzierte:

1. In der Jahresaufwandsrechnung werden Aufwandspositionen in Währungseinheiten ganz verschiedener Kaufkraft addiert. Lohnaufwendungen (Aufwand jetzt, Ausgaben jetzt) und Abschreibungen (Aufwand jetzt, Ausgaben früher) etc. bilden die Jahresaufwandssumme.
2. In der Ertragsrechnung geschieht Analoges. Laufende Leistungseinnahmen (Ertrag jetzt, Einnahmen jetzt) werden mit Erträgen addiert, die schon früher Einnahmen waren (Leistungen mit vorangegangenen Kundenanzahlungen) oder dies erst später sein werden (Lieferungen auf Ziel).
3. Der zum großen Teil in Währungseinheiten höherer Kaufkraft vergangener Jahre nominell festgehaltene Aufwand (Abschreibungen!) wird mit dem großteils laufend inflationierten Erlös zum „Gewinn" (Verlust) saldiert.
4. Aus den unter Ziffer 1 bis 3 dargestellten Umständen ergibt sich das Problem des Scheingewinnes: Der nominell errechnete Gewinn ist in Zeiten chronischen Geldwertschwundes höher als der kaufkraftmäßig-reale Gewinn, weil die laufend erzielten Erlöse rascher inflationieren als die zu einem wesentlichen Teil nominell in Währungseinheiten höherer Kaufkraft festgehaltenen Aufwendungen.
5. Echte Geldwertgewinne auf Schulden und echte Geldwertverluste auf Aktiven mit fixem Nominale (Kassa, Bank, Forderungen etc.) werden nicht errechnet und nicht zum Ausweis gebracht.
6. Das Sachvermögen wird tendenziell zu gering bewertet ausgewiesen; je weiter der Anschaffungszeitpunkt zurückliegt, desto obsoleter sind die Wertansätze.
7. Das bilanzielle Eigenkapital als von zu niedrig bewertetem Vermögen und Fremdkapital errechneter Saldo wird in zu geringer Höhe ausgewiesen.

Die Folgen dieser Fehlinformationen werden oft Fehlinterpretationen der wirtschaftlichen Lage der Unternehmung und weiters Fehlentscheidungen sein. Des weiteren sind an den (falschen) Gewinnausweis Rechtsfolgen geknüpft (Besteuerung, Ausschüttungsanspruch), die die Existenz der Unternehmung gefährden können.

Das Problem, daß Geldwertveränderungen – erfahrungsgemäß immer Geldwertverschlechterungen – Buchhaltung und Jahresabschluß verzerren, wurde nach der großen Inflation, die als Folge des ersten Weltkrieges vor allem Deutschland und Österreich heimgesucht hat, den Kaufleuten und den Theoretikern des wirtschaftlichen Rechnungswesens bewußt. Allerdings haben auch schon früher einige Autoren diese Zusammenhänge erkannt.

Schon *Leuchs* sprach von einer „scheinbaren Erhöhung der Waaren", wenn „in einem Lande viel Papiergeld zu einem erzwungenen oder niedrigeren Kurs als der Nennwerth im Umlauf ist." [1822, S. 329]

Kempin weist schon 1910 [S. 56] darauf hin, daß das Geld „aus rechtlichen, wirtschaftlichen und technischen Gründen seinen Wert ändert und daß die Wertänderung des Geldes in der Hauptsache die Tendenz zur Wertminderung verfolgt." Weiters führt er aus: „Hundert Pfund Gold sind heute nicht mehr so viel wert, als das gleiche Quantum vor hundert Jahren wert war. Der Kapitalist hat daher das allergrößte Interesse daran, daß sein Kapital mit der allgemeinen Tendenz der Geldentwertung Schritt halte."

Irving Fisher hat schon 1911 in seinem Buch "Purchasing Power of Money" Scheingewinnberechnungen angestellt.

1919 wies *von Mises* auf das durch Geldwertverschlechterungen entstehende Problem der Scheingewinne hin. Er schrieb diesbezüglich folgendes: „Es wäre natürlich nicht möglich gewesen, diese Veränderungen in der offiziellen Zwecken dienenden Buchführung zu berücksichtigen; diese Buchführung mußte in der gesetzlichen Währung geführt werden. Wohl aber wäre es möglich gewesen, den Wirtschaftskalkül auf Grundlage einer Umrechnung der Bilanzen und der Gewinn- und Verlustrechnung auf Goldvaluta aufzubauen."

Sehr treffend hat *Schär* das aus der fehlenden Kaufkraftstabilität der Währungseinheit und damit offiziellen Recheneinheit resultierende Problem wie folgt charakterisiert [1922, S. 434]: „Goldmark und Papiermark stehen also in der Bilanz als gleichbenannte Posten untereinander und müssen zusammengezählt werden. Es ist dies ein ebenso großer Fehler, wie wenn man vorkriegszeitlich deutsche Reichsmark und nordamerikanische Dollars in der Bilanz als gleichwertige Einheiten addiert hätte." Etwas später schreibt er [S. 438]: „Ein und dieselbe Warenmenge, die von Deutschland nach England überführt wird, wiegt dort 220 Pfund, hier 100 kg, weil die Gewichtsmaße Kilogramm und englisches Pfund sich verhalten wie 11 : 5. Nur ein Idiot könnte daraus schließen, er habe 120 Gewichtseinheiten gewonnen."

Sowohl für Volkswirte wie auch für Betriebswirte ist es meist eine sehr klare Sache, daß weder Unternehmungen noch Einzelpersonen ein Mehr an wertlosen Geldzeichen, sondern nur ein Mehr an allgemeiner Kaufkraft anstreben. Als Belege dafür seien Keynes und Borkowsky zitiert. *Keynes* schreibt [1930, S. 53]: "A man does not value money for its own sake but for its Purchasing Power – that is to say, for what it will buy. Therefore, his demand is not for units of money as such but for units of purchasing power. Since, however, there is no means of holding general purchasing power except in the form of money, his demand for purchasing power translates itself into a demand for an 'equivalent' quantity of money."

Borkowsky [1946, S. 117] betont, „daß die Unternehmung nicht einen Überschuß an Geldeinheiten erstrebt, sondern Vermehrung ihres Kapitals im Sinne von Kaufkraft, Verfügungsmacht auf dem Markte", und setzt dann fort: „Eine wirtschaftlich, nicht nur arithmetisch richtige Erfolgsrechnung muß ihr zeigen, wie weit sie sich diesem Ziele genähert hat. Solange das staatliche Geld diese Kaufkraft verkörpert, wird die Unternehmung in ihm rechnen." Etwas später [S. 118] schreibt er: „Die Unternehmung benötigt unbedingt eine Rechnung über ihren wirtschaftlich relevanten Erfolg. Sie wird daher unter allen Umständen eine solche ausbilden, weil sie sonst gar nicht wissen kann, ob sie ihren Zweck, möglichst hohe Gewinne (an Kaufkraft, nicht an wirtschaftlich wertlosen staatlichen Geldeinheiten) zu erzielen (bzw. unvermeidliche Verluste möglichst niedrig zu halten), erreicht."

Schließlich sei noch *Schmalenbach* zu diesem Problem zitiert [1921, S. 12]: „Der aus der Geldentwertung entspringende Scheingewinn stellt seiner Natur nach einen Messungsfehler dar, der auf der Anwendung eines veränderlichen Maßstabes beruht."

Weitere Autoren, denen das Problem des Meßfehlers in Zeiten sinkender Kaufkraft der Währungs- und damit Recheneinheit bewußt war, die die Lösung des Problems in einer Korrektur der Recheneinheit (und nicht der Preise) sahen bzw. die den Gewinn kaufkraftmäßig-real definieren, sind u.a.: *Osbahr* [1923, S. 58], *Sewering* [1925, S. 28 und S. 66], *Isaac* [1930, S. 165], *Pape* [1933, S. 58], *Lorentz* [1933, S. 66], *Münstermann* [1963, S. 67], *Seicht* [1968], *Sweeney* [1936, insbes. S. 4 und S. 7], *Corbin* [1962, insbes. S. 631 und 1963, insbes. S. 743], *Cowan* [1965, insbes. S. 16ff.].

Für eine Geldwertkorrektur in Buchhaltung und Jahresabschlußrechnung muß eintreten, wer in diesen Instrumenten über geldkapitalistische Rechnungen verfügen will und wer in den Unternehmungen und in der arbeitsteiligen geldkapitalistisch organisierten Verkehrswirtschaft keinen Selbstzweck, sondern vor allem die Mittel zur Schaffung von Einkommen sieht.

In der Geldwertkorrektur und nicht in der Preiskorrektur kann dann nur die Lösung des Problems der „Inflations-Bilanzierung" liegen. Die Recheneinheit ist in ihrem inneren Wert zu stabilisieren, oder sie ist laufend wiederkehrend neu festzulegen und zu eichen.

Eine „Stabilisierung" liegt vor, wenn man alle getätigten Geschäftsfälle in Währungseinheiten der Kaufkraft eines zurückliegenden Zeitpunktes umrechnet. Der aktuelle Anschaffungswert ist daher mit dem Indexstand vom zurückliegenden Bezugszeitpunkt zu multiplizieren und durch den aktuellen Indexstand zu dividieren. Die Anwendung einer derartigen *Deflationierungstechnik* hätte folgende Vorteile:

1. Die Umrechnung der Geschäftsfälle könnte laufend erfolgen, da an jedem Tag der aktuelle Indexstand bekannt ist.
2. Aufeinanderfolgende Jahresabschlüsse sind miteinander vergleichbar, wenn sie in Recheneinheiten desselben inneren Wertes erstellt worden sind.
3. Das steuerliche Problem der „kalten Progression" tritt nicht auf, da die Jahresgewinne in stabilisierten Recheneinheiten errechnet und ausgewiesen werden.

Eine Neueichung der Recheneinheit liegt vor, wenn man jeweils auf den aktuellen Bilanzstichtag bezogen die in der Bilanz enthaltenen Reste historischer Anschaffungsausgaben *inflationiert* und das gleiche in der Aufwandsbewertung macht. Der Vorteil einer Anwendung der Inflationierungstechnik ist bescheiden. Er liegt darin, daß man sich unter der angewandten Recheneinheit des jeweils jüngsten Bilanzstichtages sehr wohl etwas vorstellen kann, weil diese Recheneinheit ja der Währungseinheit aktueller Kaufkraft entspricht, mit der man jeweils gerade zu leben hat.

Die Nachteile der Inflationierungstechnik sind beachtlich:

1. Die Geschäftsfälle des Jahres können frühestens am Ende des Geschäftsjahres umgerechnet werden, da während des Geschäftsjahres ja der Indexstand per Jahresende noch nicht bekannt sein kann.
2. Die Ergebnisse der nach der Inflationierungstechnik erstellten Jahresabschlüsse sind untereinander nicht vergleichbar, weil ja die in den einzelnen Jahresabschlüssen angewandten Recheneinheiten unterschiedlichen inneren Wert haben.
3. Trotz Scheingewinneliminierung wirkt die „kalte Progression“, da ja die – scheingewinnbereinigten – realen Jahresgewinne jedes Jahr in Währungseinheiten schlechterer Kaufkraft errechnet und ausgewiesen werden.

Trotz des Überwiegens der Vorteile einer Deflationierungstechnik ist realistischerweise nicht damit zu rechnen, daß sie jemals zur offiziell zulässig erklärten Methode werden wird. Bestenfalls darf der Optimist damit rechnen, daß die staatlichen Autoritäten bzw. der Handels- und Steuergesetzgeber einmal die Zulässigkeit der Inflationierungstechnik dekretieren oder vielleicht sogar ihre Anwendung vorschreiben werden.

Die bisherigen Überlegungen zur „realen“ Eigenkapitaldefinition zusammenfassend, kann folgendes festgehalten werden: In Zeiten permanenter Geldwertverschlechterung, also in Zeiten laufend sinkender allgemeiner Kaufkraft des Geldes, werden bei nomineller Rechnung die in der Zeit stattfindenden Geschäftsfälle in Währungseinheiten laufend verringerter Kaufkraft abgeschlossen und buchmäßig festgehalten. Daraus resultiert, daß die Anschaffungspreise zu verschiedenen Zeitpunkten angeschaffter Vermögensgegenstände ökonomisch nicht mehr sinnvoll addierbar sind. Daraus folgt weiters, daß Aufwendungen, als periodisierte Ausgaben, ebenfalls nicht mehr sinnvoll addiert werden können, und schließlich und vor allem wird die Jahreserfolgsermittlung als Saldierung von Jahresertragssumme und Jahresaufwandssumme problematisch bis völlig unbrauchbar, da die positive Erfolgskomponente „Erträge“ dem geldmäßigen Schicksal viel näher liegt als die negative Erfolgskomponente „Aufwendungen“ (Abschreibungen!), weshalb nominell immer mehr inflationierte Erträge einem Aufwand gegenübergestellt werden, der nominell mit historischen Anschaffungspreisen in Währungseinheiten viel höherer Kaufkraft festgeschrieben ist.

Die Lösung des Problems der Verzerrung und Verfälschung von Buchhaltung und Jahresabschluß durch die permanente Geldwertverschlechterung kann daher nur in einer Geldwertkorrektur und nicht in einer Preiskorrektur liegen. Eine realistische Lösung wird in der Anwendung einer Variante der Inflationierungstechnik gesehen, da die theoretisch empfehlenswertere Deflationierungstechnik wohl kaum je eine Chance auf Akzeptanz durch den Gesetzgeber haben wird.

Die Maßnahmen, die man im Rahmen der Inflationierungstechnik bzw. der Deflationierungstechnik anwenden kann, sind von unterschiedlicher Genauigkeit und Aufwendigkeit. Auch gibt es verschiedene Antworten auf die Frage nach dem „richtigen“ Index. Mögliche Maßnahmen und anwendbare Indizes seien nachfolgend kurz dargelegt.

Die aufwendigste Vorgangsweise wäre, alle Geschäftsfälle in geldwertstabile Recheneinheiten umzurechnen und in einer eigenen Buchhaltung zu verbuchen. Wäre dies nur eine privatime Rechnung, so müßte sie zusätzlich zur offiziellen, in nominellen Währungseinheiten geführten Buchhaltung betrieben werden. *Sträter* hat eine kombinierte „Papierwert- und Sachwertbuchhaltung“ vorgeschlagen [1923].

Mahlberg [1923] hat empfohlen, eine Buchhaltung in wertstabiler Goldmark zu führen, somit jeden Geschäftsfall nach Maßgabe des jeweils herrschenden Goldpreises auf einen gemeinsamen Bezugszeitpunkt zu deflationieren und die Geschäftsfälle in dieser fiktiven Goldmark zu verbuchen.

Schmalenbach hingegen riet, die Geschäftsfälle des Jahres nach Beendigung des Jahres mittels Anwendung des Großhandelsindex auf den Wert der Papiermark am Bilanzstichtag zu inflationieren.

Eine vereinfachte Methode wäre, nicht die einzelnen Geschäftsfälle, sondern die Monatsumsätze durch Inflationierung oder Deflationierung mittels eines gewogenen Monatsindex in gleichartige Recheneinheiten umzurechnen. *Schmalenbach* hat auf diese Möglichkeit hingewiesen [1931, S. 238ff.], und auch *Sweeney* [1936] will in derartiger Weise vorgehen.

Eine weitere Vereinfachung der Korrekturmaßnahmen wird erreicht, wenn man überhaupt auf Umsatz- und Aufwandskorrekturen verzichtet und sich mit einer Korrektur und Vergleichbarmachung der Bilanzbestände begnügt.

Schär lehnt die mühevolle Arbeit einer Umrechnung aller Geschäftsfälle als zu mühsam und gar nicht erforderlich ab und schlägt vor, die am Bilanzstichtag vorhandenen Bestände nach dem gemeinen Wert bzw. nach dem „Marktwert am Bilanzstichtag“ zu schätzen und diese Endbestände mittels Anwendung der Indextechnik auf die zu Beginn des Jahres herrschende Kaufkraft zu deflationieren. Die Differenz, die man zwischen Papiermarkschlußbilanz und deflationierter Schlußbilanz errechnet, sei der „Scheingewinn“, der vom nominellen Gewinn abgezogen und auf einen Geldwert-Ausgleichsfonds zu buchen sei [1922, S. 444f.].

Die einfachste, objektivste, rechnungstheoretisch fundierteste Methode wäre allerdings, die Korrektur (sei es Inflationierung, sei es Deflationierung) nicht am Vermögen, sondern am Eigenkapital „aufzuhängen“ [*Seicht,* 1968, 1970a, 1981a; *Andersen,* 1978].

Von allen dargebotenen Möglichkeiten scheint die Methode der Inflationierung des Anfangseigenkapitals mit der allgemeinen Inflationsrate des jeweiligen Abschlußjahres die mit Abstand empfehlenswerteste und aussichtsreichste zu sein. Die meisten Argumente sprechen dafür, nämlich

- leichte Verständlichkeit
- einfache Berechenbarkeit
- geringster Buchungsaufwand
- größte Objektivität
- Verzicht auf Parallelrechnungen
- Integration in die Buchhaltung
- Beibehaltung der konventionellen pagatorischen Rechnung
- gerechteste Form der Scheingewinneutralisierung

Auf diese Methode soll daher nachfolgend noch näher eingegangen werden.

Die wichtigsten Vorteile sind schon aufgezählt worden. Als Nachteil könnte gelten, daß die Scheingewinnkorrektur des einzelnen Jahres dann nicht ganz richtig erfolgt, wenn nennenswerte Teile des Eigenkapitals im (nominell festgehaltenen) nichtabnutzbaren Anlagevermögen investiert sind, dessen Nutzung ja zu keiner Aufwandsverbuchung führt, womit sich auch eine anteilige pauschale Aufwandskorrektur erübrigen würde. In diesem Fall wäre eine anteilige Aufwandskorrektur erst im Falle der Veräußerung dieser Anlagevermögenswerte vorzunehmen. Die Lösung dieses Problems kann einerseits im Hinweis gesehen werden, daß sich über mehrere Perioden betrachtet diese Ungenauigkeiten gegenseitig kompensieren (spätestens bei der Liquidationsgewinnbesteuerung), und andererseits könnte man den in der einzelnen Periode nicht periodengerechten Anteil dieser pauschalen Aufwandskorrektur erfolgswirksam gegen das Konto dieses in Rede stehenden nichtabnutzbaren Anlagevermögens umbuchen (z.B. „Grundstück-Wertergänzung an Gewinn- und Verlustrechnung").

Unterstellt man, daß das gesamte Sachvermögen gleichmäßig verteilt im Umsatzprozeß zum Verbrauch wird (somit kein nichtabnutzbares Anlagevermögen vorhanden sei) und im Finanzvermögen keine Beteiligungen enthalten sind, so lassen sich folgende drei Modelle konstruieren und analysieren:

Modell I:

Bilanz

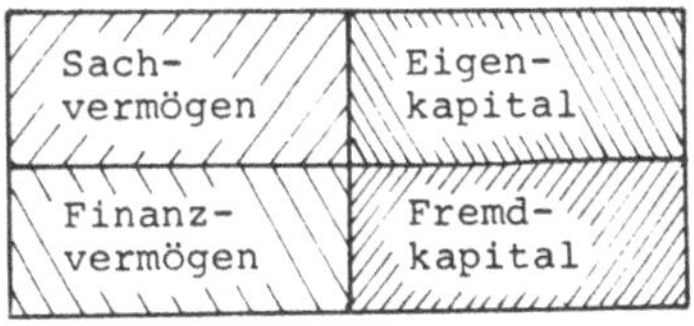

Sachvermögen = Eigenkapital

Geht man nun davon aus, daß sich die Inflationsgewinne beim Fremdkapital und die Inflationsverluste beim Finanzvermögen (Modell I) gegenseitig völlig kompensieren, so leuchtet ein, daß die jährliche aufwandswirksame Dotierung einer Eigenkapitalerhaltungsrücklage zur richtigen Korrektur der Aufwandsseite der Gewinn- und Verlustrechnung führt, da nur in dem Ausmaß ein Scheingewinn vorliegen kann, als der Aufwand mit Eigenkapital finanziert ist.

Modell II:

Bilanz

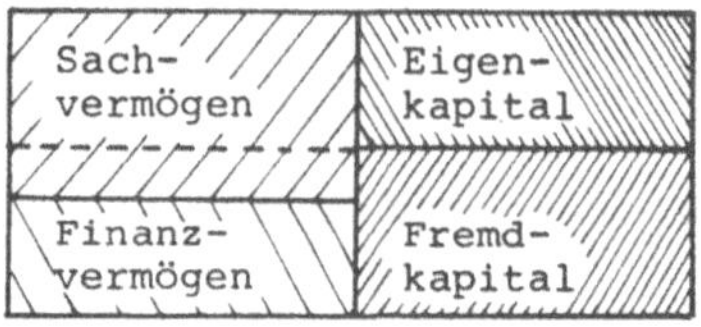

Sachvermögen > Eigenkapital

Modell III:

Bilanz

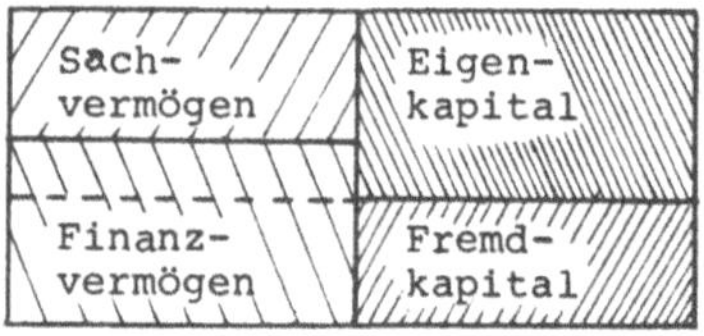

Sachvermögen < Eigenkapital

Betrachtet man Modell II, so könnte man zur Meinung gelangen, daß die jährliche Dotierung einer Eigenkapitalerhaltungsrücklage nicht ausreicht, um die konventionelle pagatorische Erfolgsrechnung hinreichend zu korrigieren. Diese Ansicht ist grundsätzlich verständlich, doch ist ihr entgegenzuhalten, daß im Ausmaß der zu geringen Aufwandskorrektur echte Inflationsgewinne (Geldwertgewinne) per Saldo in der finanziellen Sphäre erzielt werden, die in der Ertragsseite der Gewinn- und Verlustrechnung ja nicht zum Ausweis kommen. (Die Geldwertgewinne bei den Schulden übersteigen die Geldwertverluste beim Finanzvermögen.)

Schließlich wäre zu Modell III zu bemerken, daß die Aufwandskorrektur durch jährliche aufwandswirksame Dotierung einer Eigenkapitalerhaltungsrücklage auf den ersten Blick zu groß erscheint. Doch auch in diesem Falle ist diese Korrekturmaßnahme korrekt und logisch schlüssig, da der Teil des so errechneten Aufwandskorrekturbetrages, der anteilig nicht mehr auf das Sachvermögen, sondern auf das (nominelle) Finanzvermögen entfällt, genau jenem inflationsbedingten Geldwertverlust entspricht, um den die inflationsbedingten Geldwertgewinne bei den Schulden hinter den Geldwertverlusten beim Finanzvermögen zurückbleiben.

Sollte man sich für die oben geschilderte Methode der Eigenkapitalinflationierung entscheiden, so wäre (1) zu definieren, was man alles unter dem „bilanziellen Eigenkapital“ zu subsumieren hat, (2) eine Neubewertung des Vermögens für die erste Rechenperiode und eine entsprechende Kapitalumstellung vorzunehmen und (3) festzulegen, aus welchem offiziellen Index in Zukunft jährlich der Eigenkapitalumrechnungsfaktor zu ermitteln sein wird.

Der zur Geldwertkorrektur heranzuziehende Index sollte der „Generalindex“ sein, der sämtliche Güterpreise und ihre Entwicklung berücksichtigt.

Da es diesen Index nicht gibt, sollte man nach brauchbarem Ersatz suchen. Weil man die Alternative zum Investieren im Konsumieren sieht, wird häufig die Anwendung des Lebenshaltungskostenindex empfohlen [*Haase*, S. 297; *Andersen*, 1978, S. 7]. Auch der Deflator des Brutto-Sozialproduktes wird zur Anwendung vorgeschlagen [*Andersen*, 1974, S. 4].

Die Idee der Inflationierung des Anfangseigenkapitals und der Ermittlung des realen Gewinnes durch Vergleich des Reinvermögens vom Anfang und vom Ende des Jahres auf geldwertparitätischer Grundlage wurde auch von der österreichischen Steuerreformkommission aufgegriffen und in ihren Bericht aufgenommen [*Helige*, S. 216ff.].

Abschließend sei noch darauf hingewiesen, daß der Scheingewinn ein Problem des Eigenkapitals ist und daher nur im Zusammenhang mit eigenfinanziertem Aufwand auftreten kann; daß das Scheingewinnproblem ein spezifisches Problem der Gewinnermittlung durch Reinvermögensvergleich bzw. durch Aufwands- und Ertragsrechnung, nicht jedoch der Einnahmen-Ausgaben-Überschußrechnung ist; daß das Problem des Scheingewinnes vom Problem der „kalten Progression" verschieden ist und mit diesem nur die Ursache gemeinsam hat; und daß bei gleicher Inflationsrate, gleichem nominellen Gewinn und gleichem Steuersatz für gleiche nominelle Gewinne die materiellen Konsequenzen der Scheingewinnbesteuerung von Unternehmung zu Unternehmung infolge unterschiedlicher Eigenkapitalumschlagshäufigkeiten und Reingewinnaufschlagsraten ganz verschieden sein können [*Seicht*, 1978, S. 63ff.].

5.2.5.4.4 Substantielle Eigenkapitaldefinition

Die substantielle (materielle) Definition des Eigenkapitals umschreibt das bilanzielle Eigenkapital *gütermäßig*. Nicht ein bestimmter Stock an eigenfinanzierter Kaufkraft, sondern ein bestimmter Bestand an eigenfinanzierten Gütern wird als Eigenkapital angesehen. Gewinn (Verlust) ist daher nicht ein Mehr (Weniger) an eigenfinanzierter allgemeiner Kaufkraft, sondern ein Mehr (Weniger) an eigenfinanzierten Gütern. „Reale" (kaufkraftmäßige) und „substantielle" (materielle, gütermäßige) Definition des Eigenkapitals sind grundverschieden. Die reale Definition des Eigenkapitals ist eine geldwirtschaftliche, die substantielle Eigenkapitaldefinition ist eine *güterwirtschaftliche*.

Bei realer Definition des Eigenkapitals und damit des Gewinnes bleiben Buchhaltung und Abschlußrechnung eine geldkapitalistische Rechnung; bei substantieller Definition des Eigenkapitals und damit des Erfolges werden Buchhaltung und Abschlußrechnung zu einer verkappten güterwirtschaftlichen Rechnung, die nur versucht, sich des Geldes als Recheneinheit zu bedienen.

Die Entwicklung der allgemeinen Kaufkraft des Geldes und die Entwicklung der Preise der unternehmungstypischen Güter müssen nicht parallel verlaufen. Branchenkonjunkturen, Nachfrage- und Angebotsschwankungen, neue Erfindungen, Technologien, Produkte, Modetrends etc. können dazu führen, daß es Preisänderungen nach oben und nach unten gibt, die keineswegs in Übereinstimmung mit der allgemeinen Geldwertentwicklung verlaufen.

Wer das Eigenkapital und den Gewinn nicht real-kaufkraftmäßig, sondern substantiell-gütermäßig definiert, will in seinem Rechnungswesen nicht eine Geldwertkorrektur, sondern eine Korrektur der Preise vornehmen. Nicht die Stabilisierung oder Neueichung der Recheneinheit, sondern das Eliminieren von Preisdifferenzen ist das Ziel einer Rechnung, die Eigenkapital und Gewinn substantiell definiert.

Reale und substantielle Rechnung können zu ähnlichen oder gar identischen Ergebnissen führen, wenn allgemeiner Geldwertschwund und das Ansteigen der Preise betriebstypischer Güter synchron verlaufen. Und trotzdem ist der rechnungstheoretische Unterschied ein fundamentaler. Dies wird häufig übersehen, und man meint, nur zwei Varianten derselben Zielsetzung und Rechnung vor sich zu haben. So glaubt z.B. *Loitlsberger*, daß sich die reale und die substantielle Rechnung „lediglich in der Art und Weise der Neutralisierung dieser als ‚Scheingewinne' bezeichneten nominellen Kapitalüberschüsse" unterscheiden [1964, S. 162].

Fritz Schmidt [1921, 1922, 1929 bzw. 1951] gilt mit seiner „organischen" Bilanz und Erfolgsrechnung als Hauptvertreter einer Richtung, die das Eigenkapital und den Erfolg güterwirtschaftlich definiert und aus diesem Grund eine Bewertung von Bilanzbeständen und Aufwand zu aktuellen Wiederbeschaffungspreisen verlangt.

Wichtige Vorläufer dieser Konzeption waren *Kovero* [1912] mit seinen Vorschlägen, „verursachte" und „realisierte" Erfolge getrennt zu berechnen und auszuweisen, sowie *Fäs* [1913] mit seinen Forderungen nach einer Bewertung mit Wiederbeschaffungspreisen und Vornahme einer Erfolgsspaltung.

Schmidt will mit seiner „organischen" Rechnungsweise sowohl eine richtige Vermögensrechnung wie auch eine richtige Erfolgsrechnung durch Anwendung des Wiederbeschaffungspreisprinzips erreichen. „Es ist der Gesichtspunkt der Verbindung von richtiger Vermögensrechnung mit richtiger Erfolgsrechnung im Rahmen des Organismus der Gesamtwirtschaft. Kurz, es ist, wenn man einen kennzeichnenden Namen anwenden will: Die organische Bilanzauffassung." [*Schmidt*, 1951, S. 86]

Wertänderungen am ruhenden Vermögen sind für Schmidt kein (volkswirtschaftlicher!) Gewinn (Einkommen). Betriebswirtschaftlichen Gewinn will Schmidt nur errechnen, wenn ein Mehr an eigenfinanzierten Gütern entstanden ist.

Schmidt führt über Grundlage und Zielsetzung seiner Theorie z.B. aus [1951, S. 76f.]: „Die Produktionswertbilanz oder Tageswertbilanz geht von der Grundanschauung aus, daß das Vermögen eines Volkes und einer Unternehmung nicht in erster Linie in Geld, sondern in Gütern besteht. Sie versucht deshalb auch, die Schäden zu vermeiden, die für die Wirtschaftsrechnung aus der Annahme, alles Vermögen sei Geld, entstehen. Wir werden noch nachzuweisen haben, daß die meisten Fehler der üblichen Bilanzanschauungen aus dieser einseitigen Betrachtung der Rechnung vom Geldstandpunkt aus entstehen."

Schmidt sah in der kaufmännischen Buchhaltung, Bilanz und Erfolgsrechnung offenbar ein Segment einer volkswirtschaftlichen Gesamtrechnung und nicht ein Instrument des Kaufmannes. Gewinn des einzelnen Unternehmens wollte er nur im volkswirtschaftlichen Mehrwert sehen! Nachfolgendes Zitat belegt dies in trefflicher Weise [*Schmidt,* 1951, S. 307]: „Die theoretischen Grundlagen der Tageswertbilanz sind die Kreislauftheorie, die Verkehrsgleichung und die Marktgesetze. Man müßte diese widerlegen oder einen Irrtum in der Ableitung der Grundsätze nachweisen, wenn anerkannt werden sollte, daß Wertänderungen am ruhenden Vermögen Einkommen sein können. Dem widerspricht schon die einfache Terminologie, denn was Vermögen in seiner jeweiligen Gestalt ist, kann nicht Ertrag dieses Vermögens sein. Der Vermögenswert aber, bezogen auf die jeweils vorhandenen Vermögensteile, ist unlösbar mit dem Vermögen selbst verbunden, ja nur ein anderer Ausdruck für die realen Teile."

Schmidt sieht den „spekulativen" Umsatz in der Verkehrsgleichung „Geld-Ware-Mehrgeld" manifestiert, während für Handel und Industrie die Formel „Ware-Geld-Mehrware" gelte [1951, S. 56].

Die (volkswirtschaftliche) Begründung für die Anwendung des Wiederbeschaffungspreisprinzips gibt *Schmidt* wie folgt [1951, S. 144]: „Deshalb entspricht auch aus diesem Grunde die Kalkulation zum Ersatzkostenwert des Verkaufstages am besten den gesamtwirtschaftlichen Anforderungen, denn sie verschiebt die Werte der Umsatz- wie der Geldsphäre *proportional* und paßt sich damit am sichersten der natürlichen Einkommensverteilung an."

Schmidt ist der Unterschied zwischen allgemeiner Geldwertverschlechterung (Inflation) und Steigerung einzelner Güterpreise durchaus bewußt. Nicht Geldwertkorrektur, sondern ein Rechnen in Gütern ist sein Ziel; nicht in der Anwendung von Indizes, sondern im Rechnen mit aktuellen Wiederbeschaffungspreisen sieht er die Lösung des Problems. Die Inflation habe die Notwendigkeit einer „organischen" Rechnungsweise nur besonders deutlich gemacht.

Er schreibt z.B. [1951, S. 76]: „Was aus diesem Anlasse für die Behandlung von Wertänderungen in der Bilanz als richtig und wichtig erkannt wurde, muß naturgemäß auch für die Wertschwankungen Geltung haben, die in Zeiten sogenannter stabiler Währung ebenfalls, wenn auch in geringerem Ausmaße vorkommen."

Nach Schmidts Konzept, den Aufwand mit Wiederbeschaffungspreisen zu bewerten, ergibt sich der Gewinn als Differenz zwischen Verkaufserlös und fiktivem Wiederbeschaffungspreis am Umsatztag.

Der Betrag, der sich als Unterschied zwischen Wiederbeschaffungspreis am Umsatztag und historischen Anschaffungsausgaben errechnet, stellt nach Schmidt erfolgsneutrale Vermögenswertänderung (Scheingewinn) dar und ist gegen Eigenkapitalkonto oder gegen ein Eigenkapitalergänzungskonto zu buchen, für das Schmidt abwechselnd verschiedene Bezeichnungen („Vermögenswertkonto", „Wertänderungskonto", „Wertberichtigungskonto", „Konto für

Änderungen des Vermögenswertes", „Konto für Vermögenswertänderungen") verwendet.

Auch die sich aus der Bilanzbewertung zu (fiktiven) Wiederbeschaffungspreisen am Bilanzstichtag zwischen historischen Anschaffungswerten (Buchwerten) und Wiederbeschaffungspreisen am Bilanzstichtag ergebenden Umwertungsdifferenzen sind nach Schmidt in das Vermögenswertänderungskonto einzustellen, in dem sich somit – nicht getrennt – Vermögenswertänderungen befinden, die durch Umsatz schon realisiert sind (ex Aufwandsumwertung), und solche, die noch nicht realisiert sind (ex kumulierten Umwertungen der am Bilanzstichtag noch vorhandenen Bestände).

Der Vorwurf, der Schmidt aus der Nichttrennung von realisierten und nicht realisierten Vermögenswertänderungen gemacht wurde (Schmalenbach, Edwards und Bell), geht am Anliegen Schmidts vorbei, denn für Schmidt sind Vermögenswertänderungen, seien sie schon durch Umsatz „realisiert" oder nicht realisiert, kein wie immer gearteter Gewinn!

Schmidts Gewinnvorstellung entspricht der quellentheoretischen Erklärung des Einkommens und nicht der reinvermögenszugangstheoretischen, wie sie eigentlich einer bilanzmäßigen Erfolgsermittlung adäquat wäre, ja immanent ist. *Schmidt* schreibt z.B. [1951, S. 365]: „Der organische Gewinn entspricht also in idealem Maße der Quellentheorie. . . . Wenn man davon ausgeht, daß alles Einkommen in der gesamten Wirtschaft nur aus Arbeit und Kapitalnutzung fließen kann, so kann auch Quelle nur Arbeit und Kapital sein. Dann ist Einkommen jedes Entgelt, das dem einzelnen für die Nutzung von realem Vermögen oder von Arbeit zufließt." Oder [1951, S. 55]: „Berechtigt ist aber nach der Quellentheorie nur die Einbeziehung der realen mengenmäßigen Vermehrung des Vermögens in das Einkommen, nicht die wertmäßige." Und im Aufsatz „Ist Wertänderung am ruhenden Vermögen Gewinn oder Verlust?" führt *Schmidt* aus [1928, S. 2]: „Die Tageswertbilanz verneint unsere im Titel gestellte Frage ganz entschieden", um etwas später [S. 3] fortzufahren: „Alle meine genannten Arbeiten sind ein Versuch, den Gewinncharakter der Wertänderungen am ruhenden Vermögen aus theoretischen und praktischen Gründen zu verneinen."

Schmidts Ziel der richtigen Vermögensermittlung (Bilanz) dient der richtigen Gewinnermittlung, um damit zu einzelwirtschaftlich richtigen Entscheidungen zu führen, die wieder im Interesse des volkswirtschaftlichen Zieles der Stabilisierung der Industriekonjunktur wichtig sind.

Durch Erfolgsrechnungen auf nomineller Basis würden in Aufschwungsphasen die Gewinne zu hoch und in Abschwungsphasen die Gewinne zu niedrig bzw. die Verluste zu groß gerechnet. Dies führe zu prozyklischem Verhalten der Unternehmungen, womit die Industriekonjunktur zum volkswirtschaftlichen Schaden extrem verstärkt würde. In seiner Arbeit „Die Industriekonjunktur – Ein Rechenfehler!" [1927] versucht *Schmidt* darzutun, daß ein einzelwirtschaftliches Rechnen nach seiner „organischen" Theorie zu einer Stabilisierung der Industriekonjunktur führen würde. Schmidts Ideen einer einzelwirtschaftlichen Begründung der Konjunkturzyklen finden sich bei *Baxter* [1955] wieder.

Außer Schmidt vertreten noch zahlreiche andere Autoren eine substantielle Definition des Eigenkapitals. Zu nennen sind von den älteren Autoren vor allem *Geldmacher* [1920 und 1923], *Prion* [1921 und 1922], *E. Walb* [1921], *Schär* [1922], *Schwinger* [1927], *Scholz* [1927] und von den neueren Autoren *Hax* [1957], *Feuerbaum* [1966] und *Schneider* [1968 und 1972]. Auch in der neueren englischen und US-amerikanischen Literatur finden sich zahlreiche Vertreter der Konzeption einer substantiellen Eigenkapital- und Gewinndefinition sowie einer Bewertung mit Wiederbeschaffungspreisen.

Geldmacher will die Aufwandsbewertung gleich Schmidt mit Wiederbeschaffungspreisen des Umsatztages vornehmen; in der Bilanz selbst will er jedoch bei einer Bewertung zu Anschaffungspreisen bleiben. Die Differenzen zwischen Anschaffungswerten und Wiederbeschaffungswerten des Aufwandes sollten einem Konjunkturkonto (Erneuerungskonto) gutgeschrieben werden [1923, S. 54].

Prion schrieb in seiner Arbeit „Die Finanzpolitik der Unternehmung im Zeichen der Scheingewinne" in etwas mißglückter Formulierung [1922, S. 83]: „Scheingewinne liegen also dann vor, wenn die bilanzmäßig errechneten Gewinne nicht ausreichen, um die ursprüngliche Ausstattung eines Betriebes mit dem erforderlichen Sachkapital sicherzustellen."

E. Walb hat sich in seiner Antrittsvorlesung „Das Problem der Scheingewinne" ebenfalls zu einem rein güterwirtschaftlichen Eigenkapital- und Gewinnbegriff bekannt [1921, S. 14]: „Es kann also für den wirtschaftlich Denkenden, wenn nur die Wahl zwischen nomineller und materieller Kapitalerhaltung verbleibt, einzig die letztere im Grundsatz in Betracht kommen. Materielle Kapitalerhaltung und Verrechnung der Wiederbeschaffungskosten werden damit zum Ausgangspunkt der praktischen Gewinnermittlung." Trotzdem hat sich E. Walb später zur realen Definition des Eigenkapitals und des Gewinnes bekannt, um sich schließlich der nominellen Auffassung zuzuneigen.

Schär äußert sich zum gegenständlichen Problem wie folgt [1922, S. 462]: „Das Kriterium für Feststellung des Gewinns oder Verlustes an dem Warenumsatz liegt in der Beantwortung der Frage: ‚Wie groß ist der Überschuß oder der Fehlbetrag des Verkaufspreises im Vergleich zu den Wiederbeschaffungskosten der Verkaufsgegenstände zu den derzeitigen Marktpreisen?' "

Schwinger führt aus [1927, S. 291]: „Von einem Gewinn am ruhenden Vermögen zu sprechen, ist Widersinn. Man bucht die beschriebenen Wertänderungen auf Wertänderungskonto, wie es schon Schmidt tut. Das Verlust- und Gewinnkonto hat damit nichts zu tun." Interessant an Schwingers Darlegungen ist aber vor allem sein Vorschlag, zwischen „Wertänderung" gemäß Indexsteigerung und darüber hinausgehendem „Wertzuwachs" zu unterscheiden [S. 296].

Scholz weist in seinem Aufsatz „Scheingewinne und Scheinverluste bei stabiler Währung" auf das neu aufgetretene Problem der „Scheinverluste" hin. Er schreibt [1927, S. 772]: „Besonders das Problem des Scheinverlustes ist unter dem Einfluß ständig fallender Preise jetzt stark in den Vordergrund getreten.“

Schneider meint in Unkenntnis oder Negierung der zahlreichen Literaturmeinungen, die sich für eine Geldwertkorrektur und gegen ein Rechnen mit Wiederbeschaffungspreisen aussprechen [1972, S. 185]: „Das Ergebnis der Substanzerhaltungsdiskussion war bisher: Allgemeine Geldwertänderungen haben nichts mit der Gewinnermittlung zu tun. Dem habe ich mich angeschlossen.“ Dies verwundert auch deshalb etwas, weil Schneider im Jahresabschluß eine *Geld*rechnung sieht, in der nur die *finanziellen* Ziele einer Unternehmung gemessen werden könnten [1968, S. 3].

Als ein markanter amerikanischer Vertreter einer substantiellen Definition von Eigenkapital und Gewinn sowie einer Bewertung mit Wiederbeschaffungspreisen wäre *Tracy* mit seinem Aufsatz "A Dissent to the General Price-Level Adjustment Proposal“ [1965] zu nennen. Über den Zweck seiner Studie führt er aus [S. 163]: "This paper is an attempt to discredit the general price-level adjustment proposal on theoretical grounds. It is argued below that general price-level adjustments are inconsistent with the nature of the business enterprise and the function of financial statements of the business enterprise.“

Auch *Rosen* vertritt eine materielle Eigenkapitaldefinition, die schon Züge einer Forderung nach leistungsäquivalenter Eigenkapitalerhaltung annimmt. In seinem Aufsatz über "Replacement-Value Accounting“ schreibt er [1967, S. 107]: "Replacement value theory, therefore, is then a particular measurement concept employed in ascertaining what constitutes the maintenance of capital for the entire entity. Income is the residual that exists after capital is maintained in that sense dictated by this special measurement concept. In some cases it is possible that the capital to be maintained is measured in terms of current replacement costs. However, the unique quality of this theory lies in its use of capital value measurements pertaining to those 'economically efficient' assets which the entity had contracted to acquire, but is not presently using. Historical cost accounting and the general or specific price-level adjustments to it are 'restricted' in the amount of their charges against revenue to the historical or price-level adjusted historical costs of those assets which the entity presently holds. Hence, the measurement concept employed to maintain capital is in this historical or adjusted-historical sense.“

Mathews schlägt 1965 vor, zuerst mit den jeweils herrschenden Wiederbeschaffungspreisen zu bewerten und dann erst auf die so ermittelten Zahlen eine Geldwertkorrektur anzuwenden. Er führt aus [S. 138]: "The measurement and disclosure of the effects of general price-level changes may be desirable, but it will be shown that the adjustments involved in such analyses are meaningless unless they are applied to data that are themselves expressed in terms of the current prices prevailing in any particular period or point of time.“ Die Differenzen zwischen Anschaffungspreisen und aktuellen Wiederbeschaffungspreisen seien Kapitaladjustierungen und nicht Gewinnadjustierungen und haben daher in der Erfolgsrechnung nicht zu erscheinen.

Dieses Konzept Mathews unterscheidet sich somit von dem von *Edwards/ Bell* [1961] und von *Sprouse/Moonitz* [1962], die die Differenzen zwischen (geldwertkorrigierten!) historischen Anschaffungspreisen und aktuellen Wiederbeschaffungspreisen als erfolgswirksame "holding gains" bzw. "cost savings" behandelt sehen wollen.

Das Konzept der substantiellen Eigenkapital- und Gewinndefinition zeigt sich in der Literatur in verschiedenen Varianten. Zwei Fragen sind es insbesondere, die verschiedene Antworten finden. Die eine frägt, ob man mit *heutigen* Wiederbeschaffungspreisen ("Current Reproduction Cost") oder mit jenen Wiederbeschaffungspreisen zu bewerten habe, die für den voraussichtlichen Zeitpunkt der *späteren* tatsächlichen Wiederbeschaffung erwartet werden ("Current Replacement Cost"). Die zweite Frage dreht sich um das Problem, ob das *gesamte* Bilanzvermögen neu bewertet werden soll und ob der *ganze* Jahresaufwand in Wiederbeschaffungspreisen angeschlagen werden soll oder ob man sich mit einer Neubewertung des *eigenfinanzierten* Vermögens und des *anteiligen eigenfinanzierten* Aufwandes zu begnügen habe. Das Studium beider Fragen führt zur Erkenntnis der Fragwürdigkeit des „organischen" Konzepts.

Nach Schmidts Theorie ist der Aufwand mit Wiederbeschaffungspreisen vom jeweiligen Verbrauchstag (Umsatztag) zu bewerten, weil Schmidt unterstellt, daß die rückfließenden Erlöse in Unternehmungen mit „normaler" Ökonomik wieder in solchen Vermögensgütern veranlagt werden, deren Preissteigerungen dem Durchschnitt aller Preissteigerungen entsprechen. Obwohl Schmidt derartige Preissteigerungen als „Vermögenswertänderungen", somit nicht als Erfolg ansieht, empfiehlt er die Veranlagung der finanziellen Mittel in solche Vermögensgegenstände, die eine möglichst große Wertsteigerung erfahren! Diese Forderung Schmidts ist entweder sinnlos – wenn Wertsteigerungen am ruhenden Vermögen keine Art von Erfolg darstellen – oder sie steht im Widerspruch zu seiner Theorie, weil er damit zugibt, daß es für die Einzelwirtschaft doch auch sehr wohl auf die Art und den Umfang der Vermögenswertänderungen ankommt! Als Beleg seien folgende Ausführungen *Schmidts* zitiert [1951, S. 87]: „Der Unternehmer hat zur Aufgabe, das Schifflein seiner Unternehmung durch diesen Wechsel der Werte so hindurchzusteuern, daß es den höchsten Grad der Schwimmfähigkeit erreicht und behält. Das heißt, er soll seine Unternehmung aus solchen Werten zusammensetzen, die Auftrieb haben, die Tendenz zur überrelativen Wertsteigerung in sich tragen und die Ergebnisse des Produktionsprozesses so gestalten, daß niedrigste Kosten ihnen immer die Überschreitung der Marktschwelle gestatten." Etwas später führt *Schmidt* weiters aus [1951, S. 107]: „Wenn sich zeigt, daß die Wertänderung der Einzelvermögensteile der Unternehmung nach oben schneller gewesen ist als der Generalindex, so bedeutet dies eine Anlage des „Unternehmungskapitals in sehr günstigen (?!) Werten, die Kapitaldisposition des Unternehmers war eine vorteilhafte (?!), er hat sein Vermögen über dem Durchschnitt erhalten. Wenn aber die Unternehmungsgüter in der Wertsteigerung hinter dem

Generalindex zurückgeblieben sind, so war die Kapitalanlage nicht vorteilhaft (?!).“ . . . „Dafür zu sorgen, daß jeder reale Vermögensteil mindestens dem Durchschnitt entsprechend im Werte steige oder höchstens auf den Durchschnitt sinke, ist vornehmste (!) Aufgabe des Unternehmers. Von seinem Weitblick hängt es ab, in seiner Unternehmung möglichst solche Güter zu vereinigen, die übernormale Wertsteigerung oder unternormale Wertminderung aufweisen.“ [1951, S. 131]

Eine Trennung von Spekulationsgewinn (Vermögenswertänderung) und kalkulatorischem Umsatzerfolg als wesensverschieden stellt jede bilanzmäßige Erfolgsermittlung in Frage. Unternehmerische Tätigkeit ist immer eine „spekulative“, weil mit Unsicherheiten behaftet. Umsatztätigkeit ohne Lagerhaltung und Geschäftsausstattung, Produktion ohne *Bestand* an Produktionsfaktoren ist in den meisten Fällen undenkbar.

Durch ein Beschleunigen oder Verzögern der Fertigung bzw. Auslieferung kann man in Zeiten sich ändernder Preise die Aufspaltung des nominellen Umsatzerfolges in organischen Gewinn und erfolgsneutrale Vermögenswertänderung beeinflussen.

Des weiteren sind die „organischen“ Erfolge der einzelnen Umsatzakte dann nicht zum „organischen“ Periodenerfolg addierbar, wenn während der Rechnungsperiode außer Preisänderungen auch eine allgemeine Geldwertänderung vor sich geht, da dann ja die „organischen“ Stückerfolge von 365 Tagen des Abrechnungsjahres in Währungseinheiten unterschiedlicher Kaufkraft errechnet worden sind! [*Seicht,* 1970a, S. 434f.].

Eine güterwirtschaftliche Erfolgsrechnung auf geldkapitalistischer Grundlage erweist sich somit schon auf Grund der bisherigen kritischen Würdigung als höchst problematisch.

Der zweite Einwand gilt den Geldwertgewinnen bei den Schulden und den Geldwertverlusten bei den nominell gebundenen Aktiven (Geld, Bank, Forderungen u.ä.).

Schmidt hat empfohlen, darauf zu achten, daß sich nominell fixierte Vermögenswerte und Schulden möglichst die Waage halten („Wertgleichheit“), um Geldwertgewinne und Geldwertverluste möglichst zum Ausgleich zu bringen. Keineswegs hat er dies jedoch als Bedingung für die Gültigkeit bzw. Funktionsfähigkeit seines Konzeptes formuliert, wie ihm von einigen Kritikern [z.B. *E. Walb*, 1926, S. 335] zu Unrecht unterstellt worden ist.

Dies sei mit folgenden Ausführungen *Schmidts* belegt [1951, S. 299]: „Wenn ein Betrieb in seiner Bilanz die Wertgleichheit gewahrt hat, d.h. auf beiden Seiten die gleichen Summen an Geldwerten verzeichnet, kann ihm die Geldwertverschiebung nichts anhaben, weil der Verlust an Kaufkraft, den er an seinen Außenständen erleidet, aufgewogen wird durch die Erleichterung in der Liste seiner Schulden, die auch in weniger kaufkräftigem Gelde zurückgezahlt werden können.“

Schmidt hat wohl erkannt, daß ein etwaiger Saldo aus Geldwertgewinnen und Geldwertverlusten erfolgswirksam verbucht und in der Gegenbuchung in das Konto „Vermögenswertänderungen“ eingestellt werden kann. *Schmidt* schreibt z.B. [1951, S. 227f.]: „An sich trifft dieser Kaufkraftschwund alle Geldbesitzer, aber die Betriebe nehmen doch eine besondere Stellung ein insoferne, als sie die Geldwerte nicht als Einkommen beziehen, sondern als fortlaufend umgesetzten Kostenfonds im Dienste der Produktion zugunsten der Konsumenten. Wenn sie also Kaufkraftverluste auf diese für die Produktion unentbehrlichen Geldbestände erleiden, so ist es Sache derjenigen, sie zu tragen, in deren Dienst die Unternehmung arbeitet, nämlich der Konsumenten. Also muß auch die Einsetzung einer Abschreibung für Geldwertminderung auf Geldbestände aus Eigenkapital zulässig sein."

Man kann diese ganze Frage auch wie folgt sehen: Sind alle Aufwendungen und alle Vermögensbestände mit Wiederbeschaffungspreisen zu bewerten oder jeweils nur die eigenfinanzierten? Soll das Prinzip der „Brutto-Substanzerhaltung" oder das Prinzip der „Netto-Substanzerhaltung" gelten?

Wer nur das als „Gewinn" ausweisen und ausschütten will, was volkswirtschaftlichen Mehrwert darstellt, der muß den ganzen Aufwand mit Wiederbeschaffungspreisen bewerten (Brutto-Substanzerhaltung), wer nur die Aufrechterhaltung der Eigenfinanzierungsquote an den Wiederbeschaffungen anstrebt (Netto-Substanzerhaltung), hat sich mit einer Wiederbeschaffungspreisbewertung jenes Teiles des Aufwandes zu begnügen, der eigenfinanziert ist, da er den (volkswirtschaftlich gesehen) zu wenig verrechneten (fremdfinanzierten) Aufwand über den Geldwertgewinn beim Fremdkapital lukriert.

Schmidt scheint grundsätzlich der Richtung der Brutto-Substanzerhaltung zuzurechnen zu sein, zumindest wurde er meist so interpretiert. Seine Ausführungen über die empfohlene „Wertgleichheit" und über die erfolgswirksame Verbuchung der Geldwertverluste an eigenfinanzierten Nominalwerten der Aktiva weisen ihn jedoch als einen Vertreter der Netto-Substanzerhaltungsidee aus.

Ein entschiedener Vertreter einer „Brutto-Substanzerhaltung" ist *Feuerbaum,* der ohne Rücksicht auf die Finanzierung der Unternehmungen für eine Bewertung des gesamten Aufwandes mit Wiederbeschaffungspreisen eintritt, auch wenn die Unternehmung überwiegend mit Fremdkapital finanziert ist [1974].

Die Idee der Netto-Substanzerhaltung liegt allen Vorschlägen zugrunde, die Geldwertgewinne bei den Schulden als echte Gewinne anerkennen und in die Adjustierungsrechnung einbeziehen und gleiches mit Geldwertverlusten bei nominell gebundenen Vermögenswerten vorsehen oder die nur das eigenfinanzierte Sachvermögen und den eigenfinanzierten Teil des Aufwandes adjustieren (neu bewerten). Der Vorschlag des deutschen Institutes der Wirtschaftsprüfer zielt in diese Richtung (1975), und dem in Brasilien handels- und steuerrechtlich praktizierten Verfahren der Adjustierung der Jahresabschlüsse liegt ebenfalls diese Idee zugrunde.

Das unlösbare Problem, das sich hierbei auftut, besteht darin, das Eigenkapital und das Fremdkapital auf einzelne Teile des Vermögens richtig zuzuordnen, wobei von der Art der Zuordnung des Eigenkapitals es abhängt, welche

Vermögensbestände und welche Aufwandsarten neu bewertet werden sollen. Von der Art der Zuteilung von Eigenkapital und Fremdkapital auf Vermögensteile und Aufwandsarten wird es abhängen, ob vom nominellen Jahreserfolg größere oder kleinere Teile als „erfolgsneutrale" Vermögenswertänderungen (Scheingewinne) errechnet, ausgewiesen und behandelt werden! Die rechnungstheoretische Brüchigkeit der substantiellen Definition von Eigenkapital und Erfolg im Rahmen einer geldwirtschaftlichen Rechnung ist hiermit wieder offenbar geworden. Nicht in der Subjektivität und Aufwendigkeit der Durchführung einer „organischen" Rechnung liegen die Haupteinwendungen, sondern in obigen rechnungstheoretischen Argumenten.

Auch wenn in einer Diskussion von „Theorien" zunächst die logische Zulässigkeit von Schlüssen und die Realitätsnähe der Prämissen und Ziele zu prüfen sind, sollte man als Vertreter einer „angewandten" Wissenschaft nicht an der Frage der Praktikabilität von gewonnenen Erkenntnissen vorbeigehen. Gegen das Konzept einer Bewertung mit Wiederbeschaffungspreisen spricht aus dieser Sicht auch, daß es ein unzumutbares Ansinnen wäre, für Hunderttausende, ja für viele Millionen Güter Wiederbeschaffungspreise, und womöglich noch für 365 Tage pro Abschlußjahr, zu ermitteln, zu sammeln, zu publizieren und damit den Unternehmungen zur Verfügung zu stellen. Oder sollte jede Unternehmung für sich sich der Mühe unterziehen, die in vielen Fällen ja nur fiktiven Wiederbeschaffungspreise für zehntausende Güter- und Leistungsarten zu ermitteln? Wie wollte man auch die Subjektivität und Willkürlichkeit vermeiden, die einem solchen Vorgehen innewohnen und insbesondere dann nicht akzeptiert werden könnten, wenn die scheingewinnbereinigten Rechnungen auch Grundlagen einer gerechten Besteuerung sein sollen? *Rieger* hat etwas spöttisch die Situation wie folgt skizziert [1930, S. 136f.]: „Denn in all den Fällen, in denen Schmidt nicht wiederbeschafft, ist er gezwungen, den in Betracht kommenden Preis erst zu erfragen. ... Wenn also ein Weinhändler ein Funder Winkler Hasensprung einer bestimmten Kreszenz verkauft hat, muß er, um seinen Gewinn berechnen zu können, auf jeden Fall bei seinem Lieferanten anfragen, wie er ihm den gleichen Wein jetzt verkaufen würde. Wie aber, wenn der Produzent antwortet, daß er von diesem Stück nichts mehr habe? Dann wird ihm Schmidt folgendermaßen schreiben müssen: Teilen Sie mir trotzdem mit, wie Sie den Wein jetzt liefern würden, wenn Sie noch solchen hätten, ich kann nämlich sonst meinen Gewinn nicht berechnen. Und nicht wahr: Sie machen mir ein recht günstiges Angebot: denn dann habe ich mehr verdient – und Ihnen machts ja nichts aus."

Trotz all der kritischen Einwendungen, die aus rechnungstheoretischer und praktischer Sicht gegen eine substantielle Definition des bilanziellen Eigenkapitals und des bilanziell zu errechnenden Gewinnes zu erheben sind, hat dieses Konzept und die daraus folgende Forderung nach einer Bewertung des Aufwandes und der Vermögensbestände zu Wiederbeschaffungspreisen von allen Vorschlägen, die in Abweichung von der nominalistischen Rechnungsweise gemacht worden sind, die breiteste Beachtung und weiteste Zustimmung gefunden.

Bis zum Jahre 1975 schien es, als ob die Geldwertkorrektur ("General Price-Level (Adjusted) Accounting", "Constant Purchasing Power Accounting" = "CPP") den Vorzug vor einer Rechnung mit Wiederbeschaffungspreisen erhalten würde. Nicht unbegründet schrieb *Haase* noch 1975 [S. 299]: „. . ., wobei aus den erörterten Gründen m.E. nur an eine Korrektur mittels allgemeiner Kaufkraftindizes gedacht werden kann. Damit würden wir auch den angelsächsischen Vorschlägen folgen, die die Wiederbeschaffungsrechnung überhaupt nicht näher ansprechen."

Im selben Jahr schrieb die *UEC-Hauptkommission II* jedoch schon prophetisch [1975, S. 222]: „Bei Abwägung der Vor- und Nachteile der beiden Kapitalerhaltungsmethoden lassen die Antworten erkennen, daß die Auffassung in Berufskreisen der meisten Länder zur Zeit mehr zur realen Kapitalerhaltung neigt, aber es gibt deutliche Anzeichen dafür, daß die substantielle Kapitalerhaltung in den meisten Ländern den Vorzug erhalten würde."

Mit Securities Act Release No. 5608 vom 21. August 1975 empfahl die *Securities and Exchange Commission (SEC)* allen ihrer Jurisdiktion unterworfenen Gesellschaften die Beifügung von einigen Informationen betreffend "current replacement cost". Mit Accounting Series Release No. 190 vom 23. März 1976 "Notice of Adoption of Amendments to Regulation S-X Requiring Disclosure of Certain Replacement Cost Data" hat die SEC diese Empfehlungen in etwas modifizierter Form als verbindliche Regeln angenommen. Der *FASB* ist auf dem besten Weg, sich an die SEC-Regeln anzupassen. Mit seinem Statement of Financial Accounting Standards No. 333 "Financial Reporting on Changing Prices", Sept. 1979, verlangt er von Gesellschaften ab einer bestimmten Größe neben dem pagatorischen Abschluß ergänzende Informationen, und zwar sowohl auf "historical cost – constant dollar"-Basis wie auch auf "current cost"-Basis.

In Großbritannien erschien 1975 der Bericht des *Inflation Accounting Committee* („Sandilands-Bericht") "Inflation Accounting" [1975], in dem das System des "PLA" ("Price-Level Adjustment") strikt abgelehnt und das "CCA" ("Current Cost Accounting") gefordert wird. Mittlerweile (1980) hat das *Accounting Standards Committee* ein neues "Statement of Standard Accounting Practice Number 16" ("SSAP 16") herausgegeben, das nunmehr ca. 5.000 bis 6.000 Unternehmungen verpflichtet, ein "Current Cost Accounting" – neben der pagatorischen Rechnung – durchzuführen.

Die Praxis neigt also sehr stark dem Rechnen mit Wiederbeschaffungspreisen, somit einer substantiellen Auffassung des bilanziellen Gewinnes und Eigenkapitals zu. Die Gründe für diese Präferenz sind sicherlich vielschichtig. Vom Nichtverstehen des Problems, daß man bei einer geldkapitalistischen Bestands- und Erfolgsrechnung im Falle eines Maßstabschwundes nur eine Neueichung des Maßstabes oder dessen Stabilisierung vorzunehmen hat, bis zur Überlegung, daß man im selben Ausmaß wie bisher die Bestände und den Umsatzprozeß mit Eigenkapital zu finanzieren wünscht, mögen die Ursachen für diese Haltung reichen. Überdies werden sich die wirtschaftlich „starken" Branchen, die sich im Konjunkturaufschwung befinden, mit ihren Wünschen leichter zu artikulieren und durchzusetzen verstehen als Branchen, die einen permanenten Abschwung erleben. Auch mag es zu einer unheiligen Interessenkoalition der beiden genannten Gruppen kommen. Beide sehen in der Wiederbeschaffungspreismethode Vorteile für sich; die „guten" Branchen, weil damit mehr an nominellen Gewinnen neutralisiert wird als bei allgemeiner Geldwertkorrektur, und die „schlechten" Branchen, weil bei dieser Methode noch immer bescheidene Umsatzgewinne ausgewiesen werden können, obwohl sie kaufkraftmäßig gerechnet immer mehr von ihrem realen Kapital verlieren.

Wer das richtige (erzielte) Ergebnis im Mehr oder Weniger an eigenfinanzierter allgemeiner Kaufkraft sieht, muß Geldwertkorrektur betreiben. Wer einen „Gewinn" berechnen will, der nach der im selben Ausmaß wie bisher eigenfinanzierten Wiederbeschaffung der eingesetzten Produktionsfaktoren verbleibt („ausschüttbarer Gewinn"), muß mit Wiederbeschaffungspreisen Verbrauch und Bilanzbestände bewerten.

Wer sicherstellen will, daß nur das als „Gewinn" ausgewiesen und ausgeschüttet wird, was volkswirtschaftlichen Mehrwert darstellt, muß den ganzen Aufwand mit Wiederbeschaffungspreisen bewerten (Brutto-Substanzerhaltung), wer nur die Aufrechterhaltung der Eigenfinanzierungsquote an der Wiederbeschaffung anstrebt, hat sich damit zu begnügen, nur jenen Teil des Aufwandes auf Wiederbeschaffungspreise umzurechnen, der eigenfinanziert ist (Netto-Substanzerhaltung), da er den – volkswirtschaftlich gesehen – zuwenig verrechneten (fremdfinanzierten) Aufwand schon über den Geldwertgewinn beim Fremdkapital verdient.

Die Theorie verlangt nach Geldwertkorrektur über Indexrechnung, die Praxis ruft unüberhörbar nach einer Rechnung mit Wiederbeschaffungspreisen. Löbliche Ausnahmen sind z.B. Argentinien, Brasilien, Chile, Kanada, wo eine Scheingewinnentsteuerung durch die Technik des Price-Level-Adjustment eingeführt ist.

Schließlich sei noch auf partielle, kasuistische und oft nur temporär wirksame Maßnahmen kurz eingegangen. In Ermangelung der Kenntnis oder der Zulässigkeit systematischer Adjustierungsmaßnahmen behilft sich die Praxis häufig mit einer Fülle von kasuistischen, nur temporär wirksamen Maßnahmen zur Scheingewinnberechnung bzw. Scheingewinneutralisierung.

Außerbücherliche Abschreibungskorrekturen, die „Eiserner-Bestand-Methode" und die LIFO- und die HIFO-Methode usw. sind beliebte Instrumente. Das Problem ist dabei, daß alle buchmäßigen Aufwandsmehrungen durch eine weitere Verzerrung des Vermögensbildes erkauft werden und im Falle der späteren Realisation die Anteile des Scheingewinnes am errechneten Nominalgewinn immer größer werden. Häufig findet man auch statistische Schichtenrechnungen, die statistisch, d.h. außerbücherlich den Scheingewinn zu approximieren versuchen [*Seicht,* 1981a, S. 500f.]. Das Ergebnis derartiger Hilfsrechnungen dient dann meist zur zusätzlichen Information der externen Bilanzadressaten und – wenn möglich – zu einer entsprechenden Gestaltung der Rücklagenpolitik. Auch die ersatzweise Anwendung von Branchenindizes oder Spezialindizes wird von manchen „Organikern" als Hilfsmittel zur Realisierung ihres Konzeptes akzeptiert. *Schmidt* urteilt darüber wie folgt [1951, S. 81]: „Die Bilanzkorrektur durch Indexwirkung ist sicherlich eine Verbesserung der bloßen Anschaffungswertbilanz, aber sie bleibt doch mit den oben bezeichneten Mängeln behaftet." Und am selben Ort, etwas später [S. 361]: „Ähnlich wie die Tageswertrechnung muß auch die Anschaffungswertrechnung mit Indexkorrektur wirken. Es kommt nur darauf an, wieweit die Indexbewegung der Tageswertänderung parallel läuft. Sie hat während der Inflation recht gute Dienste geleistet, kann aber nicht alle Feinheiten der Betriebsentwicklung zur Geltung bringen."

Die substantielle Definition des Eigenkapitals und des Gewinnes und die daraus zu erschließende Forderung nach Bewertung des Vermögens und des Aufwandes mit Wiederbeschaffungspreisen ist abschließend wie im folgenden ausgeführt zu beurteilen.

Eine derartige güterwirtschaftliche Auffassung des Eigenkapitals und des Gewinnes entspricht nicht der schon seit Jahrhunderten herrschenden *geldwirtschaftlichen* Marktverfassung, und es ist in aller Regel auch nicht letztes Ziel der Unternehmer (und der Unternehmungen), in ihren Erwerbswirtschaften Güter einer ganz bestimmten und fixierten Art anzuhäufen.

Bilanz und bilanzielle Erfolgsrechnung sollen nicht über die güterwirtschaftliche Gebarung des Betriebes, sondern über Geldkapitalaufbringung, Geldkapitalverwendung, Geldkapitalverzehr und Geldkapitalreproduktion Auskunft und Rechenschaft geben. Eine güterwirtschaftliche Definition des Eigenkapitals und des Gewinnes wären innerhalb der geldkapitalistisch orientierten und gestalteten kaufmännischen Buchhaltung und Abschlußrechnung ein Fremdkörper.

Nicht die möglichst weitgehende Reproduktion der vorhandenen Güter, sondern die größtmögliche Reproduktion des realen, kaufkraftmäßigen Eigenkapitals wird das Ziel der Großzahl der Kaufleute sein.

Über Zustand und Ausmaß der realisierten real-kaufkraftmäßigen Eigenkapitalreproduktion und -vergrößerung wünscht sich der Kaufmann durch seine Abschlußrechnung zu informieren, und auch für die externen Bilanzinteressenten sollte und wird dies das bevorzugte Informationsziel sein. Diesem Ziel hat die kaufmännische Jahresabschlußrechnung gemäß ihrer mathematischen Struktur und Ausgestaltungsmöglichkeit zu dienen.

Alle Wertänderungen des Vermögens, die über die Veränderung des allgemeinen Preisniveaus hinausgehen oder hinter dieser zurückbleiben, sind echte Erfolge. Wenn derartige Erfolge z.B. bei gleichbleibender Vermögensausstattung nur zu einem erhöhten oder verringerten Bedarf an finanziellen Mitteln führen, ist dies ein Problem der Finanzierung und hat mit dem bilanziellen Erfolgsbegriff und mit der bilanziellen Erfolgsermittlung unmittelbar nichts zu tun.

Preissteigerungen, die über der allgemeinen Geldentwertungsrate liegen, sind insofern echte Gewinne an realer allgemeiner Kaufkraft, als sie das Ausmaß der allgemeinen Geldentwertungsrate übersteigen, auch wenn es dann infolge von Besteuerung und Ausschüttung des errechneten realen Erfolges erforderlich sein sollte, zur Finanzierung der Wiederbeschaffung der umgesetzten Güter neues (zusätzliches) Eigen- oder Fremdkapital der Unternehmung zuzuführen.

Andererseits ist es ohne Zweifel ein *echter* Verlust, wenn in einer bestimmten (evtl. absterbenden) Branche trotz ständig zunehmender allgemeiner Geldentwertung die Preise immer mehr verfallen. Trotz „organischer“ Umsatzgewinne liegen dann ohne Zweifel laufend echte Verluste an (realem) Eigenkapital vor, wenn die Wiederbeschaffungspreise zwar regelmäßig unter den Verkaufspreisen, die historischen Anschaffungspreise aber über den Verkaufspreisen liegen. Daran ändert auch nichts, daß infolge der sinkenden Wiederbeschaffungspreise evtl. der Bedarf an finanziellen Mitteln sinkt und somit trotz echter Verluste an realem Eigenkapital Kapital freigesetzt und unnötig wird und in gewissem Ausmaß sogar an die Eigentümer zurückgezahlt werden kann.

Trotz der Unhaltbarkeit einer substantiellen Definition des Eigenkapitals und des Gewinnes kann das Postulat nach einer materiellen Eigenkapitalerhaltung („Substanzerhaltung“) sinnvoll sein. Eigenkapitaldefinitionen zwecks logisch einwandfreier bilanzieller Erfolgsermittlung und Kapitalerhaltungspostulate gehören verschiedenen Problemkreisen an. Will man z.B. an einer bestimmten Kapitalstruktur festhalten oder diese herstellen, so kann man versuchen, durch eine entsprechende Rücklagenpolitik dieses Ziel zu erreichen. Es müssen ja nicht alle erzielten, errechneten und ausgewiesenen positiven Vermögenswertänderungen (holding gains, cost savings) auch ausgeschüttet werden.

5.2.5.4.5 Kapitaltheoretische Eigenkapitaldefinition

Kapitaltheoretische Eigenkapitalauffassungen definieren den Begriff des Kapitals bzw. des Eigenkapitals als Ertragswertgröße. Nicht jede ertragswertbezogene Definition des Kapitals (Eigenkapitals) soll jedoch als „kapitaltheoretische“ bezeichnet und behandelt werden, sondern nur jene, die das Bewertungsverfahren auf zukünftig erwartete Einnahmen, zukünftig erwartete Ausgaben und zukünftig erwartete Einnahmenüberschüsse abstellen. Ertragswertabhängige Konzeptionen, die grundsätzlich auf periodisierten Einnahmen (Erträgen) und periodisierten Ausgaben (Aufwendungen) und damit auf konventionell errechneten Gewinnen aufbauen, sollen hier nicht weiter untersucht werden. Auf die Zirkelhaftigkeit einer derartigen ertragsabhängigen (gewinnabhängigen) Bewertung ist schon mehrfach hingewiesen worden.

Konventionelle Definitionen von Eigenkapital und Gewinn – seien es nominelle, reale oder substantielle – machen es insoferne leicht, als sie von einem sehr klaren Mengengerüst ausgehen. Tatsächlich verbrauchte oder tatsächlich vorhandene oder neu geschaffene Bestände gilt es dabei zu bewerten – mit historischen Anschaffungspreisen, mit geldwertkorrigierten historischen Anschaffungspreisen oder mit Wiederbeschaffungspreisen.

Bei nomineller Definition von Eigenkapital und Gewinn schaffen das Anschaffungswertprinzip, die Verbrauchsaufzeichnungen und die Bestandsaufnahmen durch Inventur ziemlich eindeutige Grundlagen für den Jahresabschluß. Gleiches gilt bei realer Auffassung von Eigenkapital und Gewinn, denn nach Festlegung des Index bzw. des Indexstandes ist nur noch die Rechenarbeit des Multiplizierens und Dividierens bekannter Größen zu leisten. Selbst bei substantieller Definition von Eigenkapital und Erfolg erscheint die Handhabung der Jahresabschlußrechnung – bei Einsatz diverser Vereinfachungen und Hilfsmittel – vielen Praktikern als durchaus möglich. Den Spielraum der Subjektivität hält man meist noch für überschaubar.

Ganz anders jedoch bei „kapitaltheoretischer" Definition von Eigenkapital und Gewinn. Nicht vorhandene Bestände sind in der Bilanz zu bewerten, sondern erwartete zukünftige Einnahmen und Ausgaben. Nicht im Abschlußjahr verbrauchte Produktionsfaktoren bzw. erbrachte konkrete Leistungen geben die Grundlage der Aufwands- und Ertragsbemessung ab, sondern ein mathematisches Verfahren, das Aufwand losgelöst vom realisierten Faktorverbrauch als Aufwandszinsen und Kapitalwertabschreibung und Erträge nicht als realisierte konkrete Leistungen, sondern als Einnahmenüberschüsse und Zinsenerträge versteht.

Das Problem der „kapitaltheoretischen" Definition von Eigenkapital und Gewinn bzw. deren praktischer Handhabung ist die große Subjektivität, die einer derartigen Auffassung und Vorgangsweise innewohnt. Aus diesem Grunde wird dieses Konzept auch von den meisten Autoren abgelehnt.

Während bei den Varianten konventioneller Eigenkapital- und Erfolgsauffassung das Mengengerüst im wesentlichen festliegt und nachprüfbar ist, hängt bei „kapitaltheoretischer" Jahresabschlußrechnung die Ermittlung der Bilanzbestände und damit auch der Erfolge weitgehend von der Einschätzung der Zukunft der Unternehmung durch den Bilanzierenden ab.

Von der theoretischen Konzeption ist eine „kapitaltheoretische" Bilanzauffassung bestechend schlüssig und wohl auch als einzige richtig. Die Unvollkommenheit der Menschen, die mit Buchhaltung und Jahresabschluß umgehen, ja diese erstellen müssen, scheint diese theoretisch richtige Auffassung für die Praxis unbrauchbar oder nur beschränkt brauchbar zu machen. Zumindest aus heutiger Sicht mag es so scheinen. Der doch feststellbare Trend der Entwicklung des ganzen Rechnungswesens in Richtung Zukunftsrechnung (Entscheidungsorientierte Kostenrechnung, Planungsrechnungen, Finanzpläne, Investitionspläne, Unternehmungsgesamtpläne) gibt jedoch Anlaß für eine etwas optimistischere Einschätzung der zukünftigen Möglichkeiten dieses Konzeptes.

Zwei Fragen sind es vor allem, die sich bei einer theoretischen Beschäftigung mit der „kapitaltheoretischen" Definition von Eigenkapital und Gewinn aufdrängen, nämlich (1) in welchem Umfang sind zukünftig erwartete Einnahmen und Ausgaben in die Bilanz einzubeziehen und (2) mit welchem Zinssatz sind die prognostizierten Einnahmen- und Ausgabenströme auf den jeweiligen Bilanzstichtag abzuzinsen.

Die erste Frage kann zwei Antworten finden. Man könnte sich darauf beschränken, in die Bilanz nur jene Antizipationen einzustellen, die aus der planmäßigen Beendigung der am Bilanzstichtag schon entrierten Geschäfte erwartet werden können. Z.B. *Rieger* sah das Bilanzproblem in dieser Weise, wenn er ausführt [1928, S. 211f.]: „Wir haben also unzweifelhaft aus der Unternehmung noch ebensowohl Einnahmen wie Ausgaben zu erwarten, und zwar beides streng genommen in einem ganz unabsehbaren Umfange. Unabsehbar deshalb, weil der Betrieb ja weiterläuft. Aber der fingierte Abschluß darf darauf keine Rücksicht nehmen, er muß sich anstellen, als ob die Unternehmung zu Ende wäre, und sucht nur die noch ausstehenden Einnahmen und Ausgaben zu ermitteln – unter Ausschluß neu zu entrierender Geschäfte.“

Zu befriedigen vermag diese Lösung nicht, denn wie sollte man dies z.B. in großen Industriebetrieben interpretieren, die mit großem Einsatz an finanziellen Mitteln Maschinen und Gebäude zu langjähriger Nutzung angeschafft haben? Welche Geschäfte sollen da als schon entriert gelten? Im übrigen entstehen Leistungen aus dem Verbund vieler Produktionsfaktoren und das eine Geschäft bedingt das andere. Ein erfolgreicher Geschäftsabschluß zieht weitere nach sich etc. Laufend sind Ersatzinvestitionen vorzunehmen, ohne diese werden auch andere durchaus noch intakte Anlagen nicht genutzt werden können usw.

So einsichtig und „vorsichtig“ die Beschränkung einer Bilanz als Zukunftsrechnung auf den Ausweis des geldmäßigen Endes der schon vorhandenen Güterbestände erscheinen mag, so wenig scheint sie bei kritischer Prüfung logisch haltbar zu sein.

Die zweite Antwort auf die erste Frage wird somit lauten müssen: In die Bilanz sind alle bis zum Planungshorizont erwarteten Einnahmen und Ausgaben einzubeziehen, somit auch jene, die aus Geschäften resultieren werden, die man in Fortsetzung der laufenden Geschäftstätigkeit erst abzuschließen gedenkt! Einer vorsichtigen und seriösen Prognose und deren Fremdüberwachung wird dabei besondere Bedeutung zukommen. Allerdings wirkt die zinseszinsenmäßige Abzinsung dahingehend, daß der heutige diskontierte Wert von Einnahmen und Einnahmenüberschüssen, die für viele Jahre später erwartet werden, nur mehr einen relativ bescheidenen Umfang haben kann.

Die Frage nach dem richtigen Diskontierungszinssatz wurde schon bei den Ausführungen über die Gewinnbegriffe („ökonomischer Gewinn“, „kapitaltheoretischer Gewinn“) diskutiert.

Wählt man einen Kapitalmarktzinssatz, so wird sich schon im Gründungszeitpunkt eingebrachtes Eigenkapital und errechnetes Erfolgskapital nicht mehr decken, so daß man schon im Gründungszeitpunkt einen eventuell sehr beachtlichen Erfolg als realisiert annehmen oder als erfolgsneutrale Vermögenswertänderung interpretieren muß.

Abweichungen, die zwischen prognostizierten Einnahmen bzw. Ausgaben und realisierten Einnahmen bzw. Ausgaben eintreten, sowie Revisionen der Prognosen führen zu Beträgen, deren Periodisierung und Interpretation als Periodenerfolge problematisch bis unmöglich wird. Gleiches gilt bei Zinssatzschwankungen. Jedes Ansteigen des Kapitalmarktzinssatzes würde zu einer

Verschärfung der Abzinsung der prognostizierten zukünftigen Einnahmenüberschüsse führen, was eine sprunghafte und oft gewaltige Verringerung des Eigenkapitals zur Folge haben muß.

Sieht man das Bilanzproblem vor allem in der fugenlosen erfolgsrechnerischen Periodisierung aller Einnahmen und Ausgaben der Totalperioden, so daß sich die Summe der Periodenerfolge rest- und mankolos auf den Totalerfolg (totaler Einnahmen-Ausgaben-Überschuß) ausgeht, und will man das Problem der Soll-Ist-Abweichungen, der Prognoseänderungen und der Eliminierung der Scheingewinne in einer zukunftsorientierten Konzeption lösen, so muß man sich anstelle der Idee des „ökonomischen Gewinnes" der „kapitaltheoretischen" Auffassung von Eigenkapital und Gewinn zuwenden, somit als Diskontierungssatz nicht einen exogenen Zinssatz, sondern den sich aus dem totalen Cash Flow der Unternehmung und dem eingebrachten Eigenkapital ergebenden internen Zinsfuß wählen.

Bewertungsregeln, die auf „kapitaltheoretischen" (ertragswerttheoretischen) Überlegungen beruhten, hat es da und dort auch schon in der Vergangenheit gegeben. Im bekannten Urteil des ROHG vom 3. 12. 1873 wird bezüglich der am Bilanzstichtag noch nicht fälligen Forderungen und Schulden verlangt, daß sie auf den Bilanzstichtag abzuzinsen seien, um deren „gegenwärtigen Wert" zu erhalten.

Auch die diversen Formeln, die die Rechtsprechung zur Bestimmung der Abschreibungen für Substanzverringerungen bergrechtlicher Gewerkschaften entwickelt hat, gehen von ertragswerttheoretischen Überlegungen aus und implizieren eine Auffassung, die den Gewinn in der Verzinsung des Erfolgskapitals sieht [*Seicht,* 1970a, S. 515ff.].

Auch das alte österreichische Versicherungsregulativ und das Goldbilanzgesetz vom Jahre 1925 enthielten Hinweise, daß als Bewertungsobergrenze der Ertragswert gelte. Auch *Schmalenbach* hat sich mit einem Rechenmodell beschäftigt, in dem die Gewinne als Jahreszinsen auf das Erfolgskapital erscheinen, doch verwirft er diesen Gedanken wieder wegen der Zirkelhaftigkeit der Methode [1931, S. 101].

Die bisher angestellten Überlegungen zusammenfassend, kann für den Fall einer „kapitaltheoretischen" Definition des Eigenkapitals und des Gewinnes folgendes an Bewertungsregeln formuliert werden:

1. Die bei seriöser und vorsichtiger Prognose bis zum Planungshorizont in den einzelnen Jahren erwarteten Einnahmen und Ausgaben sind in einem Finanzplan festzuhalten.
2. Die in der Abschlußperiode getätigten Einnahmen und Ausgaben sind aus der Kassarechnung ersichtlich zu machen.
3. Die in Zi. 1 und Zi. 2 genannten prognostizierten und realisierten Einnahmen und Ausgaben sind zu einer Überschußreihe zu verdichten.
4. Der interne Zinsfuß der Unternehmung ist aus der Gleichsetzung der Überschußreihe gem. Zi. 3 und des „kapitaltheoretisch" bestimmten Eigenkapitals vom Beginn der Abschlußperiode zu errechnen.

5. Die einzelnen „Vermögensgegenstände" sind mit ihrem Einzelveräußerungswert in die Bilanz einzustellen. Rechtskräftige Forderungen und Verbindlichkeiten sind mit ihrem „heutigen Wert" am Bilanzstichtag in die Bilanz einzustellen.
6. Der Mehrertragswert der Unternehmung, der sich als Differenz zwischen Eigenkapital und Summe des gem. Zi. 5 einzeln bewerteten Vermögens ergibt, ist als eigene Position – eventuell aufgegliedert in Ertragswertdifferenzen niederer und höherer Ordnung – in die Bilanz einzustellen.
7. Der interne Zinsfuß der Unternehmung ist anzumerken.
8. Der Jahresgewinn ist als interne Jahresverzinsung des kapitaltheoretischen Eigenkapitals vom Jahresanfang zu berechnen.
9. Über Soll-Ist-Abweichungen des abgelaufenen Jahres, über vorgenommene Prognoserevisionen und über eine Änderung der internen Verzinsung des Eigenkapitals ist mit Erläuterungen zu berichten.

Die Bilanzierung nach dem Konzept der „kapitaltheoretischen" Definition von Eigenkapital und Periodenerfolg bzw. das Konzept des „ökonomischen Gewinnes" wird von den meisten Autoren abgelehnt, weil sie der Subjektivität des Bilanzierenden Tür und Tor zu weit öffne und damit zu sehr der Vorstellung des Prinzips der Vorsicht zuwiderlaufe. Auch die angeblich zu große Aufwendigkeit eines Buchhaltungs- und Abschlußverfahrens nach dem Konzept der „kapitaltheoretischen" Bilanz bzw. des „ökonomischen" Gewinnbegriffes wird als Begründung für eine ablehnende Haltung gerne vorgebracht. So schreibt z.B. *Münstermann* [1966a, S. 531]: „Eine Bilanzierung nach dem ökonomischen Gewinnprinzip entspricht zwar den aus der Zwecksetzung der Erfolgsmessung hergeleiteten theoretischen Erfordernissen, ist indes wegen des Postulats nach Wirtschaftlichkeit der Rechnungsführung sowie insbesondere nach Objektivität und Kontrollierbarkeit der Bilanzwerte praktisch nicht durchführbar."

Dem Argument der Vorsicht sollen noch einige Hinweise im Zusammenhang mit der „kapitaltheoretischen" Definition von Eigenkapital und Erfolg und der darauf basierenden Jahresabschlußrechnung und Bewertung gewidmet werden.

Vorsicht kann durch Rationalität des unternehmerischen Handelns, durch strenge Rechenschaft und durch Objektivierung der Unsicherheit angestrebt und noch am ehesten erreicht werden.

Unternehmerisches Handeln heißt Entscheidungen treffen und für ihre Durchführung sorgen. Rationale Entscheidungen setzen Kenntnis der finanziellen und erfolgsmäßigen Konsequenzen der verfügbaren Handlungsalternativen voraus. Nur durch vorausschauende Planung kann dieses Wissen erworben werden. Keine Form der Bilanzierung zwingt so zum vorausschauenden Denken und zum Explizieren des Gedachten wie die „kapitaltheoretische". Bei keiner anderen Form der Rechenschaftslegung wird man sich so um eine bestmögliche Gestaltung der Unternehmungspolitik und ihrer Realisierung bemühen müssen. Hinweise für die Ausschüttungspolitik und für den optimalen Liquidationszeitpunkt werden in bestmöglicher Weise gegeben. Eine Bilanzierung nach dem „kapitaltheoretischen" Konzept würde auch eine ungeheure Verschärfung der Rechenschaftslegungspflicht bedeuten. Jede Abweichung zwischen den für das jeweilige Abschlußjahr prognostizierten Einnahmen und Ausgaben und den tatsächlich realisierten müßte dargetan, erklärt und begründet werden. Gleiches gilt für Prognoserevisionen und Änderungen der errechneten internen Verzinsung des Eigenkapitals.

Dieser Zwang zur Rechenschaftslegung im aufgezeigten Sinne würde zu einer sehr sorgfältigen Planung und zu sehr vorsichtigen Prognosen führen. Jede Bilanz ist eine Mischung aus „Dichtung und Wahrheit", auch die konventionellen Abschlüsse kommen um das Problem der Ungewißheit der Zukunft nicht herum.

Die Unsicherheit wird geringer werden, wenn man sich systematisch um gute Prognosen bemüht. Die „kapitaltheoretische" Bilanz zwingt dazu. Das Ausmaß der Unsicherheit könnte man auch durch Berechnung von Varianzen zu quantifizieren und objektivieren versuchen.

Ein „imparitätisches Realisationsprinzip" und ein wechselndes Maß an „Vorsicht" sind hingegen keine Garanten einer Objektivierung der mit jedem Abschluß verbundenen Unsicherheit.

„Sicher" ist am Anschaffungswert nur, daß man einmal diesen Betrag ausgegeben hat. Keineswegs ist es sicher, daß der einmal angeschaffte Gegenstand am Bilanzstichtag diesen Anschaffungspreis wert ist.

Eine Bilanz ist dann vorsichtig, wenn sie möglichst umfassend relevante und wahre Informationen gibt. Eine Bilanz ist nur dann wahr, wenn sie auch über das Maß der angewandten Vorsicht informiert. Vorsichtig und wahr ist ein Jahresabschluß somit dann, wenn er den wahrscheinlichsten Gewinn und den wahrscheinlichsten Vermögensstand ausweist und Angaben über die Varianzen macht.

5.2.5.4.6 Qualifizierte Kapitalerhaltungspostulate

Die bisher dargelegten Definitionen des Eigenkapitals waren von ihrem Inhalt her eindeutig bestimmt und die daraus abzuleitenden Bewertungsprinzipien klar verständlich und formulierbar.

Anders sieht es mit diversen „qualifizierten" Eigenkapitaldefinitionen bzw. Eigenkapitalerhaltungspostulaten aus. Insbesondere kennt die Literatur die Postulate einer „relativen", einer „leistungsäquivalenten" und einer „entwicklungsadäquaten" Eigenkapitalerhaltung. Sie seien nachfolgend kurz besprochen.

Das Postulat der *„relativen"* Werterhaltung der Unternehmungen wurde von Fritz Schmidt in die Literatur eingeführt. Schmidt will diese relative Erhaltung durch Anwendung seiner „organischen" Bilanz- und Erfolgsrechnungstheorie erreichen, obwohl bei einer Bewertung von Vermögen und Aufwand mit Wiederbeschaffungspreisen – vorausgesetzt der Absatzmarkt ist bereit, diese verrechneten Aufwendungen zu vergüten – nur die *absolute* gütermäßige Erhaltung sichergestellt werden kann.

E. Walb schreibt nicht zu Unrecht, daß er die diesbezüglichen Ausführungen Schmidts nicht verstünde, und stellt fest [1926, S. 338]: „Da er Wiederbeschaffungskosten rechnet und keine einseitigen Geldposten haben will, so muß er, sei es aus dem Erlös, sei es aus den aufgenommenen Krediten, am Umsatztag wieder Waren zu den verrechneten Preisen eindecken, womit er im Prinzip die volle Substanz erhält. Ob er das Experiment nun einmal oder 300 mal im Jahr vornimmt, kann, soweit ich sehe, keinen Unterschied machen.“

Ein Rechnen mit Wiederbeschaffungspreisen und eine Beschränkung der Ausschüttung auf den so errechneten Gewinn kann nur zu einer „absoluten“ Erhaltung des (eigenfinanzierten) Güterbestandes führen.

Unter „relativer Werterhaltung der Unternehmung“ versteht *Schmidt* aber nicht ihre „absolute“ Erhaltung, sondern, daß die Unternehmung „proportional der Gestaltung der Durchschnittsproduktivität in der Gesamtwirtschaft erhalten werden soll“ [1929, S. 146].

Hier zeigt sich wieder die Notwendigkeit, streng zwischen einer bestimmten Form der Definition des Eigenkapitals zwecks klarer Definition und Berechnung des Gewinnes einerseits und betriebswirtschaftlichen Erhaltungspostulaten andererseits zu unterscheiden.

Schmidts Rechnen mit Wiederbeschaffungspreisen weist nur das als Gewinn aus, was nach absoluter Erhaltung des eigenfinanzierten Vermögens noch an Überschuß erwirtschaftet wurde. Maßstab der Gewinnermittlung ist also die absolute Substanzerhaltung.

Angestrebt wird von Schmidt mit dieser Rechenmethode jedoch die *relative* Substanzerhaltung, die allerdings nur dann erreicht wird, wenn der Betrieb die „normale Ökonomik“ entwickelt! *Schmidt* schreibt [1929, S. 160f.]: „Der Wert eines Produktes ist für die Kalkulation nach der organischen Betrachtungsweise gleich seinen Kostenmengen und Kostenwerten im Zeitpunkt des Marktüberganges. Kalkuliert man so, dann wird jede Unternehmung ihre relative Stellung in der Wirtschaft behaupten, wenn sie mindestens die normale Ökonomik entwickelt.“

Unter „normaler Ökonomik“ versteht Schmidt, daß das Kapital im Unternehmen so angelegt ist, daß es die durchschnittlichen Wertsteigerungen mitmacht. Fragwürdig daran ist, daß einerseits Wertsteigerungen am ruhenden Vermögen von Schmidt als Nichtgewinne hingestellt werden und daß andererseits das Lukrieren von durchschnittlichen Wertsteigerungen gefordert und unterstellt wird.

Gänzlich widersprüchlich werden Schmidts Ausführungen, wenn er den Gewinn in der bekannten Weise definiert und berechnet, dann aber von einem Gewinn im „organischen“ Sinn erst sprechen will, *wenn* die Unternehmung ihre relative Stellung in der Produktion der Gesamtwirtschaft gehalten habe. *Schmidt* führt aus [1951, S. 139]: „Reinerfolg der Unternehmung ist der Rest, der vom Verkaufserlös der umgesetzten Güter verbleibt, nachdem alle Ersatzbeträge für die am Umsatztage zur Erzeugung des Produktes notwendigen Kostenmengen zum Beschaffungswerte des Umsatztages abgezogen sind. Von Erfolg kann im Sinne der organischen Bilanz nur gesprochen werden, wenn die

Unternehmung durch den Erlös aus ihren Waren mindestens in der Lage ist, ihre relative Stellung in der Produktion der Gesamtwirtschaft zu behaupten."

Abgesehen von dem Widerspruch, der in Schmidts vorgetragenen Äußerungen liegt, ergibt sich weiters die Frage, ob denn die relative Stellung einer Unternehmung im Rahmen der Volkswirtschaft nicht gerade von der Entwicklung des Wertes ihres Vermögens abhängig ist, also gerade von jenen Größen, die Schmidt als erfolgsneutral, als Scheingewinne hinstellt?!

Schmidts Vorläufer Kovero und Fäs haben die relative Stellung einer Unternehmung nämlich durchaus vom aktuellen, mit Wiederbeschaffungspreisen ermittelten Wert des Vermögens hergeleitet. *Kovero* schreibt z.B. [1912, S. 113]: „Der Zweck der Bewertung ist, die Geltung des Vermögens einer Unternehmung im Vergleich mit dem Vermögen anderer als eine gesellschaftliche Größe anzugeben. Es muß also erstrebt werden, bei der Wertbemessung gesellschaftlich bestimmte Wertgrößen als Meßeinheiten zu benutzen."

Fäs, der ebenfalls eine Bewertung mit Wiederbeschaffungspreisen forderte, führte aus [1913, S. 58]: „Jedes Jahr hat, streng genommen, aus dem Produktenerlös in vollem Umfang für die Werteinbuße des stehenden Kapitals aufzukommen. Jede Jahresbilanz und darnach rektifizierte Buchhaltung sollte die jeweils gegenwärtige wirkliche, volkswirtschaftliche Geltung des Vermögens der Unternehmung ausdrücken."

Als Bestandteil der „organischen" Definition des Eigenkapitals tritt die relative Werterhaltung nicht in Erscheinung, als betriebswirtschaftliches Postulat steht sie im Widerspruch zum erklärten Scheingewinncharakter der Vermögenswertänderungen.

Als Erhaltung der mengenmäßigen Produktivität verstanden, würde die „relative Erhaltung" erst recht sinnlos, denn die relative, rein mengenmäßige Produktivität könnte ja auch über vermehrten Fremdkapitaleinsatz, Subventionen etc. trotz laufender Verluste erreicht oder sogar gesteigert werden.

Prion hat das Problem der Substanzerhaltung schon sehr früh etwas differenzierter gesehen als Schmidt. Während Schmidt eine Bewertung der verbrauchten Produktionsfaktoren mit Wiederbeschaffungspreisen vorzunehmen empfiehlt, schwebt Prion offenbar eine Bewertung des produktiven Anlagevermögens bzw. dessen Abschreibung zu Wiederbeschaffungspreisen leistungsäquivalenter (anderer neuerer) Anlagen vor. *Prion* schreibt [1922, S. 98]: „Wie ich an anderer Stelle ausgeführt habe, stehe ich auf dem Standpunkt, daß die Aufwendungen, die für das Anlagekapital gemacht worden sind, in der Weise und in dem Umfange wieder in den Einnahmen hereinkommen müssen, daß der Betrieb aus sich heraus auf gleicher Leistungshöhe bleibt, daß er seine alte Leistungsfähigkeit behält."

Schmidts Postulat der relativen Erhaltung bzw. dessen Interpretation durch Schmidt weist ebenfalls schon gewisse Züge eines Strebens nach leistungsäquivalenter Kapitalerhaltung auf, obwohl das von ihm empfohlene Vorgehen nur eine „reproduktive Substanzerhaltung" impliziert. *Schmidt* schreibt [1951, S. 395]: „Als oberster Grundsatz für die organische Betrachtung der Unternehmung ergibt sich das Prinzip ihrer relativen Werterhaltung. Werterhaltung der Unternehmung heißt nicht, verknöcherte Einrichtungen, die den Bedürfnissen des Konsums nur noch wenig entsprechen, schützen, sondern es heißt, jede Unternehmung in ihrem relativen Werte, nämlich in dem Maß bei Wert zu halten, in dem sie für die Bedürfnisbefriedigung der Verbraucher jeweils Dienste leistet."

Die Begriffe „leistungsäquivalente Kapitalerhaltung" und „entwicklungsadäquate Kapitalerhaltung" sollen durch Hasenack geprägt worden sein [*Schieb,* S. 18ff.].

Saage führt darüber unter Hinweis auf ein nicht veröffentlichtes Manuskript Hasenacks („Untersuchungen über die Anlagenbilanzierung und Abschreibungskalkulation und ihre Verwendungsmöglichkeit als Mittel zur Verhinderung der Werkvergreisung", 1938) aus [*Saage,* 1959, S. 25]: „Unter leistungsäquivalenter und entwicklungsadäquater Kapitalerhaltung versteht Hasenack die Erhaltung der technischen wie wirtschaftlichen Leistungskraft der gesunden Einzelunternehmung im Verhältnis zum Leistungsvermögen der Konkurrenz. In diesem Begriff liegt die Anpassung an Bedarfsverschiebungen im Markt ebenso eingeschlossen wie an technische Substitutionsvorgänge in der Produktion. Dabei ist es gleichgültig, ob es sich um Anpassungsvorgänge handelt, die vom Rohstoff bzw. Rohstoffmarkt oder vom Fertigprodukt bzw. Absatzmarkt oder vom Arbeitsmarkt bzw. von der Technik der Produktion her ausgelöst werden. ‚Es kommt auf die der Konkurrenz gleichwertige Aufrechterhaltung der Produktiv- und Ertragskraft an, nicht auf die Erhaltung eines nominal gleichen Geldwertes als statische Vermögensgröße in der Bilanz'."

Schon lange vor Hasenack hat Sommerfeld mit seiner Forderung nach Verrechnung von „Wachstumssicherungsaufwand" eine Konzeption vertreten, die über die Forderung nach entwicklungsadäquater Kapitalerhaltung noch weit hinausgeht. *Sommerfeld* will die Wachstumsfinanzierung mit Eigenkapital nicht aus dem Gewinn vornehmen, sondern durch eine entsprechende Aufwandsverrechnung erreichen. Als Hauptaussage seiner sog. „Eudynamischen Bilanz" wird dies als Forderung formuliert. Er führt aus [1926, Sp. 1340]: „Die Unternehmung wird als Organismus mit ihren eigentümlichen Lebensäußerungen aufgefaßt. Leben aber heißt wachsen, größer und wirtschaftlich kräftiger werden. Solch innerer Aufbau ist nur möglich, wenn dem Unternehmen nicht alle als Überschuß der Schlußbilanz gegenüber der Anfangssubstanz anzusprechenden Werte als Dividende bzw. durch Privatverbrauch entzogen werden, sondern ihm mindestens teilweise belassen werden. Diese Thesaurierung ist demnach nichts Freiwilliges, sondern für Leben und Wachstum der Unternehmung unbedingt Notwendiges. Die Mittel für Wachstumssicherung sind ihrer Entstehung nach Erneuerungsreserven, ihrem Zwecke nach aber echte Reserven. Sie werden, weil lebensnotwendig, nicht aus dem Gewinn zurückgestellt, sondern sind als Wachstumssicherungsaufwand dem Verlust- und Gewinnkonto vor Feststellung des Gewinnes zu belasten. Erst der dann verbleibende Saldo ist verteilbarer Gewinn, dessen Entnahme weder den derzeitigen Lebenszustand, noch ein der Gesamtwirtschaftslage angemessenes Wachstum der Unternehmung stört."

Die Forderungen, „Leistungssicherungsausgleichskonten" zu dotieren und „Wachstumssicherungsreserven" zu bilden, sind als betriebswirtschaftliche Postulate verständlich, und ihre Erfüllung ist in manchen Fällen sicher sinnvoll. Nicht akzeptiert kann jedoch werden, diese Rücklagendotierungen als Aufwandsverrechnung zu interpretieren. Derartige finanzielle Vorsorgen für Weiterentwicklung und Wachstum der Unternehmung haben nach konventioneller Auffassung und Konzeption von Buchhaltung und Jahresabschlußrechnung mit der Errechnung des erzielten Gewinnes der abzuschließenden Periode nichts zu tun. Gegen Gewinnverwendung in Form von Rücklagendotierung wird meist nichts einzuwenden sein. Eine Demontage des Gewinnbegriffs erscheint jedoch nicht akzeptabel.

Auch ergibt sich die Frage, wie denn der einzelne bilanzierende Unternehmer die zukünftige technische Entwicklung erkennen, meßbar machen und quantifizieren soll und wie er das volkswirtschaftliche Wachstum vorherbestimmen soll. Ohne diese Maßnahmen werden aber „richtige" entwicklungsadäquate Abschreibungen und Wachstumssicherungsrücklagendotierungen wohl nicht vorgenommen werden können.

Auch ist dem Kaufmann ein am durchschnittlichen technischen Fortschritt und am durchschnittlichen volkswirtschaftlichen Wachstum orientierter „Gewinn"-Begriff fremd, und in gesamtwirtschaftlicher Betrachtung gäbe es dann auch keine Gewinne und Verluste mehr, da sich im gesamten Durchschnitt einer Volkswirtschaft dann „Gewinne" und „Verluste" aller Betriebe ausgleichen müßten.

Die Bilanz bedarf einer operationalen Definition des Eigenkapitals. Ohne eine solche werden der Bilanzbewertung und der Erfolgsermittlung die festen Grundlagen entzogen. Eine Definition des Eigenkapitals im Sinne der entwicklungsadäquaten Kapitalerhaltung oder gar im Sinne der Sommerfeldschen Vorstellungen ist als Basis einer schlüssigen und nachvollziehbaren Bilanzbewertung und Gewinnermittlung nicht brauchbar und daher abzulehnen. Als unternehmungspolitische Ziele formuliert, mögen die Forderungen nach diversen Formen „qualifizierter" Eigenkapitalerhaltung sinnvoll und akzeptabel sein.

5.2.5.4.7 Kombinierte Eigenkapitaldefinitionen

In den bisherigen Ausführungen waren stets nur singuläre Eigenkapitaldefinitionen bzw. Eigenkapitalerhaltungspostulate vorgestellt und besprochen worden. Die Literatur kennt jedoch auch kombinierte Formen von Eigenkapitaldefinitionen und Eigenkapitalerhaltungspostulaten.

In neuerer Zeit versteht man unter dem Prinzip des „doppelten Minimums" die alte Forderung, der Gewinnermittlung gleichzeitig die nominelle und die substantielle Eigenkapitaldefinition zugrunde zu legen bzw. eine derart kombinierte Form der Eigenkapitalerhaltung anzustreben.

In Zeiten steigender Preise sei der Aufwand mit aktuellen Wiederbeschaffungspreisen zu bewerten (substantielle Eigenkapitalerhaltung), und in Zeiten sinkender Preise habe eine Aufwandsbewertung mit den (höheren) historischen Anschaffungspreisen zu erfolgen (nominelle Eigenkapitalerhaltung).

Mahlberg konnte schon 1923 Nicklisch zitieren, der 1921 in einem Aufsatz in der ZfHwuHp zur Frage der Bewertung der Abschreibungen mit Wiederbeschaffungspreisen oder mit Anschaffungspreisen wie folgt Stellung genommen hatte [*Mahlberg*, 1923, S. 225f.]: „Es kommt immer sowohl Erneuerung als auch Tilgung in Frage. Von beiden steht die Erneuerung im Vordergrunde, solange sie gefährdet ist. Ist die Tilgung gefährdet, so muß vor allem diese gesichert werden. In beiden Fällen bedarf die Sicherung des anderen Zwecks keiner besonderen Fürsorge, da sie regelmäßig ohnehin gewährleistet bleibt.“

Ter Vehn interpretiert im Jahre 1924 Schmalenbach wie folgt [1924, S. 368]: „Schmalenbach berücksichtigt in seinen ‚Grundlagen dynamischer Bilanzlehre‘ bei den Gegenständen, die dauernd dem Betriebe gewidmet sind oder besser gewidmet sein sollen, vorausschauend die Ersatzkosten der Zukunft, sobald diese einigermaßen sicher höher als die Anschaffungskosten angenommen werden dürfen. Von einer Berücksichtigung niedrigerer Ersatzkosten finden wir kein Wort bei ihm. Er negiert somit das Prinzip der Amortisation des hineingesteckten abstrakten Wertes nicht und ersetzt es nicht grundsätzlich durch das Prinzip der materiellen Erhaltung, sondern er ergänzt es nur, indem er neben die grundsätzliche Forderung der Kapitalerhaltung die Berücksichtigung der Gegenforderungen des Betriebes setzt, wenn diese über jene hinausgehen.“

Hax, dem man heute zu Unrecht die Schöpfung der Idee des doppelten Minimums zuschreibt, führte in seiner Habilitationsschrift über das Thema aus [1926, S. 112]: „Walb unterscheidet materielle und nominelle Kapitalerhaltung. Materielle Kapitalerhaltung bedeutet grundsätzlich Erhaltung der ursprünglichen Gütermenge; nominelle Kapitalerhaltung ist Erhaltung eines geldziffernmäßig bestimmten Ursprungskapitals. Eine Vermittlung zwischen beiden Formen ist der Vorschlag ter Vehns. Dieser verlangt grundsätzlich nominelle Kapitalerhaltung, ergänzt diese Forderung aber durch das Prinzip der materiellen Erhaltung der betriebsnotwendigen Werte, für den Fall, daß dieselbe nicht schon durch die Erhaltung des geldziffernmäßig bestimmten Kapitals gesichert ist.“

Angelberger berichtete 1927 über die kaufmännische Praxis wie folgt [S. 243]: „Sie stellen sich daher als vorsichtige Geschäftsleute bei Preiserhöhungen der Produktionsmittel auf den Boden des sachlich bestimmten Kapitalinhaltes und erhöhen damit ihr Kapital in Geld und bei Preissenkungen stellen sie sich auf den Boden des geldlich bestimmten Kapitalinhaltes und vermehren dadurch die sachlichen Mengen ihrer Produktionsmittel oder ihren Gewinn.“

Nach Hax habe die Substanzrechnung im Rahmen der nominellen Rechnung nur den Charakter einer temporär gültigen Hilfsrechnung. *Hax* führt aus [1957, S. 51]: „Daraus ergibt sich weiterhin, daß die Grundrechnung der Unternehmung immer nur die Geldrechnung sein kann. Die Substanzrechnung wird stets den Charakter einer Hilfsrechnung haben. Es kann sich also nicht darum handeln, neben die Geldkapitalrechnung ein völlig selbständiges System der Substanzrechnung zu stellen oder die Unternehmungsrechnung in ein kombiniertes System der Kapital- und Substanzrechnung umzubauen, in dem die beiden Teile gewissermaßen gleichgewichtig nebeneinander stehen. Wegen der wesensbedingten Unvollkommenheit der Substanzrechnung bleibt nur der Weg einer Ausgestaltung der Geldkapitalrechnung, damit sie im Rahmen des praktisch Möglichen auch der Forderung nach Substanzerhaltung gerecht zu werden vermag."

Bei Liquidation der Unternehmung seien die Substanzerhaltungsrücklagen wieder erfolgswirksam aufzulösen. Der Charakter der Substanzrechnung als nur temporär gültige Hilfsrechnung wird von *Hax* ausdrücklich bestätigt, wenn er schreibt [1957, S. 35]: „Wenn das Unternehmen aber aufgelöst wird, dann werden in diesem Augenblick die Gewinne frei, die bisher in der Substanzerhaltungs-Rücklage gebunden waren. Gewinn ist dann alles, was über das eingezahlte Nominalkapital hinaus vorhanden ist, und unterliegt dementsprechend auch der Gewinnbesteuerung. Daraus geht aber eindeutig hervor, daß die kombinierte Rechnung im Grunde genommen gar keine Substanzrechnung ist, sondern eine besondere Form der Geldkapitalrechnung. Die Substanzrechnung, die in sie eingebaut wurde, ist gewissermaßen nur eine Hilfsrechnung, solange und soweit die Substanzerhaltung im Interesse einer ungeschmälerten Fortführung der Unternehmung erforderlich ist. Wird das Unternehmen liquidiert, dann entfällt die Notwendigkeit der Substanzerhaltung. Damit werden aber wieder die Grundsätze der Geldkapitalrechnung wirksam."

Aber nicht nur bei der Liquidation, sondern auch bei einem Strukturwandel der Unternehmung will *Hax* die Substanzerhaltungsrücklage erfolgswirksam aufgelöst sehen [1957, S. 223]: „Oft wird aber auch ein Produktionszweig aufgegeben und dafür ein anderer aufgenommen, für den natürlich ganz andersartige Anlagen beschafft werden. Beispielsweise gibt ein Unternehmen die Herstellung von Werkzeugmaschinen auf und stellt in der gleichen Werkhalle Kraftwagen her. In diesem Falle liegt ein solcher Strukturwandel vor, daß sich eine Übertragung der Rücklagen, die für die aufgelöste Produktionsabteilung angesammelt wurden, auf die neue Abteilung nicht mehr rechtfertigen läßt. Hier liegt geldkapitalmäßig ein endgültiger Abschluß und auf der anderen Seite ein völlig neuer Anfang vor; das bedeutet, daß die für die aufgelöste Produktionsabteilung angesammelten Rücklagen unter dem Gesichtspunkt der Substanzerhaltung nicht mehr erforderlich sind und zugunsten der Gewinn- und Verlustrechnung aufzulösen sind."

Solange man die Substanzerhaltungsrücklagen offen bildet und wieder offen auflöst und man derartige Substanzrechnungen nur als temporäre Hilfsrechnungen betrachtet und daher die Substanzerhaltungsrücklagen wieder gegen Erfolg auflöst, ist gegen eine Abschlußrechnung nach dem Prinzip des „doppelten Minimums" bilanztheoretisch nichts einzuwenden.

Buchhaltung, Jahresabschlußrechnung, Eigenkapitaldefinition und Gewinnbegriff bleiben letzten Endes geldkapitalistisch und eindeutig bestimmt.

Dies ist bei der Konzeption Feuerbaums, von diesem als „Polare Bilanz“ bezeichnet, nicht mehr der Fall. Auch Feuerbaum fordert nominelle und substantielle Kapitalerhaltung und legt der Gewinnermittlung beide Eigenkapitaldefinitionen zugrunde. Nach Feuerbaum ist jedoch die substantielle Rechnung keine Hilfsrechnung, sondern der nominellen Rechnung gleichrangig, und die Substanzerhaltungsrücklagen sind keine temporären Gewinnreservierungen, sondern sollen endgültig neutralisierte Beträge sein. *Feuerbaum* führt über seine Idee aus [1966, S. 104]: „Der polaren Bilanz sind zunächst die beiden Zwekke gesetzt, das nominelle und das substantielle Kapital der Unternehmung zu erhalten, in dem Sinne, daß von Gewinn nur dann zu sprechen ist, wenn (unter Ausschluß erfolgswirksamer Änderungen auf der Passivseite) das Brutto-Vermögen der Bilanz am Schluß einer Rechnungsperiode das Brutto-Vermögen der Bilanz am Anfang der Rechnungsperiode sowohl substantiell als auch nominell übertrifft. Verlust liegt dagegen vor, wenn eine substantielle oder nominelle Minderung des Brutto-Vermögens eingetreten ist. Dabei hat weder die nominelle noch die substantielle Vermögensrechnung Vorrang. Sie sind im Rahmen der polaren Bilanz gleichrangig und interdependent, d.h. die substantielle Kapitalerhaltung wirkt sich auf die nominelle Kapitalerhaltung und umgekehrt aus.“

Den Erfolg will Feuerbaum nicht über die Gewinn- und Verlustrechnung, sondern nur durch Reinvermögensvergleich ermitteln. Die Neubewertungen seien daher nur in der Bilanz und nicht auch in der Erfolgsrechnung vorzunehmen.

Die Aufwertungsbuchungen, die sich aus der Bewertung des Vermögens mit höheren Wiederbeschaffungspreisen ergeben, seien auf ein Konto „Substanzerhaltungsrücklage“ gegenzubuchen. Abwertungen, die bei gesunkenen Tagespreisen erforderlich werden, sind jedoch stets und in jedem Fall zu Lasten der Erfolgsrechnung und nicht zu Lasten der Substanzerhaltungsrücklage vorzunehmen. Dies gilt somit auch dann, wenn Vermögensgegenstände infolge einer vorangegangenen Aufwertung höher als mit ihrem Anschaffungswert zu Buche stehen und die seinerzeitige Aufwertung ja zugunsten der Substanzerhaltungsrücklage gebucht worden war. Nach Feuerbaums Vorstellung kann es somit nur Dotierungen seiner Substanzerhaltungsrücklage, niemals aber Auflösungen derselben geben!

Dies bestätigt *Feuerbaum* ganz ausdrücklich auch mit nachfolgenden Ausführungen [1967, S. 183f.]: „Die systemgerechte Substanzrechnung in der Bilanz fordert daher, auf der Aktivseite Wiederbeschaffungswerte zu bilanzieren und auf der Passivseite eine nicht reduzierbare Substanzerhaltungsrücklage auszuweisen, die entsprechend zu erhöhen ist, wenn die Summe der positiven Differenzbeträge zwischen den Wiederbeschaffungs- und Anschaffungswerten der Wirtschaftsgüter des Anlagen- und Vorratsvermögens im Vergleich zur vorhergehenden Bilanz größer geworden ist. Es wird also der Substanzerhaltungsrücklage jeweils die Summe dieser Differenzbeträge zugeführt; negative Differenzen bleiben außer Betracht.“ . . . „Während jedoch nach Fritz Schmidt sinkende Wiederbeschaffungswerte keine Verluste darstellen, sind die Minderbeträge in der polaren Bilanz in jedem Fall Verlust, auch dann, wenn die Wiederbeschaffungswerte noch über den ursprünglichen Anschaffungswerten liegen."

Für den Fall von Vermögensgütern, die sich längere Zeit in einer Unternehmung befinden, ist nach Feuerbaums Konzept sogar die mehrmalige Dotierung einer Substanzerhaltungsrücklage möglich, wenn die Wiederbeschaffungspreise schwanken, wobei die Summe der dafür insgesamt vorgenommenen Rücklagendotierungen über die Differenz zwischen höchstem Wiederbeschaffungspreis und historischem Anschaffungspreis weit hinausgehen kann, da bei Abwertungen ja keine Rücklagenauflösungen, bei Aufwertungen aber stets neue Rücklagendotierungen vorgenommen werden sollen. Dies ist die logische, aber wohl nicht sinnvolle Konsequenz der Feuerbaumschen Regel, Abwertungen stets und in allen Fällen zu Lasten der Erfolgsrechnung vorzunehmen. *Feuerbaum* bestätigt diese Schlußfolgerung auch ausdrücklich [1966, S. 135]: „Im Gegensatz zu Hax entspricht jedoch die Substanzerhaltungsrücklage der polaren Bilanz nicht dem Differenzbetrag zwischen den Anschaffungs- und Wiederbeschaffungswerten der gerade vorhandenen Wirtschaftsgüter. Vielmehr umschließt sie, wie frühere Überlegungen zeigten, auch Beträge, die sich aus der Substanzrechnung für Wirtschaftsgüter ergaben, die nicht mehr vorhanden sind, sowie Beträge, die aus dem Rückgang der Wiederbeschaffungswerte herrühren, gleichviel, ob sie sich auf noch vorhandene oder nicht mehr vorhandene Wirtschaftsgüter beziehen. Die Substanzerhaltungsrücklage der polaren Bilanz kann sogar mehrfach für gestiegene Wiederbeschaffungswerte aufgestockt werden, wenn nämlich im Laufe mehrerer Bilanzperioden der Wiederbeschaffungswert eines Wirtschaftsgutes anstieg, wieder zurückging, um danach erneut zu steigen. Nicht nur aus Gründen der Praktikabilität, sondern in erster Linie aus den dargelegten volkswirtschaftlichen Gründen wird das als gerechtfertigt angesehen."

Geldwertgewinne bei Schulden und Geldwertgewinne bei aktiven finanziellen Mitteln will *Feuerbaum* vor allem wegen der seiner Meinung nach sonst eintretenden inflationären Gefahr unberücksichtigt lassen [1966, S. 158].

Feuerbaums zweigesichtige Definition des Eigenkapitals und des Gewinnes und die imparitätische Behandlung der Substanzerhaltungsrücklage können nicht als eindeutige Grundlagen der Jahresabschlußrechnung beurteilt werden. Der nach Feuerbaums Vorstellungen zu errechnende Gewinn ist weder von der nominellen noch von der substantiellen Eigenkapitaldefinition noch von einer sinnvollen temporären Kombination der beiden, sondern nur noch vom Zufall abhängig. Feuerbaums Konzeption ist damit weder als bilanztheoretische Grundlage einer Gewinnermittlung brauchbar noch kann in ihr ein sinnvolles betriebswirtschaftliches Postulat gesehen werden.

Auf den Vorschlag von Schneider, die konventionelle buchhalterische (nominelle) Eigenkapitaldefinition und die Eigenkapitaldefinition nach dem „ökonomischen Gewinnbegriff" bei der Ermittlung des „ausschüttbaren" Gewinnes zu kombinieren, und auf die Zirkelhaftigkeit dieser Idee wurde schon im Abschnitt über die Gewinnbegriffe eingegangen.

5.2.5.5 Bilanzbewertung und Gewinnbegriff

Die Bewertung in der Jahresabschlußrechnung ist ganz wesentlich, wenn nicht sogar überwiegend von der Art des „Gewinnes“ abhängig, den man als „erzielten“ oder als „ausschüttbaren“ zum Ausweis bringen will.

Die Gewinndefinition ist jedoch von der Art der Definition des bilanzmäßigen Eigenkapitals abhängig, so daß mit der Festlegung des Eigenkapitalbegriffes und der daraus resultierenden Art der Bewertung grundsätzlich auch die Art der Erfolgsbewertung determiniert ist. Bilanzbewertung und Erfolgsbewertung bedingen einander im doppischen System und sind daher nicht voneinander zu trennen.

Temporär kann es jedoch in Abhängigkeit von speziellen Gewinnauffassungen („vergleichbarer“ Gewinn, „betrieblicher“ Gewinn, „geschäftswesentlicher“ Gewinn) zu Bewertungsmanipulationen kommen, die nicht in der Art der Eigenkapitaldefinition, sondern in der Art der Sicht des Gewinnbegriffes begründet liegen. Eine klare Bewertungskonzeption oder ein klares Bewertungsprinzip läßt sich aus derlei speziellen Gewinnvorstellungen, die einen *Teil* des Periodenergebnisses für das ganze ausgeben wollen, meist nicht herleiten. Schmalenbachs inoperationale und intersubjektiv nicht nachvollziehbare Bewertungskasuistik soll dafür als Beispiel genannt werden.

Bestenfalls kommt es zur Erfolgsspaltung (z.B. „verursachter“ und „realisierter“ Erfolg), womit die Festlegung eines klar definierten Eigenkapitalbegriffes und eines klaren Periodisierungsprinzips verbunden sein kann.

Da die Zusammenhänge zwischen Gewinndefinitionen und Bilanzbewertung schon im voranstehenden Abschnitt über die bilanziellen Gewinnbegriffe zur Konkretisierung der diversen „Gewinn“-Vorstellungen behandelt werden mußten und da auch im vorhergegangenen Abschnitt über die Abhängigkeit der Bewertung von den Eigenkapitalbegriffen über diese Frage referiert wurde, soll im weiteren auf eine nochmalige Abhandlung der Abhängigkeit der Bilanzbewertung von den „Gewinn“-Begriffen verzichtet werden, und es wird auf die Ausführungen in den genannten Kapiteln verwiesen.

5.2.5.6 Bilanzbewertung und Periodisierungsprinzipien

Jede nach der Gründung und vor der vollendeten Liquidation erstellte Jahresabschlußrechnung ist nur eine *Zwischenrechnung,* die in Form einer Momentaufnahme des Querschnittes des die Unternehmung durchziehenden Werteflusses die rechnungsmäßigen Bestände und in der Folge davon den Periodengewinn ermitteln soll.

Der totale Einnahmen-Ausgaben-Überschuß („Totalerfolg“) ist erfolgsrechnerisch auf die einzelnen Erfolgsrechnungsperioden aufzuteilen. Die Zuordnung der einzelnen „Erträge“ als periodisierte Einnahmen und „Aufwendungen“ als periodisierte Ausgaben erfolgt dabei nach gewissen Periodisierungsprinzipien.

Die Kehrseite dieser Periodisierungsprinzipien sind die „Vermögens“-Begriffe. Gewähltes Periodisierungsprinzip der Erfolgsrechnung und Vermögensbegriff der Bilanz sollten einander entsprechen. Es handelt sich um duale Probleme.

Aus der Festlegung eines bestimmten Vermögensbegriffes resultiert eine ganz bestimmte Art der Periodisierung. Aus der Festlegung einer bestimmten Art der Periodisierung ergibt sich ein bestimmter Vermögensbegriff. Je nach „statischer" oder „dynamischer" Sicht des Jahresabschlußproblems kann man dabei das eine als das Primäre und das andere als das Sekundäre betrachten. Grundsätzlich sind Periodisierungsprinzip und Vermögensbegriff gleichrangig, weil sie sich gegenseitig bedingen und determinieren.

Die „Dynamiker" sehen in der Periodisierung von Einnahmen und Ausgaben (GuV-Rechnung) das Primäre und in der „Resterechnung" (Bilanz) das Sekundäre. Die „Statiker" halten es gerade umgekehrt.

Die Praxis hält sich – zu Recht – an beide Möglichkeiten. Abschreibungen werden heute meist schematisch als gleichmäßige Verteilung der Anschaffungsausgaben auf die Nutzungsdauer errechnet und verbucht; der Wareneinsatz wird meist indirekt über die körperliche Bestandsaufnahme und Inventurbewertung ermittelt. Im ersten Beispiel dominiert das Periodisierungsprinzip und im zweiten Fall der Vermögensbegriff.

Um eines kommen weder die Statiker noch die Dynamiker in ihrer jeweils etwas beschränkten, weil einseitigen Sicht des Problems nicht herum: Der Periodisierung und der Bewertung bedarf es in der geldkapitalistischen Rechnung immer nur dann, wenn es grundsätzlich Wertänderungen in der Totalperiode gibt. Dort wo z.B. kein Verbrauch, kein Wertverzehr stattfindet, bedarf es auch keiner Verbrauchsermittlung, keiner Abschreibungsberechnung und keiner entsprechenden Aufwandsverbuchung.

Statikern und Dynamikern geht es um die Aufteilung des Totalerfolges auf die einzelnen Geschäftsjahre, ihre Ansichten über die „richtige" Art der Periodisierung sind nur graduell verschieden. Gelegentlich etwas andere Auffassungen des „Vermögens"-Begriffes werden sich dann ebenfalls feststellen lassen. Der von Schmalenbach abgelehnte Dualismus der Bilanzziele ist der ganzen doppischen Verrechnung immanent.

Es hängt von den expliziten und impliziten Prämissen ab, welche Art der Verteilung des totalen Einnahmen-Ausgaben-Überschusses auf die einzelnen Rechnungsperioden man für „richtig" erachtet. Je nach gewählter Art der Periodisierung werden etwas unterschiedliche Bewertungsregeln sich ergeben.

Die Aufwandsart „Abschreibungen" ist das beste Beispiel, an Hand dessen man die oft nur graduell unterschiedlichen Ansichten über die „richtige" Art der Periodisierung darstellen kann. Ja *Schmalenbach* meinte einmal sogar, „daß der Unterschied zwischen Vermögens- und Gewinnermittlungsbilanz sich überhaupt nur bei den Abschreibungswerten zeigt; bei den anderen ist kein Unterschied" [1910/11, S. 388].

Gemeinsam ist allen konventionellen Bilanz- und Erfolgsrechnungstheorien, daß sie die Ausgaben- und Einnahmenperiodisierungen mehr oder weniger „isoliert" vornehmen, d.h. jede einzelne Einnahme und jede einzelne Ausgabe auf ihre wirtschaftliche, erfolgsrechnerische Zugehörigkeit zu den einzelnen Erfolgsrechnungsperioden überprüfen und festlegen. Dieser „isolierten“ Periodisierung in der Erfolgsrechnung entspricht das Prinzip der Einzelbewertung in der Bilanz. Soweit die Klassifizierung der Einnahmen und Ausgaben als „erfolgswirksam“ (Ertrag, Aufwand) bzw. „erfolgsneutral“ (Passivierung, Aktivierung) nicht schon routinemäßig in der laufenden Buchhaltung erfolgt, muß sie anläßlich des jährlichen Bücherabschlusses vorgenommen werden („Bilanzierung“, Abschlußarbeiten, Um- und Nachbuchungen). Nachfolgend sei das Problem der etwas unterschiedlichen Sicht der „richtigen“ Periodisierung an Hand der „Abschreibungen“ verdeutlicht.

Allen konventionellen Erklärungen der Abschreibungen („statische Abschreibungstheorie“, „dynamische Abschreibungstheorie“, „Verlustantizipationstheorie“, „Amortisationstheorie“) ist gemeinsam, daß sie – zumindest formal – vom Grundsatz der isolierten Periodisierung bzw. vom Grundsatz der Einzelbewertung ausgehen. Dies bedeutet, daß jede zu verrechnende (getätigte oder zukünftige) Ausgabe für sich zu beurteilen ist, wann sie als „Aufwand“ verrechnet werden soll und in welche Bilanz sie eventuell als aktiver Bestand (transitorische Abgrenzung) bzw. als passiver Bestand (antizipative Abgrenzung) eingestellt werden soll.

Ausgaben, deren erhaltener Gegenwert sogleich oder noch in derselben Abrechnungsperiode im Prozeß der Leistungserstellung untergeht, werden sogleich als Aufwand dieser Periode verrechnet. Ausgaben, deren erhaltener Gegenwert auch noch in auf die Abschlußperiode folgender Zeit Nutzen verspricht, werden anteilig „aktiviert“, also erfolgsrechnerisch neutralisiert und damit in spätere Perioden transferiert und in diesen späteren Perioden als Aufwand verrechnet. Nur die unmittelbaren Konsequenzen der Ausgabe bzw. nur das Schicksal des erhaltenen Ausgabengegenwertes werden hierbei berücksichtigt. Ist eine Maschine voraussichtlich sechs Jahre nutzbar, so wird ihre Anschaffungsausgabe auf diese sechs Jahre als „Aufwand“ verteilt werden. Daß als Folge dieser Erstinvestition die Möglichkeit einer ganzen Reihe von lukrativen Folgeinvestitionen geschaffen worden sein mag, hat für die Periodisierung der Ausgaben für die Erstinvestition keine Bedeutung.

Die erfolgsmäßigen Interdependenzen, die zwischen komplementären Produktionsfaktoren sowie zwischen den aufeinanderfolgenden Rechnungsperioden bestehen, werden bei allen konventionellen Bilanztheorien und von der Bilanzierungspraxis formell gar nicht (Einzelbewertung, isolierte Periodisierung) und materiell in nur ganz beschränktem Ausmaß berücksichtigt. Dieser Einstellung steht die „kapitaltheoretische Bilanz“ mit ihrer Gesamtbewertung und mit ihrer *simultanen* Periodisierung diametral gegenüber.

Nach älterer *statischer* (juristischer) Ansicht sind die Vermögensgegenstände in strenger Beachtung des Prinzips der Einzelbewertung mit ihren jeweiligen Einzelveräußerungspreisen zu bewerten. Die Abschreibungen haben dabei im Falle des abnutzbaren Anlagevermögens die Aufgabe, den Bilanzansatz auf den jeweiligen Einzelveräußerungspreis zu bringen.

Man spricht im Zusammenhang mit dieser „statischen" Erklärung des Wesens der Abschreibungen von „wertangleichender" Abschreibung und übersieht dabei aber, daß diese „statische" Abschreibung ebenso wie die „dynamische" Abschreibung die Aufgabe der „Ausgabenverteilung" erfüllt. Nur in der Art, wie man den totalen Wertverlust der ganzen Anlage auf die einzelnen Erfolgsrechnungsperioden bringt (und damit in der Art der Vermögensdefinitionen usw.), unterscheidet sich die „statische" von der „dynamischen" Abschreibung. Einen ausgabenverteilungstheoretischen Aspekt haben „statische" und „dynamische" Erklärung der Abschreibung.

Der Unterschied zwischen statischer und dynamischer Abschreibung besteht nur darin, daß sich erstere streng an den Grundsatz der Einzelbewertung und streng an den Grundsatz der isolierten Periodisierung hält, während die dynamische Abschreibung dies nur formal tut, materiell von der strengen einperiodigen Betrachtung etwas abrückt.

Der *„dynamischen"* Bewertung der einzelnen Vermögensgegenstände und der Periodisierung der für ihre Anschaffung getätigten Ausgaben liegt unausgesprochen ein Betrachtungszeitraum zugrunde, der der gesamten geschätzten Nutzungsdauer des jeweiligen Gegenstandes entspricht.

Die dynamische Vorgangsweise bezweckt, den gesamten Wertverlust, den ein abnutzbarer Anlagegegenstand in seiner gesamten Nutzungsdauer erleiden wird, auf die einzelnen Erfolgsrechnungsperioden möglichst gleichmäßig oder zumindest nutzenproportional aufzuteilen, weil man im gesamten Nutzenpotential und im gesamten Wertverzehr dieser Anlage eine Einheit sieht, die man nur künstlich auf die einzelnen Erfolgsrechnungsperioden und daher möglichst gleichmäßig zu verteilen hat. Die einzelnen Perioden haben somit gewissermaßen „normalisierte" Teile des gesamten Wertverzehrs der Anlage zu tragen. Formal liegt eine isolierte Periodisierung und strenge Einzelbewertung vor, materiell wird jedoch die zwischen den einzelnen Erfolgsrechnungsperioden herrschende („horizontale") Interdependenz – allerdings beschränkt auf das jeweilige Anlagegut – mehr oder weniger beachtet.

Auch der „dynamischen" Abschreibung liegt eine Bewertung zugrunde. Ohne Feststellung, daß der Ausgabengegenwert durch Zeitablauf, Verschleiß etc. im Wert verlieren wird, gibt es auch bei den Dynamikern keine Abschreibungen. Nur das Streben nach Normalisierung der Aufwandsverrechnung und eine etwas weniger strenge Auffassung des Prinzips der Einzelbewertung unterscheiden statische und dynamische Erklärung und Handhabung der Abschreibungsberechnung. Beiden ist gemeinsam, daß sie die Art der Verteilung *vergangener* Anschaffungsausgaben auf die Nutzungsperioden erklären. Ohne Wertminderung gibt es weder beim „Statiker" noch beim „Dynamiker" eine „Abschreibung".

Fäs führte als Vertreter einer „statischen" Interpretation der Abschreibung aus [1913, S. 40]: „Die schablonenmäßige Verteilung des ursprünglichen Anschaffungswertes auf die approximativ geschätzte Reihe von Gebrauchsjahren ist nicht imstande, jedem Jahre die Last aufzubürden, die ihm wirklich gebührt, nämlich den Betrag des in jedem speziellen Jahr stattgehabten Wertkonsums."

Beim „Dynamiker" Schmalenbach findet sich die Erklärung der Abschreibung als „Verteilungsmittel" und die Feststellung, daß „die zu verteilenden Kosten" „an der Anzahl der Gebrauchsjahre . . . und nicht vom jeweiligen Wert" bestimmt würden, wobei *Schmalenbach* unter „Wert" den jeweiligen Einzelveräußerungswert verstanden hatte [1910/11, S. 386].

Kosiol spricht im Zusammenhang mit „Verteilungsabschreibungen" („Regelabschreibungen") von „planmäßigen Periodenanteilen des Anschaffungswertes während der betrieblichen Nutzungsdauer" [1944, S. 71].

Schon in früheren Jahrhunderten waren auch lineare Abschreibungen bekannt gewesen. Diesem Vorgehen werden aber wohl eher Praktikabilitätsüberlegungen und weniger bilanztheoretische Einsichten zugrundegelegen haben.

Scheffler und Simon mußten als frühe Dynamiker ihre Forderung nach linearen Abschreibungen in Opposition zu den Juristenwerten (Einzelveräußerungswerten) werttheoretisch begründen (Anlagevermögen, „Gebrauchswert"). Von Wilmowski und Fischer glaubten auf derlei werttheoretische Begründung schon verzichten zu können und erhoben die Ausgabenverteilung zum Prinzip.

Aber nicht nur über das Wesen der Abschreibung und ihrer richtigen Bemessung waren sich „Statiker" und „Dynamiker" nicht einig, sondern offenbar auch darüber, was die Praxis zu tun pflege. *Berliner* berichtet z.B. folgendes [1911, S. 79]: „Nach unserer Erfahrung pflegt der Kaufmann keineswegs die Abschreibung auf mehr als eine verhältnismäßig kurze Zeit im voraus festzusetzen, er prüft meistens in jedem Jahr aufs neue, ob der Abschreibungsprozentsatz des Vorjahres auch in der jetzigen Inventur beibehalten werden, ob er erhöht oder ermäßigt werden soll. Es ist ganz undenkbar, daß ein Kaufmann die Abschreibungsquote auf lange Zeit im voraus festsetzt; er muß bei jeder Bilanz aufs neue prüfen, wieviel der Gegenstand für ihn noch wert ist, ohne Rücksicht darauf, wie die Geschäftsziffer dadurch beeinflußt wird."

Demgegenüber spricht *Schmalenbach* ungefähr zur selben Zeit von der „kaufmännischen Übung gleichmäßiger Abschreibungsquoten". Er führt aus [1907/08a, S. 473f.]: „Es kommt in der Bilanz nicht darauf an, den Anlagewert möglichst genau zu bestimmen, sondern darauf, den Verbrauch der Anlage auf die Reihe der Gebrauchsjahre der Leistung entsprechend zu verteilen. Darum ist auch nicht der Grad der Abnutzung für die Abschreibungsquote eines bestimmten Jahres entscheidend; vielmehr entspricht die kaufmännische Übung gleichmäßiger Abschreibungsquoten vom Rohertrag den Verhältnissen weit eher."

Heute herrscht in der Praxis ohne Zweifel grundsätzlich die Normung der Abschreibungsquoten. Dazu mag ganz wesentlich die steuerrechtliche Regelung und Definition der Abschreibung („Absetzung für Abnutzung") beigetragen haben. Die degressive Gestaltung der genormten Abschreibungen wird gelegentlich als besonders „dynamische" Form aufgefaßt, offenbar weil sie im Zusammenhang mit progressiv steigenden Reparaturkosten zu einer stärkeren

Normalisierung der Jahresbelastungen mit Anlagenaufwand oder bei degressivem Verlauf der Nutzungsmöglichkeit zu einer gerechteren Periodenrechnung führt.

Die dynamische Abschreibungstheorie erklärt die Abschreibung aus der normalisierten Verteilung vergangener Anschaffungsausgaben schon vorhandener Anlagen auf die erwarteten Nutzungsjahre. Die Betrachtungsdauer ist bezüglich der Abschreibungsbemessung auf die geschätzte Nutzungsdauer des jeweiligen Anlagegutes beschränkt.

Die *verlustantizipationstheoretische* Erklärung der Abschreibung erstreckt den Betrachtungszeitraum weiter. Man geht dabei von der Annahme aus, daß nach Ausscheiden der vorhandenen Anlage eine neue funktionsgleiche Anlage angeschafft und genutzt werden wird.

Die Abschreibungsaufwendungen sind daher nicht als Verteilung der vergangenen Anschaffungsausgaben der vorhandenen Anlage, sondern als erfolgsrechnerische anteilige Antizipierung der *zukünftigen* Ausgaben für die Ersatzinvestition aufzufassen. Nicht die Verteilung vergangener Ausgaben, sondern die *Dotierung einer Ersatzbeschaffungsrückstellung* stellt demnach die Abschreibungsverrechnung dar. Bei indirekter Verbuchung der Abschreibungen gegen ein Wertberichtigungskonto wird diese Idee besonders deutlich.

Solange ein vorhandenes Anlagegut genutzt werden kann, ist es für die Unternehmung von Wert, wenn es nicht mehr nutzbar ist und ausgeschieden werden muß, erleidet die Unternehmung einen Verlust in Höhe der für die Wiederbeschaffung erforderlichen Ausgaben. Diesen Verlust zu antizipieren und auf die Nutzungsjahre der vorhandenen Anlage zu verteilen, sei Aufgabe der Abschreibungsverrechnung.

Die Bezeichnung „Erneuerungsfonds" wurde erst in der Notverordnung vom 19.9.1931 (RGBl. I, S. 493) durch die Bezeichnung „Wertberichtigung" ersetzt, obwohl schon durch die Aktienrechtsnovelle 1884 das Anschaffungswertprinzip und damit ein „dynamisches" Abschreibungsverfahren für die Aktiengesellschaften eingeführt worden waren.

Eine Zirkularverfügung des preußischen Finanzministers vom 3. Februar 1892 enthielt noch folgende Ausführungen [zit. n. *Passow,* 1921, S. 207]: „Die gemäß § 9, I. Nr. 5 des Einkommensteuergesetzes zulässigen Abzüge für Abnutzung von Gebäuden, Maschinen, Betriebsgerätschaften usw. haben für den Steuerpflichtigen die wirtschaftliche Bedeutung von Rücklagen, durch deren Ansammlung er sich nach Ablauf der Abnutzungsperioden das zur Wiederherstellung bzw. Neuanschaffung der abgenutzten Gebäude, Maschinen usw. erforderliche Kapital sicherstellt."

Es ist dem Wirken der „Dynamiker" zuzuschreiben, daß diese verständnisvolle und wirtschaftsfreundliche steuerliche Definition der Abschreibungen (und des Aufwandes schlechthin) längst nicht mehr gilt!

Die *amortisationsrechnerische* Auffassung vom Wesen der Abschreibungen geht von der Ansicht aus, daß die letzte Realisation nur im Gelde, im Geldrückfluß liegen könne. Nur das Geld ist jenseits jedes spezifisch unternehmerischen Risikos.

Solange es noch Buchwerte, also erfolgsrechnerisch noch nicht getilgte Anschaffungsausgaben gibt, besteht die Möglichkeit des Mißlingens der Wiedergeldwerdung. Solange es demnach noch Buchwerte gibt, kann noch nicht von einem endgültigen Gewinn gesprochen werden.

Bei extremer Schlußfolgerung müßte dies bedeuten, daß so lange Abschreibungen jeweils in Höhe des erwirtschafteten Bruttogewinnes (Cash Flows) zu berechnen sind, bis keine Buchwerte mehr vorhanden sind. Erst die dann erzielten weiteren Geldüberschüsse stellen echte Gewinne dar.

Diese Auffassung vom Wesen der Abschreibungen sieht in den Abschreibungen realisierte (bzw. gewünschte) Quoten der Amortisation vergangener Investitionsausgaben (Anschaffungsausgaben).

Die Konsequenz dieser Überlegungen sind *erfolgsabhängige* Abschreibungen. In „guten" Jahren wird mehr, in „schlechteren" Jahren weniger und in „schlechten" Jahren gar nichts abgeschrieben.

„Gewinnabhängige Abschreibungen" sind heute verpönt und entsprechen nicht den über die Grundsätze ordnungsgemäßer Bilanzierung herrschenden Auffassungen.

Ganz so absurd sind sie jedoch gar nicht, besteht doch die Leistung der „schlechten" Jahre darin, an die folgenden „guten" Jahre heranzuführen. So schlecht und unnütz sind die „schlechten" Jahre somit gar nicht gewesen. Und die „guten" Jahre sind für sich allein genommen gar nicht so gut, haben sie doch auch dessen bedurft, was in den vorausgegangenen „schlechten" Jahren in der Unternehmung alles geleistet worden ist. Amortisationstheoretisch begründete bzw. errechnete Abschreibungen beachten in einem sehr hohen Maße die Erfolgsverbundenheit der einzelnen Abrechnungsperioden. Nur rechnungsmäßig wird am Bilanzstichtag eine Zäsur gemacht, in Wirklichkeit läuft alles weiter. Die Bilanz ist als „Zwischen-Abschluß" – wie diese Bezeichnung schon erkennen läßt – ja ein Widerspruch in sich.

Obwohl gewinnabhängig bemessene Abschreibungen den Ideen und Intentionen der „Dynamiker" entgegenlaufen – man denke an Schmalenbachs Ziel, den „vergleichbaren" Gewinn zu errechnen –, ist es gerade der Dynamiker Fischer, der sich als einer von wenigen zu einer erfolgsabhängigen Bemessung der Jahresabschreibungsquoten bekennt. *Fischer* schreibt [1909, S. 62]: „In der Praxis ist häufig ein Abweichen von der ordentlichen Abschreibungsquote zu bemerken, die man erhält, wenn man die um den Altwert verminderten Anschaffungskosten durch die Zahl der präsumtiven Gebrauchsjahre dividiert. Die eine Art der Abweichung besteht darin, daß in Jahren mit höherem Ertrage mehr und in Jahren mit geringerem Ertrage weniger, als im Durchschnitt, abgeschrieben wird. Darin ist aber nicht etwa ein Verstoß gegen das Prinzip der Abschreibung zu erblicken, sondern gerade eine sinngemäße Anwendung des Prinzips. Denn wenn man weiß, daß die Abschreibung aus einer angemessenen Verteilung der Erwerbskosten auf die einzelnen Rechnungsjahre besteht, so dürfte man diesem Gedanken namentlich durch die Belastung der guten Jahre mit einer höheren Verlustquote weit eher gerecht werden, als mit dem unterschiedslosen, rein schematischen Zurechnen einer stets gleichen Quote auf jedes Jahr."

Eine gewinnabhängig bemessene, weil amortisationsrechnungstheoretisch begründete Abschreibung trägt schon erklärtermaßen den erfolgsmäßigen Interdependenzen etwas Rechnung, die zwischen den einzelnen, künstlich geschaffenen Abrechnungsperioden in Wirklichkeit bestehen. Formal bleibt es allerdings auch dabei bei der Einzelbewertung und bei der isolierten Periodisierung von Ausgaben (und Einnahmen).

Ein gänzlich anderes Periodisierungsprinzip liegt dem Konzept der „kapitaltheoretischen Bilanz" zugrunde. Auf eine isolierte Periodisierung wird dabei verzichtet. Einnahmen werden nicht mehr in Erträge und Schulden, sondern in geplante Einnahmen und realisierte Einnahmen geteilt; Ausgaben werden nicht mehr in Aufwand und Vermögen, sondern in geplante und getätigte Ausgaben geschieden. Die Unterscheidung in „erfolgswirksame" und „erfolgsneutrale" Geschäftsfälle bzw. Einnahmen und Ausgaben entfällt damit.

Die erfolgsrechnerische Zuordnung von Einnahmen und Ausgaben erfolgt simultan. Als Jahresaufwand gelten die Jahreszinsen, die auf den auf den Beginn des Geschäftsjahres abgezinsten zukünftigen Ausgaben lasten; als Jahreserträge gelten die Jahreszinsen der auf den Beginn des Geschäftsjahres abgezinsten zukünftigen Einnahmen, wobei als Zinssatz jeweils die interne Verzinsung des investierten Eigenkapitals Anwendung findet. Der sich als Saldo zwischen so errechneten Jahreserträgen und Jahresaufwendungen ergebende Gewinn kann auch als Jahreszinsen auf den Kapitalwert (Eigenkapital) vom Beginn des jeweiligen Geschäftsjahres definiert und errechnet werden.

Eine derartige „kapitaltheoretische" Lösung des Periodisierungsproblems berücksichtigt in idealer, weil vollständiger Weise sowohl die zwischen den Produktionsfaktoren wie auch die zwischen den einzelnen Erfolgsrechnungsperioden bestehenden Interdependenzen.

Die Abschreibungen sind bei der „kapitaltheoretischen Bilanz" als der Barwert des am Jahresende erzielten und ausgeschütteten Einzahlungsüberschusses definiert. Jahreseinnahmenüberschuß abzüglich Jahresabschreibung muß somit auch wieder den „kapitaltheoretischen Gewinn" ergeben.

Zusammenfassend kann festgestellt werden: Vom gewählten oder unterstellten Periodisierungsprinzip wird die Bilanzbewertung sehr wesentlich beeinflußt werden.

Periodisierungsprinzip und Vermögensdefinition sind zwei Seiten desselben Problems, wie auch „Bilanzbewertung" und „Erfolgsbewertung" nicht voneinander getrennt werden können.

Die „statische" Deutung der Abschreibung führt zu einer strengen Beachtung des Prinzips der Einzelbewertung. Eine „dynamische" Interpretation bringt den gesamten Wertverlust des jeweils abzuschreibenden Vermögensgegenstandes in normalisierten Quoten auf die einzelnen Nutzungsjahre, berücksichtigt damit schon in einem gewissen Ausmaß die erfolgsmäßige Interdependenz der einzelnen Jahresabschlußperioden, gleiches tut die Verlustantizipationstheorie, und in viel stärkerem Ausmaß ist dies bei der Amortisationstheorie der Fall.

Während die „statische“, die „dynamische“ und die „amortisationstheoretische“ Interpretation zu einer Aufwandsbewertung mit Anschaffungspreisen führen, folgt aus der „verlustantizipationstheoretischen“ Erklärung der Abschreibung eine Aufwandsbewertung mit Wiederbeschaffungspreisen.

Die „kapitaltheoretische“ Deutung der Bilanz beinhaltet ein simultanes Periodisierungsprinzip und führt zu einer zukunftsorientierten Gesamtbewertung der Unternehmung, die die erwarteten, über die Einzelveräußerungspreise der vorhandenen Vermögensgegenstände hinausgehenden Einnahmenüberschüsse nur aus der Verbundwirkung der komplementären Produktionsfaktoren erklärt.

5.2.5.7 Bilanzbewertung und Bilanzierungsmotiv

Das Motiv der Verpflichtung des Kaufmannes, Jahresabschlüsse zu machen und in diesen den Jahreserfolg und die Vermögenslage zu ermitteln und diese Informationen sich selbst und anderen interessierten und berechtigten Bilanzadressaten zur Kenntnis zu bringen, ist der Schutzgedanke.

Dieses Motiv der Jahresabschlußrechnung muß einen ganz wesentlichen Einfluß auf die Lösung des Bewertungsproblems haben. Insbesondere das Prinzip der Bilanzvorsicht resultiert aus dem Schutzgedanken.

Die Frage, was „vorsichtig“ ist, wurde jedoch nicht von allen und zu allen Zeiten gleich beantwortet. Sowohl eine möglichst richtige Bewertung des Vermögens wie auch eine möglichst niedrige Bewertung des Vermögens können als „vorsichtig“ aufgefaßt werden. Eine möglichst objektive Darstellung des Geschäftsergebnisses wie auch eine möglichst zurückhaltende diesbezügliche Information können als „vorsichtig“ erachtet werden.

Verschiedene Kreise von Bilanzinteressenten haben auch verschiedene Vorstellungen, durch welche Art von Informationen, somit durch welche Art von formeller und materieller Gestaltung des Jahresabschlusses ihren Interessen am besten gedient wird. Es ist eine Machtfrage, wer mit seinen Interessen am meisten auf die Gestaltung des Jahresabschlusses Einfluß nehmen kann.

Der Gesetzgeber wird je nach rechtspolitischer Sicht der Wichtigkeit verschiedener widerstreitender Interessenlagen die Buchhaltungs- und Jahresabschlußbestimmungen gestalten. Ursprünglich war nur der Gedanke des Gläubigerschutzes bestimmend; später erkannte man auch, daß auch andere Bilanzinteressenten schutzwürdige Interessen haben, und versuchte, durch Abänderung oder Ergänzung der Jahresabschlußbestimmungen auch diesen Rechnung zu tragen. Auch hat der Staat seit einiger Zeit selbst unmittelbare eigene Interessen am kaufmännischen Jahresabschluß, was ebenfalls zu (ganz speziellen) Bilanzvorschriften geführt hat („Steuerbilanz“).

Die Ansicht, durch welche Art von Gestaltung des Jahresabschlusses, insbesondere durch welche Art von Bewertung man den für richtig erkannten Interessen am besten gerecht wird, hat sich im Laufe der Zeit auch mehrfach gewandelt.

Im Rahmen des Gestaltungsspielraumes wird „Bilanzpolitik" gemacht, d.h. der Jahresabschluß bewußt gestaltet, um damit bestimmte Ziele zu erreichen. Der Vorstand einer Gesellschaft will evtl. in Aktien dieser Gesellschaft spekulieren, er will aber auch seinen Job nicht verlieren; der Hauptaktionär will die Aktien der Kleinaktionäre möglichst billig erwerben oder er will sein Aktienpaket zu einem möglichst hohen Preis losschlagen. Die Belegschaft möchte Lohnerhöhungen oder Arbeitszeitverkürzungen bzw. beides und das möglichst bald zugestanden bekommen. Die Unternehmungsleitung wünscht die preisbehördliche Genehmigung von längst nötigen Preisanhebungen, die Vertreter der Konsumenteninteressen wollen diese Bestrebungen abwehren etc. Alle diese genannten Personen, Personenkreise und Institutionen werden bestrebt sein, auf die Gewinndefinition, auf die Bewertungsregeln und auf die konkrete Gestaltung von Jahresabschlüssen Einfluß auszuüben.

Kein Motiv hat auf die gesetzliche Gestaltung von Buchhaltungs- und Bilanzierungsregeln, auf deren Kommentierung, auf die einschlägige Judikatur und auf die Bilanztheorie einen so großen Einfluß genommen wie das des Gläubigerschutzes. Die schutzwürdigsten Interessen haben die Gläubiger, darüber war man sich einig.

Durch welche Gestaltung des Jahresabschlusses man dem Gläubigerschutzgedanken am besten Rechnung tragen könne, darüber war man sich nicht immer einig, und die diesbezüglichen Ansichten waren im Laufe der Zeit großen Änderungen unterworfen. Von der „richtigen" Vermögensdarstellung zur „vorsichtigen" Vermögensdarstellung, von der alleinigen Vermögensdarstellung zur Einbeziehung der Gewinnermittlung, von der richtigen Gewinndarstellung zur „vorsichtigen" Gewinndarstellung und von der „vorsichtigen" Vermögens- und Erfolgsdarstellung zu einer weitergehenden Objektivierung des Jahresabschlusses lassen sich Entwicklungen beobachten. Und alles dies war vor allem im Interesse des Gläubigerschutzes empfohlen worden.

Es ist daher unhaltbar, das Motiv des Gläubigerschutzes allein mit einer bestimmten Bilanzauffassung zu identifizieren, wie dies z.B. eine Gegenüberstellung von „Gläubigerschutzbilanzen" und „Gewinnermittlungsbilanzen" tut. Jede Art von Bilanzzielsetzung und jede Art von Bewertung kann mit dem Gläubigerschutzmotiv begründet werden. Die Sicht des Problems und die „richtige" Art der Lösung haben jedoch im Laufe der Zeit verschiedene Wandlungen erfahren.

Die Bilanzen, die die französischen Kaufleute gem. Ordonnance de Commerce erstellen mußten, sollten der im Interesse des Gläubigerschutzes erfolgenden Darstellung der Deckung der Schulden durch das Vermögen dienen.

Ob solche Bilanzen auch das Privatvermögen beinhalten sollten, hat schon Savary beschäftigt. Er empfahl, dieses gewissermaßen unter dem Bilanzstrich anzufügen [*Lion,* 1928, S. 28]. Das heute gültige HGB sagt darüber ebenfalls nichts Eindeutiges aus. Es bestimmt allerdings in der Bilanzmindestgliederung (§ 39), daß der Kaufmann in der Bilanz auch „seine sonstigen Vermögensgegenstände" ersichtlich zu machen habe. Es heißt ausdrücklich nicht, seine „sonstigen *betrieblichen* Vermögensgegenstände."

Die Frage der Aufnahme des privaten Vermögens (und der privaten Schulden) des Kaufmannes in seine Bilanz ist heute wohl ziemlich einhellig ablehnend entschieden. Auch die Juristen stehen zu dieser Meinung [*Hämmerle*, 1967, S. 176]. Nur *Loitlsberger* fordert in scharfer Weise zumindest die Aufnahme der privaten Schulden in die Geschäftsbilanz des Kaufmannes, persönliches Vermögen könne, persönliche Schulden müßten bilanziert werden! Nur so meint er dem Gedanken des Gläubigerschutzes entsprechen zu können. Er führt u.a. aus [1953, S. 24]: „Die Nichtbilanzierung der persönlichen Schuldverhältnisse widerspricht dem Gläubigerschutz in grellster Weise, da sie das Ausmaß der Gesamtbelastung nicht aufzeigt; sie macht dadurch auch die Anwendung der Niederstwertregel und der Höchstwertregel sinnlos, weil die Anwendung dieser Regeln allein – ohne den Ausweis der Gesamtbelastung durch die Beachtung des Grundsatzes der Vollständigkeit – den Gläubigerschutz nicht erreichen können."

Wie sich somit zeigt, beeinflussen Bilanzierungsmotive nicht nur die Art der Bilanzbewertung, sondern gehen darüber hinaus und tangieren sogar die Frage, was überhaupt bilanzierungsfähig bzw. bilanzierungspflichtig sei.

Obwohl es wohl nie herrschender Kaufmannsbrauch gewesen sein wird, privates Vermögen und private Schulden in die Buchhaltung und Bilanz aufzunehmen und damit das Schicksal des privaten Vermögens und der privaten Schulden in die kaufmännischen Jahreserfolgsrechnungen eingehen zu lassen, haben in früheren Zeiten zumindest die Juristen die Aufnahme des Privatvermögens in die Bilanz bzw. die gesetzliche Verpflichtung dazu bejaht.

Passow kommentiert die Rechtslage und berichtet wie folgt [1921, S. 26]: „Die Rechtsfrage ist ziemlich einfach zu beantworten, und zwar bejahend. § 39 HGB schreibt vor, daß der Kaufmann im Inventar und in der Bilanz seine Grundstücke, seine Forderungen und Schulden, den Betrag seines baren Geldes ‚und seine sonstigen Vermögensgegenstände', also sein ganzes Vermögen zu verzeichnen hat, ebenso wie § 38 verlangt, daß der Kaufmann in seinen Büchern ‚die Lage seines Vermögens', also nicht nur seines Geschäftsvermögens, ersichtlich macht. Damit ist klar zum Ausdruck gebracht, daß auch das Privatvermögen in die gesetzlich vorgeschriebene Bilanz gehört. Das ist auch die fast einstimmige Meinung der juristischen Literatur."

Die Frage der Bilanzbewertung wurde im vorigen Jahrhundet von den Juristen fast ausschließlich unter dem Aspekt des Gläubigerschutzes gesehen. Die diversen Entwürfe deutscher Staaten zu Handelsgesetzbüchern sahen fast immer vor, die Bilanzierung zum „wahren Wert" vornehmen zu lassen.

Auch die Leerformel des Artikel 31 AHGB wurde von den Juristen als eine Vorschrift interpretiert, die eine Bilanzbewertung zum wahren Wert i.S. des gemeinen Wertes der einzelnen Vermögensgegenstände fordere, was insoferne verständlich war, als Juristen Bilanzen ja meist nur in den Fällen von Konkursen zu Gesicht bekamen. Die kaufmännische Praxis wird das Bewertungsproblem auch damals etwas anders gesehen haben.

Passow berichtet darüber wie folgt [1921, S. 297]: „Das Handelsgesetzbuch hat seine Forderungen an die Bilanz im wesentlichen im Interesse Dritter aufgestellt, und daher ist der Gedanke maßgebend gewesen, daß eine ordentliche Bilanz nur dann zustandekommen könne, wenn alle Aktiven und Schulden mit ihrem wahren Werte, d.h. die Aktiven mit ihrem Veräußerungswerte eingesetzt würden. Die Praxis dagegen hat von allem Anfang an ihr Augenmerk vorzugsweise auf die Ertragsberechnung gerichtet und hat die Bilanz nach diesem Gesichtspunkt gestaltet. Hier klafft ein arger Widerspruch, der nicht ewig bestehen darf, der im Gegenteil möglichst bald beseitigt werden sollte."

Das Urteil des ROHG von 1873 interpretierte den Bilanzwert nicht mehr als Einzelveräußerungswert, sondern als eine Art Ertragswert, da es die Prämisse der Liquidation durch die Prämisse des Weiterbetriebes der Unternehmung ersetzte.

Die damit möglich gewordene, ja vorgeschriebene Art der Bilanzbewertung mag in vielen Fällen zum Ausweis und zur Ausschüttung von nicht realisierten Gewinnen geführt haben. Im Interesse des Gläubigerschutzes erstellte „wahre Bilanzen" führten somit zur Schmälerung der Haftungssubstanz und schädigten damit die Gläubiger, statt sie zu schützen. Im Jahre 1884 wurde daher mit der dritten Aktienrechtsnovelle das Anschaffungswertprinzip für Aktiengesellschaften verankert. Nicht mehr in der „richtigen" Bewertung mit „wahren Werten", sondern in einer vorsichtigeren Bewertung und damit in einer Beschränkung der Gewinnausschüttungen sah man nunmehr die Interessen der Gläubiger besser geschützt. Eine vorsichtige Gewinnermittlung löste im Interesse des Gläubigerschutzes die „Gläubigerschutzbilanz" ab. Den Gläubigerschutz sah man somit mit einer vorsichtigen Gewinnermittlung und -ausschüttung besser verwirklicht als mit einer „wahren" Bilanz.

Die Neuredaktion des AHGB (1897) brachte auch für Nichtaktiengesellschaften (1900) materiell neues Bilanzbewertungsrecht, als ein Verweis auf die Grundsätze ordnungsmäßiger Buchführung aufgenommen wurde. Es folgte eine Zeit der willkürlichen Unterbewertung und Gewinnverschleierung. Man hielt in der Folge eine Politik der stillen Reserven für besonders vorsichtig und im besonderen Maße als im Interesse des Gläubigerschutzes liegend. *Von Neukamp* [1899] gilt als erster literarischer Vertreter dieser neuen Richtung.

Diese neue Ansicht von der im Interesse des Gläubigerschutzes vorzunehmenden Bewertung hat dann durch viele Jahrzehnte vorgeherrscht. In Österreich tut sie dies heute noch. In Deutschland hat man 1965 die Konsequenzen aus zahlreichen Kritiken an der willkürlichen Politik der stillen Reserven und aus den damit gemachten Erfahrungen gezogen und durch die bilanzrechtlichen Bestimmungen des neuen Aktiengesetzes (1965) für eine Objektivierung des Jahresabschlusses und insbesondere der Bilanz- und Erfolgsbewertung gesorgt. Dies erfolgte ohne Zweifel auch im Hinblick auf einen besseren Aktionärsschutz, dem Gläubigerschutzgedanken wird jedoch sicherlich durch eine objektivere, unmanipuliertere Berichterstattung ebenfalls besser entsprochen, als dies mit einer „Bilanzvorsicht“ konventioneller Art der Fall gewesen ist.

Sehr früh und treffend haben Hans Hermann Walb und Groener die Frage des Gläubigerschutzes und der stillen Reserven kritisch beleuchtet. Sie seien nachfolgend zitiert. *H.H. Walb* führte aus [1935, S. 56]: „Auch die Kenntnis eines tatsächlichen Verlustes beeinflußt, von ganz besonderen Fällen abgesehen, das Verhältnis zwischen Gläubiger und Schuldner weniger ungünstig, als die Furcht, die Wahrheit doch nicht zu erfahren. Gerade diese Unsicherheit ist oft die Grundlage haltloser Gerüchte, die dem Unternehmen mehr schaden können als rücksichtslose Offenheit. Dies gilt nicht nur den Gläubigern, sondern auch den Aktionären gegenüber.“

Groener schreibt [1941, S. 234]: „Inwiefern der Gläubiger ein Interesse an einer Bilanz haben kann, von der er nicht weiß, ob und in welcher Höhe sie stille Rücklagen enthält, ist mir unverständlich. Mit solchen Bilanzen kann weder den Gläubigern (den Lieferanten, den Banken usw.), noch den Aktionären, noch dem Unternehmer selbst geholfen sein. Alle müssen die Verhältnisse des Betriebes, mit dem sie geschäftlich zu tun haben oder verbunden sind, klar sehen können.“

Abschließend kann somit gesagt werden, daß die Bilanzierungsmotive, allen voran das Gläubigerschutzmotiv, zu allen Zeiten die Frage der Bilanzbewertung nachhaltig beeinflußt haben. Von der Bewertung mit Einzelveräußerungspreisen zur Bewertung mit Ertragswerten ging die Vorstellung der motivadäquaten Vermögensermittlung und von dort zur vorsichtigen Erfolgsermittlung und schließlich zur objektivierten Erfolgs- und Vermögensdarstellung.

Die Antwort auf die Frage nach der richtigen Bewertung in der Jahresabschlußrechnung war nie ohne Rücksicht auf das bzw. die Bilanzierungsmotive gegeben worden. Allerdings haben sich die Einsichten und Ansichten mehrmals geändert.

Eine Bilanzbewertung nach dem Konzept der „kapitaltheoretischen Bilanz“ würde die am Bilanzstichtag vorhandenen Vermögensgegenstände nur mit dem jeweiligen Einzelveräußerungswert bilanzieren und alle darüber hinaus erwarteten zukünftigen Einnahmen als das ausweisen und bewerten, was sie in Wirklichkeit sind: als zukünftige über die Einzelveräußerungserlöse hinausgehende, aus der Verbundwirkung der Produktionsfaktoren erwartete Einnahmen. Ob eine derartige Bilanzierung und Bilanzbewertung „vorsichtig“ ist und dem Gläubigerschutzgedanken entspricht, darüber gibt es sehr kontroversielle Ansichten.

5.2.5.8 Bilanzbewertung und Blickrichtung der Bilanz

Die im Rahmen des Jahresabschlusses des Kaufmannes anzufertigende „Bilanz“ stellt eine stichtagsbezogene Rechnung über „Bestände“ dar, wobei die Erklärung der Art der Bestände auch von der *Blickrichtung* der Bilanz abhängt, was wiederum Folgen für die Ansichten über die „richtige“ Art der vorzunehmenden Bewertung haben wird.

In der Bilanz kann eine Rechnung gesehen werden, die vorwiegend in die Vergangenheit blickt; man kann in ihr jedoch auch eine gegenwartsorientierte Rechnung sehen; man kann aber auch sehr wohl die Bilanz als eine Zukunftsrechnung deuten.

Als *gegenwartsorientierte* Rechnung haben sie wohl die „älteren" Juristen und die Tageswerttheoretiker i.S. von Fritz Schmidt interpretiert.

Jeder Jurist, der meint, die Bilanz sei ein fingierter *Liquidationsstatus* mit der Prämisse der *tatsächlich* am Bilanzstichtag erfolgenden Liquidation, wird die „richtigen" Bilanzansätze in den *Einzelveräußerungspreisen,* die für die einzelnen Vermögensgegenstände am Bilanzstichtag erzielt werden können, sehen.

Fritz Schmidt, seine Nachfolger und seine Vorläufer sahen in der Bilanz ebenfalls eine Gegenwartsrechnung. Allerdings sahen sie in der Bilanz einen bilanzstichtagsbezogenen, also aktuellen *Reproduktionskostenstatus.* Die „richtige" Bilanzbewertung ist daher nach Ansicht dieser Richtung mit den aktuellen *Wiederbeschaffungspreisen* am Bilanzstichtag vorzunehmen.

Die größte Bedeutung in Theorie und Praxis hatte bis heute die Meinung, die Bilanz blicke vorwiegend in die *Vergangenheit.* Sie sei ein Element einer Art Geschichtsschreibung der Unternehmung. Sie habe nur oder zumindest doch überwiegend schon stattgehabte Geschäftsfälle zu enthalten. Die meisten Bilanztheoretiker sehen in der Bilanz eine Vergangenheitsrechnung. Diese Sicht ist besonders für die „Dynamiker", insbes. für Fischer und Kosiol typisch. Allerdings haben auch „Statiker" die Bilanz als eine Vergangenheitsrechnung interpretiert. Einige markante einschlägige Literaturstellen seien nachfolgend zur Illustration gebracht.

Osbahr führt z.B. aus [1923, S. 122]: „Bilanz und Buchführung sind zunächst die schriftlich niedergelegte Geschichte über die geldlich-wirtschaftliche Entwicklung einer Unternehmung", und etwas später stellt er fest: „. . . wer an irgendeinem Platze an der Buchführung arbeitet, ist Mitarbeiter an einem wirtschaftsgeschichtlichen Werk."

Isaac schreibt [1930, S. 67]: „Im allgemeinen gibt die Bilanz, wie überhaupt das Rechnungswesen, nur über die Vergangenheit, bestenfalls über die Gegenwart, Auskunft. Man registriert zum Beispiel, was an Vermögensteilen vorhanden ist oder was an Gewinn erzielt wurde."

Schulze, ein Kosiol-Schüler, schreibt über die Bilanz [1966, S. 122]: „Sie ist in jedem Fall auf zurückliegende Vorfälle gerichtet, die quantitativ eindeutig erfaßbar sind, soweit es sich um ihre reale Struktur handelt." Etwas später [S. 124] kommt er zu folgendem Ergebnis: „Die Bilanz ist also ein Darstellungsmittel für realisierte wirtschaftliche Handlungen."

Die Bilanz hat nach dieser vorherrschenden Ansicht somit die Aufgabe, schon getätigte Geschäfte, soweit sie noch nicht erfolgsmäßig ihre Verrechnung gefunden haben (z.B. Abschreibungen), sowie Geschäfte, die erst von *einem* Vertragspartner erfüllt worden sind, evident zu halten. Das wesentliche Merkmal und die bilanzbewertungstheoretische Konsequenz ist die geforderte Bilanzbewertung mit *Anschaffungspreisen.*

Zu beobachten ist, daß nicht alle Bilanzautoren, die mit Anschaffungspreisen zu bewerten empfehlen, dies aus dem oben dargelegten Grund tun. Viele Autoren empfehlen den Anschaffungspreis, weil das in der Praxis üblich und weil eine Bewertung mit leicht feststellbaren Anschaffungspreisen sehr einfach und praktisch sei. Man bevorzugt den Anschaffungspreis als Bilanzbewertungsmaßstab auch, weil er „objektiv“, willkürfrei und „sicher“ und damit auch „vorsichtig“ sei.

Schmidt führt dazu sehr treffend aus [1951, S. 366]: „Der Anschaffungswert hat nur den einen Vorteil, bei ordnungsmäßiger Rechnungsführung automatisch erfaßt zu werden. Deshalb spielt er in der Bilanz eine so bedeutende Rolle.“ Ähnlich hatte schon *Kovero* argumentiert [1912, S. 92]: „In der Praxis war, wie wir schon gezeigt haben, der erste Bilanzwert der Einkaufspreis. Die Einsetzung dieses Wertes folgte jedoch nicht daraus, daß eine Bewertung stattgefunden hätte, sondern war lediglich dadurch bedingt, daß er als der buchmäßige Wert in den buchführungstechnischen Bilanzen und in den Bilanzen nach der Art Paciolis, welche keine Inventur voraussetzten, überhaupt der einzige in Betracht kommende Wert sein mußte.“

Die „Sicherheit“ des Anschaffungswertes betont z.B. *Leitner,* wenn er ausführt [1929, S. 70]: „Die sicherste Bewertungsgrundlage bilden die historischen Kostenwerte der Anschaffung, Herstellung, Erwerbung und der Nennwert der Verbindlichkeiten. Wer diesen Boden verläßt, betritt schwankenden Grund: Bewertung mit dem Tageswert, d.i. Zeitwert der Beschaffung oder der Veräußerung für den Stichtag, oder Wiederbeschaffungs- bzw. Reproduktionskosten, mit dem unsicheren künftigen Ersatzkostenwert; oder Bewertung mit dem Geschäftswert vom Standpunkt der Unternehmung. Der historische Wert mag mit dem marktwirtschaftlichen Zeitwert am Stichtag nicht übereinstimmen, er hat aber den Vorteil der Dauerbarkeit, solange der Vermögensteil nicht aus der eigenen Wirtschaft ausgeschieden ist oder eine innerbetriebliche Strukturveränderung zu einer Änderung der Geschäftspolitik führt.“

Aber selbst *Kosiol,* der gleich Fischer in der Bilanz eine vergangenheitsbezogene Realisationsrechnung sieht, betont den Vorteil der Willkürfreiheit des Anschaffungswertes. Er schreibt [1944, S. 21]: „Eine solche, an den Zahlungsvorgängen orientierte Erfolgsrechnung hat den großen Vorteil, daß sie auf greifbaren Unterlagen aufbaut. Sie gründet ihre Uraufschreibungen auf handfesten Zahlen, nachweisbaren Vereinbarungen und eindeutigen Bewertungen, die im Umsatzakt zwischen Marktpartnern verwirklicht worden sind. Die Niederschriften über die Zahlungsvorgänge werden zu Belegen der Buchhaltung. Eine von Willkür freiere und zuverlässigere Verankerung des gesamten Zahlenwerkes ist nicht möglich.“

Einer der ganz wenigen Autoren, die erkennen, daß am Anschaffungspreis nicht der „Wert“ etwas Objektives ist, sondern nur die Nachprüfbarkeit der Tatsache der seinerzeitigen Preisvereinbarung und Bezahlung, ist *Osbahr.* Er schreibt dazu [1923, S. 20]: „Wenn vorstehend bereits der Selbstkostenwert genannt worden ist, so muß beachtet werden, daß nur die Entstehung von

Selbstkosten eine objektive Tatsache ist, nicht die Selbstkosten an sich. Die Selbstkosten – das liegt schon in dem Worte – können nicht objektiver, sondern nur subjektiver Natur sein; denn sie beziehen sich schon dem Wortsinne nach auf die Person des Unternehmers oder auf die Unternehmung selbst. ... Auch ist der Selbstkostenwert subjektiv, als seine Bestimmung bzw. Berechnung nach persönlichem Ermessen verschieden gestaltet sein kann."

Interessant von den Vertretern des Anschaffungswertes sind jene, die den Anschaffungspreis aus einer bilanztheoretischen Begründung bevorzugen oder sogar als (in ihrem Sinne) einzig richtige Bilanzbewertungskategorie sehen. Die reinen Dynamiker, z.B. Fischer, Kosiol, Schweitzer, sehen das Bilanzbewertungsproblem in dieser Weise. Etwas schwankend war *Schmalenbach,* der in der Bilanz keine reine Vergangenheitsrechnung sehen wollte, sondern vom „Janusgesicht" der Bilanz sprach, die gleichzeitig sowohl in die Vergangenheit wie auch in die Zukunft blicke [1931, S. 111], und durchaus auch einer Bewertung über den Anschaffungspreisen zugetan war.

Die frühen Dynamiker begründeten die Bewertung des Anlagevermögens mit Anschaffungspreisen bzw. fortgeschriebenen Anschaffungspreisen, statt mit den meist wohl geringeren Einzelveräußerungspreisen (i.S. des Zerschlagungswertes), mit dem „Gebrauchswert", den diese Vermögensgegenstände für den Betrieb hätten.

Von Wilmowski und Fischer verzichteten auf diese ja ohnehin nicht ganz geglückte werttheoretische Begründung und erhoben die Verteilung vergangener Anschaffungsausgaben zum Prinzip. Die Erfolgsrechnung wurde damit zu einer Realisationsrechnung und die Bilanz zu einer Resterechnung. Die tragende Bewertungsidee mußte damit die Bewertung zu Anschaffungspreisen sein.

Ter Vehn hat den Charakter der dynamischen Bilanzauffassung als Realisationsrechnungstheorie sehr früh erkannt und wie folgt umrissen [1924, S. 364]: „Da es aber Theoretiker gibt, die in den Kosten einen vorsichtig geschätzten, Juristen, die in ihnen einen ‚dauernden' Wert sehen, will ich meine Behauptung anders begründen: Wert ist eine Aussage über die Eignung zu einem bestimmten Zweck, über das, was ein Gegenstand in einem gegebenen Zeitpunkt in einer bestimmten Richtung vermag. Güter gleicher Art und Güte müssen in diesem Sinn gleichzeitig den gleichen Wert haben. Daher ist auch der sogenannte ‚Kostenwert' kein Wert, seine Summe kein vorhandenes Vermögen; ein Gegenstand hat keinen Kostenwert, sondern die für ihn aufgewandten Kosten hatten Wert und deren Wert soll wieder hereingebracht werden. In diesem Sinne ist die Bilanz keine Ist-Vermögensrechnung, sondern eine Soll-Vermögensrechnung; sie enthält keine Aussage über einen vorhandenen Kräftespeicher, sondern über einen Kostenfonds, der eine belastende Aufgabe, ein Soll ist. Sie ist eine Rechnung des Kapitals im Sinne einer Kostensumme, nicht des Vermögens als einer Wertsumme. Das ist der Kern der dynamischen Bilanzlehre, wie ich sie auffasse."

Etwas später [S. 365] fährt *ter Vehn* fort: „Ist Voraussetzung des Erfolges Erhaltung der abstrakten Kostensumme, so ist die Aufwandsrechnung grundsätzlich eine Amortisationsrechnung. Der Kostenfonds verteilt sich als Betriebsaufwand auf einzelne Monate oder Jahre. So entsteht das sog. Prinzip der Bilanzkontinuität und wird die Frage der ‚Bewertung‘ in jedem Fall zu einer Frage der Periodisierung des ursprünglich zeitlich betrachteten Aufwands und Ertrages.“

Schmalenbach selbst hat diesen Charakter der dynamischen Bilanzauffassung nicht ganz erkannt oder ihn nicht akzeptieren wollen. Den Dynamiker Fischer kritisiert er daher u.a. wie folgt [1931, S. 67]: „Fischer sieht in der ganzen doppelten Buchführung eine Erfolgsrechnung und in der Bilanz sieht er die derzeit noch in den Waren und Anlagen enthaltenen Kosten, die nach Maßgabe der Erfolgsrechnung periodenweise zu verteilen sind. Diese Kostenidee wird von Fischer überspannt in der Richtung einer einseitigen Realisationstheorie. Wertveränderungen der Bestände sollen, können sogar nach Fischer nicht berücksichtigt werden.“ Schon früher hatte *Schmalenbach* zu diesem Thema ausgeführt [1919, S. 31f.]: „Die von Fischer nachdrücklich betonte Behauptung, daß Wertveränderungen in der doppelten Buchführung nicht erfaßt werden können, ist irrtümlich. Tatsächlich werden Wertänderungen in großem Umfange erfaßt. Alle solche Veränderungen lösen den Aufwandswert von den Kosten nicht vollständig los, sie bringen vielmehr nur periodische Verschiebungen hervor. Im ganzen, ohne Rücksicht auf die Perioden, bleibt Maßstab des Aufwandes der Kostenbetrag. Was eine Wertveränderung der einen Periode an Aufwand oder Leistung zusetzt, das nimmt sie einer anderen Periode weg.“

Fischer, Kosiol, Schweitzer etc. wollen nicht einen „vergleichbaren Gewinn“ i.S. Schmalenbachs, sondern jenen Gewinn errechnen, der vom „Ertrag“ *nach* der planmäßigen Amortisation vergangener Ausgaben verbleibt. Sie sehen daher in der Bilanz eine Vergangenheitsrechnung und im Bilanzinhalt vorwiegend „Transitorien“. Die tatsächliche Existenz von Antizipationen in den Bilanzen macht ihnen allerdings einige Schwierigkeiten.

Am schärfsten betont Kosiol den Vergangenheitsbezug der Bilanz und den Realisationsrechnungscharakter des Jahresabschlusses und demonstriert dies auch damit, daß er die kaufmännische Bilanz und Erfolgsrechnung als „pagatorisch“, d.h. an *vergangene* Anschaffungsausgaben anknüpfend bezeichnet. Kosiol ist daher wie Fischer kompromißloser Vertreter einer Bewertung zu Anschaffungspreisen in Bilanz und GuV-Rechnung. Für Kosiol ergibt sich diese Bewertung nicht aus Zweckmäßigkeitsgründen, nicht aus Gründen der Sicherheit und Willkürfreiheit dieser „Werte“, aber auch nicht aus der Formulierung eines Prinzips, sondern stellt für ihn die einzig logische Konsequenz aus der Art des Abrechnungssystems der kaufmännischen Buchhaltung und Jahresabschlußrechnung dar. Eine Bewertung zu Tagespreisen oder gar mit zukünftigen Preisen ist nach Kosiols Meinung mit dem „pagatorischen“ Charakter der kaufmännischen Jahresabschlußrechnung unvereinbar [*Kosiol,* 1944, S. 96].

Auch Barth erkennt die nahe Verwandtschaft der Bilanzauffassung Kosiols mit der Fischers. *Barth* führt darüber aus [1953, S. 187]: „Die Gedanken von Rudolf Fischer, der die Ziffern der Buchführung zugleich als Bilanzziffern sieht, werden neuerdings im betriebswirtschaftlichen Schrifttum wieder belebt. Kosiol erkennt mit seiner ‚pagatorischen Bilanztheorie' nur solche Werte an, die aus der Buchführung entstanden sind, die sich also auf Ausgabenposten, Zahlungen (pagare = bezahlen) zurückführen lassen."

Kosiol glaubt mit dem historischen Anschaffungspreis „eine der Bilanzrechnung immanente und ihrem Strukturkern gerecht werdende Bewertungsgrundlage von innerer Folgerichtigkeit gefunden zu haben" [1944, S. 52].

Für die Bewertung der in kaufmännischen Bilanzen auch anzutreffenden *Antizipationen* versucht Kosiol die erst in *Zukunft* anfallenden Einnahmen und Ausgaben in „uneigentliche Einnahmen oder Ausgaben" umzudeuten, die rechnerisch schon als realisiert gelten sollen. Schließlich kommt er zum Ergebnis, daß unter einem „pagatorischen" Wert schlechthin *jeder* Wert zu verstehen sei, der auf Zahlungsvorgängen beruhe. Somit wären auch die Tageswertbilanz i.S. Schmidts und eine Bilanz als Zukunftsrechnung i.S. Riegers „pagatorische" Bilanzen, denn sie beruhen ja auch auf Zahlungsvorgängen. *Kosiol* führt zur Bewertung von Antizipationen aus [1944, S. 51f.]: „Bei dem Ansatz uneigentlicher Einnahmen oder Ausgaben handelt es sich nicht um unterstellte, sondern um tatsächliche pagatorische Werte. Hier liegt nur ein Vorgriff auf echte Zahlungsvorgänge vor. Die Zahlungswerte werden zwar, zeitlich und nicht de facto gesehen, später verwirklicht, gelten aber rechnerisch als bereits realisiert. Die antizipativen Aktiva liegen zahlenmäßig auf Grund von Vereinbarungen fest (z.B. bei zu fordernden Provisionen, Mieten, Zinsen). Bei den antizipativen Passiven kommen zu den berechenbaren Beträgen (z.B. rückständige Löhne, geschuldete Provisionen) die nur schätzbaren Rückstellungen hinzu. Aber auch hier werden keine zukünftigen Ausgaben infolge grundsätzlichen Fehlens unterstellt, sondern die tatsächlich zu erwartenden Ausgaben in ihrer voraussichtlichen Höhe ermittelt."

Und zum „pagatorischen" Charakter des Tageswertes schreibt er [1944, S. 61]: „Der Ansatz von Tageswerten bedeutet eine Durchbrechung des Anschaffungswertprinzips und erscheint zunächst als Fremdkörper innerhalb der pagatorischen Bilanz- und Erfolgsrechnung. Dennoch ist es möglich, den pagatorischen Wertbegriff zu erweitern und auch den Tageswert in die pagatorische Bewertungsidee einzuordnen. Gerade darin liegt der wissenschaftlich tragende Gehalt und der Erkenntniswert dieser gedanklichen Konzeption, daß sie eine umfassende Deutung von Anschaffungs- und Tageswert zuläßt. Unter einem pagatorischen Wert wird schlechthin jeder Wert verstanden, der auf Zahlungsvorgängen beruht."

Kosiol erklärt schließlich, daß alle Stichtagswerte – also auch Tageswerte – auf Zahlungsvorgängen aufbauen und der „Stichtagswert am Entstehungstage" sich durch seine „rechnerische Greifbarkeit" auszeichne. Daß dieser „rechnerisch greifbare" Wert stets als „realisiert zu betrachten ist", wird nur dann verständlich sein, wenn man sich vorweg für ein entsprechendes Realisationsprinzip *entschieden* hat. Der „pagatorischen“ Rechnung immanent ist dies jedoch keinesfalls. *Kosiol* hat ausgeführt [1944, S. 62]: „Eindeutigkeit gewinnt der Tageswert erst für den Bewertungszeitpunkt, auf den er bezogen wird. Vom Standpunkt des Stichtages aus erscheint der Tageswert als gegenwärtiger pagatorischer Wert (Gegenwartswert). . . . Die theoretische Notwendigkeit, den Tageswert auch als pagatorischen Wert aufzufassen, erhellt, wenn man umgekehrt von dieser Wertart ausgeht. Man erkennt dann, daß es überhaupt nur auf Zahlungsvorgängen aufbauende Stichtagswerte schlechthin gibt. Jedem Zeitpunkt läßt sich ein solcher Stichtagswert zuordnen. Unter allen derartigen ‚Tageswerten' gibt es einen einzigen, der als realisiert zu betrachten ist und infolge seiner rechnerischen Greifbarkeit eine hervorragende Stellung im Rechnungswesen einnimmt. Dies ist der ursprüngliche Stichtagswert am Entstehungstage, mit dem der Wirtschaftsvorgang in die Buchhaltung eintritt. Der Anschaffungswert erscheint somit als kardinaler Sonderfall des allgemeinen pagatorischen Stichtagswertes.“

Sehr deutlich werden die Schwächen einer vergangenheitsorientierten Deutung der Bilanz bei den Kundenforderungen. Ihre Anschaffungspreise bestehen aus den *Anschaffungswerten* der hingegebenen Vermögensgegenstände oder der sonstigen erbrachten Leistungen. Trotzdem werden üblicherweise Forderungen mit den (meist höheren) zukünftig erwarteten Einnahmen bewertet und in der Bilanz – erfolgswirksam – ausgewiesen. Fischer hat konsequenterweise auch für die Bewertung der Forderungen den Ansatz des Anschaffungswertes der erbrachten Gegenleistung gefordert.

Kosiol stört das Problem der praxisüblichen Art der Forderungsbewertung nicht. Er begründet die Bewertung der Forderungen mit ihrem Nominale mit den erwarteten zukünftigen Einnahmen. Er schreibt dazu [1959, S. 225]: „Der pagatorische Wert ist als verallgemeinerter Anschaffungswert nicht nur Ausgabenwert, sondern auch Einnahmenwert, weil die damit bewerteten Bilanzbestände nicht nur als Folge von Ausgaben, sondern auch von Einnahmenbewegungen entstehen.“

Zusammenfassend kann man zur Bilanz als Vergangenheitsrechnung folgendes festhalten: Die Bilanz beinhaltet Transitorien und Antizipationen. Eine Deutung der Bilanz als reine Vergangenheitsrechnung ist nicht möglich. Man kann nur den Schwerpunkt auf den Vergangenheitsaspekt legen.

Eine Bewertung zu historischen Anschaffungspreisen läßt sich aus vielerlei Überlegungen rechtfertigen; die einzig richtige und denkmögliche Form der Bewertung ist sie jedoch nicht, und im Falle von Antizipationen muß auch Kosiol auf zukünftig erwartete Zahlungsvorgänge verweisen, wenn er die Bewertung erklären und rechtfertigen will.

Will man die Bilanz als „Abschluß“ erklären, dann kann man dies nur in der Weise, daß man ihr aufträgt, das darzustellen, was sich in Geld noch ereignen wird.

In der Buchhaltung steht, was an Geschäftsfällen schon alles passiert ist, in der Bilanz hat zu stehen, was in Geld (Einnahmen und Ausgaben) zwischen

Bilanzstichtag und später voraussichtlich noch alles sein wird. Die Bilanz wird damit zur reinen Zukunftsrechnung. Als *Zukunftsrechnung* läßt sich die Bilanz logisch einwandfrei erklären. Im ganzen Bilanzinhalt können Antizipationen gesehen werden.

Auch bedarf die Ermittlung des Erfolges einer abgelaufenen Periode der Kenntnis und Berücksichtigung des zukünftig noch zu erwartenden Schicksals der Unternehmung. Man kann den Erfolg einer abgelaufenen Periode nur abschätzen, wenn man eine Vorstellung vom zukünftigen Schicksal der Unternehmung hat.

Aus dieser Überlegung ist es naheliegend, in der Bilanz eine Rechnung zu sehen, die das zukünftige geldliche Schicksal der Unternehmung per Bilanzstichtag zu antizipieren hat.

Rieger hat diese Konzeption sehr massiv und mit überzeugenden Argumenten vorgetragen. Jedoch mangelt es nicht an anderen Autoren, die gleiche oder ähnliche Ideen vertreten haben.

Man sieht in der Bilanz eine fingierte Liquidation, d.h. mit anderen Worten doch nichts anderes, als daß man die am Bilanzstichtag vorhandenen nichtgeldwerten Posten fiktiv versilbert, verkauft. Das geldmäßige *zukünftige* Schicksal, nicht vergangene historische Zahlungsvorgänge sind daher für die Deutung des Bilanzinhaltes, die Blickrichtung der Bilanz und die Lösung der Bewertungsfrage relevant.

Auch das berühmte Urteil des ROHG aus dem Jahre 1873 sah in der Bilanz eine fingierte Liquidation. Es führte aus: „Der Bilanz liegt hiernach in der Tat die Idee einer fingierten allgemeinen Realisierung sämtlicher Aktiva und Passiva zugrunde, wobei jedoch davon ausgegangen werden muß, daß in Wirklichkeit nicht die Liquidation, sondern vielmehr der Fortbestand des Geschäfts beabsichtigt wird und daß daher bei der Ermittlung und Feststellung der einzelnen Werte derjenige Einfluß unberücksichtigt zu lassen ist, welchen eine Liquidation auf dieselben ausüben würde."

Sganzini, Walbs Vorläufer, sah in der Bilanz ebenfalls eine fingierte Liquidation. Er schreibt [1908, S. 62]: „Die Eintragung des Inventarwertes ist keine Bestandsermittlung, sondern eine Liquidation des Bestandes, eine fingierte Hinüberleitung der Aufwendungen in Erträgnisse."

Kempin [1910, S. 24] erklärte, „das ganze Bilanzverfahren ist ein Liquidationsverfahren."

Besonders deutlich hat *Rieger* diesen Gedanken herausgearbeitet. Er führt aus [1928, S. 239]: „Bei der Jahresbilanz, die lediglich eine fingierte Liquidation darstellt, erfolgt die buchtechnische Abwicklung durch ein zu diesem Zwecke neu auftretendes Konto, das Bilanzkonto. Auf ihm werden genau wie beim echten Abschluß die am Schlusse des Jahres noch zu erwartenden Erträge wie die zu erledigenden Aufwendungen verrechnet, nur mit dem Unterschied, daß jetzt erdichtet ist, was bei jenem Wirklichkeit war. Das Bilanzkonto hat demnach den Charakter eines (fingierten) Kassenkontos. Links stehen die rechnungsmäßigen Erträge aus den einzelnen Konten, rechts die entsprechenden Aufwendungen."

Weiters schreibt *Rieger* zu dieser Frage [1928, S. 213]: „In der unzweifelhaften Geldwirtschaft, in der wir leben, muß die Bewertungsfrage in der Bilanz vollkommen beherrscht werden von dem Problem des geldmäßigen Endes; es handelt sich bei der ganzen Frage nur um eine Antizipation des geldlichen Schicksals der betreffenden Objekte. Man kann den Kardinalsatz aussprechen, der für die Bilanzbewertung schlechthin grundlegend ist: Alles betriebliche Geschehen ist nur ein der Geldwerdung Entgegenreifen, im einzelnen und im ganzen. Somit kann es sich bei der Bewertung auch nur darum handeln, das spätere geldliche Ende auf den Bilanztag zu eskomptieren, damit haben wir die noch zu erwartenden Ausgaben und Einnahmen.“

Sieht man in der Bilanz eine Zukunftsrechnung, dann besteht der Bilanzinhalt – abgesehen vom Kassabestand und vom Eigenkapital – in zukünftig erwarteten Einnahmen (Vermögen) und in zukünftig erwarteten Ausgaben an Dritte (Schulden). Man denke dabei insbesondere an die Bilanzen von Banken und Versicherungsunternehmen, bei denen dieser Charakter der Bilanzen besonders deutlich wird.

Die Bewertung des Bilanzinhaltes hätte dann konsequenterweise mit dem „heutigen Wert“ i.S. Riegers zu erfolgen. Die Konzepte des „ökonomischen Gewinnes“ und der „kapitaltheoretischen Bilanz“ sehen eine derartige Bewertung vor, wobei das Konzept des „ökonomischen Gewinnes“ die zukünftig erwarteten Einnahmen und Ausgaben mit einem exogenen Kalkulationszinssatz (Kapitalmarktzinssatz) abzinst und das Konzept der „kapitaltheoretischen Bilanz“ zur Diskontierung den internen Zinsfuß der jeweiligen Unternehmung vorsieht.

5.2.5.9 Bilanzbewertung und Unternehmungsschicksal

Die Bilanz ist eine Zwischenabrechnung. Man rechnet ab, obwohl man noch nicht fertig ist. Die Bilanz ist ein Zwischenabschluß, obwohl der Geschäftsbetrieb weiterläuft. Wenn man abschließt, hat man das Ende erreicht. Wie kann man aber „abschließen“, wenn man noch lange nicht am Ende ist? Die Bezeichnung „Zwischen-Abschluß“ ist ein Widerspruch in sich. Sie macht das Dilemma deutlich, in dem sich jeder Bilanzierende befindet.

Die Bilanz ist eine Wahrscheinlichkeitsrechnung. Sie ist eine Mischung aus Dichtung und Wahrheit auch dann, wenn man sich um größtmögliche Seriosität bemüht.

Je seriöser man bei der Erstellung des Jahresabschlusses sein will, desto mehr wird man bemüht sein, sich über das mutmaßliche zukünftige Schicksal der Unternehmung klar zu werden. Je mehr man davon zu wissen glaubt, desto leichter werden die Bewertungsprobleme zu lösen sein. Je richtiger das Wissen um das zukünftige Schicksal der Unternehmung ist, desto treffender kann der Abschluß gestaltet werden.

Der Jahresabschluß ist ein Instrument, das dem Kaufmann jährlich wiederkehrend die Frage stellen und beantworten soll: *Weiterbetrieb oder Liquidation?*

Das Unangenehme daran ist jedoch, daß man schon *vor* Erstellung der Bilanz genau diese Frage schon beantwortet haben muß, denn von der Art der Beantwortung dieser Frage hängt es weitgehend ab, wie die Wertansätze in der Bilanz der Unternehmung zu wählen sind.

Unterstellt man *tatsächliche* Liquidation, dann ist bilanzfähig nur, was einzeln veräußert werden kann (Einzelverkehrsfähigkeit), und diese einzeln veräußerbaren Vermögensgegenstände sind mit ihren mutmaßlichen *Einzelveräußerungspreisen* zu bewerten.

Eine spezielle Frage wäre, ob die angenommene Liquidation freiwillig, ohne Zeitdruck und ohne Andrängen der Gläubiger vor sich gehen soll und könnte oder ob die Liquidation unter dem Konkursaspekt vor sich gehen würde. Im letzteren Falle wären die anzusetzenden Werte wohl in aller Regel wesentlich tiefer zu wählen als bei angenommener langsamer, optimaler Liquidation.

Die normale, übliche Jahresbilanz fingiert rechnerisch auch die Liquidation, aber unter der Annahme des *Weiterbetriebes*. Daß diese Annahme des Weiterbetriebes im Widerspruch zur rechnerischen Fingierung der Liquidation steht, ist unübersehbar. Trotzdem hält man an diesem Konzept sowohl in der Praxis wie auch in den konventionellen Bilanztheorien fest.

Man rechtfertigt damit eine Bewertung des abnutzbaren Anlagevermögens mit dem fortgeschriebenen Anschaffungswert (Anschaffungswert minus planmäßige Abschreibung) und unterstellt damit, daß der Verbund der komplementären Potentialfaktoren (Anlagevermögen) wenigstens zu einem zukünftigen Nutzen (Cash Flow) führen wird, der der Summe der Buchwerte (Anschaffungswerte) dieses Vermögens entspricht. (Daß man formal an der Einzelbewertung festhält, ist ein weiterer Widerspruch zum materiellen Bewertungsverhalten.) Die Idee des „Gebrauchswertes" der Subjektivisten wirkt heute noch unvermindert.

Problematisch wird die konventionelle Bewertungspraxis, wenn wegen Zahlungsunfähigkeit ein Ausgleich angemeldet werden muß, der vielleicht nur deswegen in einem Konkurs endet, weil die Hausbank dem Vergleich nicht zustimmt (da sie – voll besichert – im Konkursfall nichts und bei einem Ausgleich doch sehr viel verlieren würde), wobei man plötzlich die Prämisse der Fortführung des Betriebes durch die Prämisse der tatsächlichen, zwangsweisen Liquidation ersetzen muß. Die Bilanzansätze stürzen in die Tiefe und der Konkursstatus zeigt plötzlich eine Überschuldung, womit man nachträglich eine Bestätigung für die Richtigkeit der Herbeiführung des Konkurses vorzeigbar in Händen hat.

Die Konsequenz aus obigen Überlegungen müßte sein, zu einer Bilanzbewertung wie im Konzept der „kapitaltheoretischen Bilanz" vorgesehen zu greifen: Dem Prinzip der Einzelbewertung ist nicht nur formell Rechnung zu tragen, sondern es ist ihm auch materielle Geltung zu verschaffen. Ein Mehrertragswert (evtl. limitiert mit der Summe des Anschaffungswertes des Gesamtvermögens abzüglich Summe der Einzelwerte abzügl. Summe der Schulden) wäre gesondert zu bilanzieren und entsprechend zu begründen (Cash Flow-

Prognosen, kapitaltheoretisch errechnete Gewinne etc.). Die Jahresabschlußrechnung könnte dann den ihr vorgegebenen Zwecken viel besser gerecht werden, als dies heute der Fall ist.

Anhang: Die konventionelle Darstellung der Bilanztheorien

I. Einleitung

Die konventionelle Art, „Bilanztheorien" abzuhandeln, ist wissenschaftlich unbefriedigend, da hierbei nicht nach Sachverhalten systematisiert, sondern in kundlicher Weise vorgestellt wird, was verschiedene Autoren in sehr fragmentarischer Weise zum Jahresabschluß der kaufmännischen Buchhaltung an Ideen und Vorstellungen entwickelt haben.

Da jedoch damit zu rechnen ist, daß „Bilanztheorien" noch für längere Zeit nach konventioneller Einteilung vorgetragen und geprüft werden, soll in diesem Anhang in aller Kürze dargetan werden, was die traditionelle Literatur unter den Haupttheorien „Statische Bilanztheorie", „Dynamische Bilanztheorie" („Finanzwirtschaftliche Theorie", „Pagatorische Theorie") und „Organische Bilanztheorie" im wesentlichen auszuführen pflegt und was unter der „Kapitaltheoretischen Bilanztheorie" zu verstehen ist.

II. Die „Statische Bilanztheorie"

Die „Statische Bilanztheorie" sieht im Bilanzinhalt *Bestände* und nicht Bewegungen. Die Bezeichnungen für diese Bestände sind „Vermögen" und „Kapital". In der Bilanz wird zu Recht eine zeitdimensionslose Stichtagsrechnung gesehen.

Ziel der Bilanzierung ist die stichtagsbezogene Ermittlung des bilanziellen Vermögens und der Schulden sowie die Gegenüberstellung dieser „aktiven" und „passiven" Bestände inklusive der Ermittlung des „Eigenkapital" („Reinvermögen") genannten Saldos. Daß aus dem Vergleich des zu zwei verschiedenen Stichtagen vorhandenen Reinvermögens sich der Erfolg (Gewinn, Verlust) als Reinvermögensänderung errechnen lasse, sei nur Konsequenz der („richtigen") Vermögensrechnung, nicht jedoch primäres Ziel des kaufmännischen Jahresabschlusses.

Erklärt man die Bilanz als Bestandsrechnung zur Voraussetzung und zum Mittel einer richtigen Periodengewinnermittlung, so liegt einer solchen „statischen" Bilanzauffassung eine „dualistische" Zielsetzung zugrunde.

Die statische Bilanzauffassung sieht in der Bilanz (im Bilanzkonto) das „Konto-Saldo", das die nach körperlicher Bestandsaufnahme (Inventur) korrigierten stichtagsbezogenen und bewerteten Bestände (Vermögen, Schulden) aufzunehmen und übersichtlich darzustellen hat. Um die buchmäßigen Salden der Bestandskonten entsprechend zu berichtigen, bedarf es der Vornahme entsprechender Korrekturbuchungen („Umbuchungen", „Nachbuchungen").

Eine „einfache Buchhaltung" genügt den Anforderungen einer „statischen"

Zielsetzung der Bilanz. Wird die Buchhaltung trotzdem als „doppelte“ Buchhaltung geführt, so sieht man im Konto „Gewinn und Verlust“ (bzw. im Aufwands- und Ertragskonto) nur ein – keineswegs erforderliches – Anhängsel zum Bestandskonto „Eigenkapital“.

Die Erklärung der kaufmännischen Buchhaltung als „zerlegte Bilanz“ (Bestandskonten), die durch die Verbuchung der Geschäftsfälle (Bestandsveränderungen) „bewegt“ wird („Aktivtausch“, „Passivtausch“, „Bilanzverlängerung“, „Bilanzverkürzung“), zeigt in sehr klarer Weise, wie die verrechnungstechnische Stellung der Bilanz (des Bilanzkontos) im System der kaufmännischen Buchhaltung gesehen wird.

Wird eine „Bilanz“ als stichtagsbezogene Gegenüberstellung von Vermögen und Schulden außerhalb der kaufmännischen Buchhaltung erstellt, so spricht man meist von einem „Status“.

In „statischen Bilanzen“ hat die Bewertung des Vermögens und der Schulden mit ihrem „wahren Wert“ vorgenommen zu werden. Was darunter zu verstehen ist, ist verschiedenartigen Interpretationen zugänglich.

Will man den Wert der bilanzierenden Unternehmung als Ganzes berechnen, und zwar unter der Annahme des Weiterbetriebes, so bedarf es einer ertragsabhängigen Bewertung durch Erfolgskapitalisierung. Diese Art der Bilanzbewertung bzw. Bilanzierung wurde von Schmalenbach als „statische Bilanz“ qualifiziert. Auf den in einem solchen Vorgehen enthaltenen bewertungstechnischen circulus vitiosus hat vor Schmalenbach schon R. Fischer und nach Schmalenbach insbesondere Kosiol hingewiesen.

Soll eine „statische Bilanz“ jedoch Aufschluß darüber geben, wieviel die einzelnen Teile (Vermögensgüter) für sich wert sind (→ Prinzip der Einzelbewertung), so sind die einzelnen Vermögensgegenstände mit jenem Wert anzusetzen, der ihnen – einzeln gesehen – beizumessen ist.

Juristen sahen darin – in Interpretation des Artikels 31 AHGB – den Einzelveräußerungswert (Zerschlagungswert), denn meist wurden sie mit Bilanzfragen dann konfrontiert, wenn Konkursmassen und nicht fortzuführende, ertragsstarke Unternehmungen vorlagen. Eine derartige „statische“ Bilanzauffassung, die in den Jahresbilanzen des Kaufmannes fingierte Konkursbilanzen unter der Annahme der tatsächlichen Abwicklung (Zerschlagung) sah, wurde auch als „juristische Bilanzauffassung“ oder ältere statische Bilanzauffassung bezeichnet.

Soll die Bilanz schließlich zeigen, welche Anschaffungsausgaben man sich am Bilanzstichtag erspart hat, weil schon diverses Vermögen vorhanden ist, so ist in der Bilanz ein Reproduktionskostenstatus zu sehen, in dem die einzelnen Vermögensgegenstände mit ihren aktuellen Wiederbeschaffungswerten am Bilanzstichtag zu bepreisen sind. Die „Organische Tageswertbilanz“ Schmidts wäre dafür ein Beispiel.

Periodisierungsprinzipien, Gewinnbegriffe und Eigenkapitaldefinitionen spielen in „statischen“ Bilanzen keine oder nur eine untergeordnete Rolle. Das Bilanzierungsmotiv („Gläubigerschutz“) und das unterstellte zukünftige

Schicksal der bilanzierenden Unternehmung jedoch üben auf die für „richtig" befundene Art der Bewertung einen entscheidenden Einfluß aus.

Die Forderung nach einer tiefen Gliederung des Bilanzinhaltes nach Art und Qualität des Vermögens und der Schulden („Gliederungslehren") ist für eine „statische" Interpretation des Wesens und vor allem der Zielsetzung der Bilanz typisch und logisch schlüssig.

Nicht alle in der konventionellen bilanztheoretischen Literatur als „statische Bilanztheorien" bezeichneten Lehrmeinungen haben diese – oft abqualifizierend gemeinte – Kategorisierung zu Recht erfahren. Fast alle „Statiker" haben richtige, wahre Bilanzen nicht als Selbstzweck, sondern als Voraussetzung und Mittel einer richtigen Periodengewinnermittlung gesehen, waren also von der Zielsetzung durchaus „dynamisch" orientiert.

III. Die „Dynamische Bilanztheorie"

Die „dynamische Bilanztheorie" gibt vor, in der Bilanz *Bewegungen* zur Darstellung zu bringen. Zumindest gilt dies für den Hauptvertreter und angeblichen Begründer dieser bilanztheoretischen Richtung (Schmalenbach).

Die jüngeren Vertreter einer „dynamischen" Bilanzauffassung (z.B. Kosiol) verzichten jedoch auf diese unhaltbare Behauptung und gestehen zu, daß eine Bilanz als Stichtagsrechnung nur (rechnungsmäßige) Bestände und niemals Bewegungen zur Darstellung bringen kann.

Als Ziel des Jahresabschlusses postulieren die „Dynamiker" die Ermittlung und Darstellung des Gewinnes. Und zwar nicht über das Mittel einer „richtigen" Vermögensrechnung, sondern auf direktem, unmittelbarem Wege (Gewinn- und Verlustrechnung).

Richtige Erfolgsermittlung setze demnach nicht eine richtige Vermögensrechnung in der Bilanz voraus, sondern sei gewissermaßen unabhängig von der Bilanz (Bestandsrechnung) durchführbar, ja eine richtige Erfolgsrechnung mache es sogar unmöglich, gleichzeitig im selben Jahresabschluß auch eine „richtige" Vermögensrechnung durchzuführen. Wer eine richtige Vermögensrechnung (als sekundäres Bilanzziel) neben einer richtigen Erfolgsrechnung (als primäres Bilanzziel) anstrebe, mache sich eines „unwissenschaftlichen" Dualismus der Bilanzziele schuldig!

Weshalb eine Theorie, die in solcher Weise nicht die Bilanz (Beständerechnung), sondern die von der „richtigen" Bilanz angeblich unabhängige Erfolgsrechnung in den Vordergrund stellt, sich noch immer (dynamische) „*Bilanz*theorie" und nicht (dynamische) „*Erfolgs*rechnungstheorie" nennt, ist eines der vielen Rätsel, die die „Dynamiker" den unvoreingenommenen Interessenten bilanztheoretischer Fragen aufgeben.

Auf Grund der „dynamischen" Zielsetzung „Gewinnermittlung" steht bei den Dynamikern die Gewinn- und Verlustrechnung (Aufwands- und Ertragsrechnung) im Vordergrund des Interesses und dominiert auch die Erklärung der verrechnungstechnischen Stellung der Bilanz (des Bilanzkontos) im System der kaufmännischen („doppelten") Buchhaltung.

Nach dynamischer Auffassung ist das Bilanzkonto keine Gegenüberstellung von Vermögen und Schulden, sondern nur ein Rechnungsabgrenzungskonto, das im Interesse richtiger Periodengewinnermittlung zwischen Kassarechnung (Einnahmen, Ausgaben) und Erfolgsrechnung (Erträge, Aufwendungen) einzuschalten ist, um der zeitlichen Diskrepanz zwischen Geldbewegungen (Einnahmen, Ausgaben) und ihrer erfolgsrechnerischen Zuordnung auf Perioden („Erträge“, „Aufwendungen“) in systematischer Weise Rechnung zu tragen.

„Aufwendungen“ werden als periodisierte Ausgaben und „Erträge“ als periodisierte Einnahmen interpretiert. Die Abgrenzungen können *transitorisch* (Geldbewegung *vor* Bilanzstichtag, Erfolgsverrechnung *nach* Bilanzstichtag) und *antizipativ* (Erfolgsverrechnung *vor* Bilanzstichtag, Geldbewegung *nach* Bilanzstichtag) erfolgen und sowohl aktiver wie auch passiver Art sein.

Die Bilanz (das Bilanzkonto) wird daher als das die Kassarechnung und die Erfolgsrechnung „verknüpfende Band“ bezeichnet und als „Resterechnung“ („Reste“-Verwaltung) interpretiert.

Die von den Dynamikern (Schmalenbach) auch verwendete Charakterisierung der Bilanz als „Kräftespeicher der Unternehmung“ steht allerdings obiger Interpretation in krassem Widerspruch gegenüber.

Die „dynamische“ Erklärung der verrechnungstechnischen Stellung des Bilanzkontos im Rahmen des doppischen Systems wäre nur dann schlüssig, wenn die Periodisierung von Einnahmen (→ „Erträge“) und Ausgaben (→ „Aufwendungen“) *ohne* Bewertungsakte (→ Vermögensrechnung) gelänge und wenn die „dynamische“ Erklärung des Bilanzinhaltes als Schwebeposten (Rechnungsabgrenzungsposten) für *alle* Bilanzpositionen möglich wäre.

Tatsächlich jedoch bedürfen auch die Dynamiker Bewertungsakte und wertbezogener Argumente, um ihre Erfolgsrechnung (und Bilanzierung) vornehmen und begründen zu können, und die Erklärung von Geld (Kassa) und Eigenkapital ebenfalls als Schwebeposten mißlingt im Rahmen der „Dynamischen Bilanztheorie“ und muß mißlingen, solange man die übrigen Bilanzposten als relativ zu barem Geld bzw. zum Bestand „Eigenkapital“ als schwebend erklärt.

Soweit sich die „dynamische“ Erklärung der Bilanzpositionen auf aktive und passive Transitorien bzw. Antizipationen bezieht, bietet sie im Vergleich zur konventionellen Auffassung nichts Neues; soweit sie jedoch auch versucht, den Geldbestand und das Eigenkapital (und gegebene und erhaltene Darlehen) in die „dynamische“ Erklärung einzubeziehen, wird sie zum Unsinn.

Da die „dynamische“ Erklärung der Bilanz vom Ziel der Gewinnermittlung ausgeht, ist es naheliegend, daß die Art der gewählten „Gewinn“-Definition die Bilanzbewertung nachhaltig beeinflussen muß. Nachdem man aus „dynamischer“ Sicht in der Bilanz keine Vermögensrechnung sieht, sondern nur ein der unmittelbaren Periodengewinnermittlung dienendes Rechnungsabgrenzungskonto, ist es auch verständlich, daß die Frage der Bilanzfähigkeit bzw. Bilanzpflichtigkeit nicht nach juristischen (bürgerlich-rechtlichen) Vorstellungen von „Vermögen“ und Lasten, sondern nach anderen Vorstellungen zu entscheiden ist.

„Gewinn"-Begriffe gibt es viele in der Betriebswirtschaftslehre. Als „Dynamiker" muß man sich für einen davon entscheiden. Zur Auswahl stehen der „erzielte Gewinn", der „ausschüttbare Gewinn", der „geschäftswesentliche Gewinn", der „betriebliche Gewinn", der „realisierte Gewinn", der „verursachte Gewinn" usw.

Schmalenbach erklärte, er wolle im Rahmen seiner Theorie den „vergleichbaren Gewinn" ermitteln, um dem Kaufmann ein Instrument in die Hand zu geben, zu berechnen, wie der Betrieb seine „gemeinwirtschaftliche Wirtschaftlichkeit" erweist.

Außeneinflüsse und Spekulationsgewinne wollte Schmalenbach aus der Gewinnrechnung ausgeklammert sehen. Die axiomatische Grundlage der „dynamischen" Bilanz- bzw. Erfolgsrechnungstheorie, nämlich die Formel der „Erfolgskongruenz" (Summe aller „dynamischen" Periodenerfolge = Totaler Einnahmen-Ausgaben-Überschuß), wird damit jedoch negiert!

Der Blick der „dynamischen Bilanz" ist vorwiegend in die Vergangenheit gerichtet. Es dominieren die transitorischen Posten. Der Wert eines Vermögensgegenstandes wird aus den vergangenen, noch nicht erfolgsrechnerisch amortisierten historischen Anschaffungsausgaben und nicht aus den zukünftig erwarteten Einnahmen abgeleitet.

Die periodenanteilige erfolgsrechnerische Verrechnung von vergangenen Anschaffungsausgaben (→ „Aufwand") hat nach Maßgabe des periodenanteiligen Nutzens zu erfolgen, den der erhaltene Ausgabengegenwert jeweils gestiftet hat. „Nonvaleurs" will auch Schmalenbach in der Bilanz nicht sehen. Für die Bilanzfähigkeit und für die Art der Periodisierung von aktivierten Anschaffungsausgaben ist somit der Verlauf des Nutzens maßgeblich, den ein Ausgabengegenwert zu stiften vermag. Schmalenbach fühlt sich dem „Subjektivisten" Veit Simon verbunden und verpflichtet, der gelehrt hatte, daß es für die Bilanzierungsfähigkeit auf den subjektiven Nutzen ankäme und daß mit Anschaffungswerten zu bilanzieren sei. Den Widerspruch, der zwischen dieser werttheoretischen Begründung und dem im Anschluß daran postulierten Anschaffungswertprinzip besteht, hat Schmalenbach genausowenig erkannt wie Simon.

Eine konsequent zu Ende gedachte „dynamische" Bilanzlehre mußte in der traditionellen kaufmännischen Jahresabschlußrechnung eine Realisationsrechnung (Amortisationsrechnung) sehen. Eine „nominelle" Definition des Eigenkapitals (bzw. eine kaufkraftmäßig-reale Definition des Eigenkapitals) wäre einer derartigen Konzeption adäquat. Daraus hätte eine Bewertung des Aufwandes und der Reste (des Vermögens) mit historischen (evtl. geldwertkorrigierten) Anschaffungspreisen zu resultieren. R. Fischer als Vorläufer Schmalenbachs und Kosiol als konsequenter „Dynamiker" nach Schmalenbach haben daher auch folgerichtig die alleinige Gültigkeit des „Anschaffungswertprinzips" postuliert. Schmalenbach hingegen, dem der Realisationsrechnungscharakter eines „dynamischen" Jahresabschlusses nie so recht klar geworden war, empfiehlt die gleichzeitige Anwendung aller nur denkbaren Wertkategorien. Jeder Wertansatz sei berechtigt und richtig, soweit damit nur der „vergleichbare" Gewinn errechnet würde. Wie bei einem derartigen Bewertungspluralismus und bei dem daraus logisch zwingend eintretenden Durchbrechen der Bewertungskontinuität im Zeitablauf „vergleichbare" Gewinne errechnet werden sollen, bleibt unverständlich.

Schmalenbach gilt heute noch in weiten Kreisen als „Begründer" der „dynamischen" Bilanzauffassung. Dies zu Unrecht. Schmalenbach hat viel für die Verbreitung der „dynamischen" Bilanzlehre getan. Seine Persönlichkeitsstruktur und seine lange Zeit fast monopolhafte „Zeitschrift für handelswissenschaftliche Forschung" waren ideale Voraussetzungen dafür. Dies sollte aber nicht Grund genug sein, die „Dynamiker" vor Schmalenbach, z.B. R. Fischer, zu vergessen oder gar zu ignorieren.

Die klassische „dynamische" Bilanzlehre, wie sie von R. Fischer und später von Schmalenbach vertreten worden war, hat noch graduelle Modifikationen erfahren. Walbs „Finanzwirtschaftliche Bilanz" (Theorie der „Zahlungs- und Leistungsreihe") und Kosiols „Pagatorische Bilanz" sind in diesem Zusammenhang zu nennen.

Während für die Schule Schmalenbachs das Bilanzkonto das die Kassarechnung und die Erfolgsrechnung verknüpfende Band war, wird bei Walbs Bilanzinterpretation das Bilanzkonto zum modifizierten Kassakonto selbst. Die logisch schlüssige Einordnung des Geldbestandes gelingt auf diese Art. Eine „dynamische" Erklärung des Eigenkapitals ist jedoch auch im Rahmen der „Finanzwirtschaftlichen Bilanztheorie" nicht möglich.

Sganzini und Müller hatten schon lange vor Walb die Konzeption der „Finanzwirtschaftlichen Bilanz" entwickelt und publiziert. Walb hat darauf jedoch nie Bezug genommen.

Im Rahmen der „pagatorischen" Bilanz- und Erfolgsrechnungstheorie entwickelte Kosiol eine „dynamische" Theorie der Geschäftsfälle, indem er die Bilanzpositionen nach ihrem zahlungsmäßigen und verrechnungstechnischen Ursprung und Schicksal systematisiert. Kosiol leistete damit einen wesentlichen Beitrag zur Verdeutlichung der „finanzwirtschaftlichen" Bilanzauffassung. Eine über die Konzeption Walbs bzw. Sganzinis etc. hinausgehende Weiterentwicklung der „dynamischen" Bilanzlehre kann darin jedoch nicht gesehen werden.

Die konsequente Forderung nach strenger Beachtung des Anschaffungswertprinzips teilt Kosiol mit R. Fischer.

IV. Die „Organische Bilanztheorie"

Die „Organische Bilanztheorie" sieht im Bilanzinhalt Bestände. Das Ziel der Bilanzierung ist ein zweifaches, nämlich sowohl richtige Vermögensermittlung wie auch richtige Erfolgsermittlung. Das eine bedinge das andere. Eine richtige Gewinnermittlung sei ohne richtige Vermögensermittlung gar nicht möglich.

Die Bilanz wird als ein Reproduktionskostenstatus gesehen. Die Annahme des Fortbetriebes der Unternehmung liegt dieser Bilanzinterpretation zugrunde.

Die Vermögensgegenstände sind zwar einzeln zu bewerten; ein sich gemäß Kapitalisierung des „organisch" berechneten (Zukunfts-) Erfolges ergebender Unternehmungsmehr- oder -minderwert sei in die Bilanz aufzunehmen, um so den Wert der Unternehmung als Ganzes ebenfalls zum Ausweis zu bringen.

Der zu errechnende Gewinn ist der (kalkulatorische) Umsatzerfolg, der sich umsatzaktbezogen als Unterschied zwischen erzieltem Verkaufspreis und (fiktivem) Wiederbeschaffungspreis am Umsatztag errechnet. Der „organische" Periodenerfolg ist durch Addition aller „organischen" Stückerfolge der Erfolgsrechnungsperiode zu ermitteln.

Die positiven und negativen Differenzen, die sich zwischen den historischen Anschaffungspreisen und den Wiederbeschaffungspreisen der umgesetzten Güter ergeben, seien als „erfolgsneutrale Vermögenswertänderungen" Nichtgewinne und als solche einem Eigenkapitalergänzungskonto („Vermögenswertänderungskonto") zuzuführen.

Nur was volkswirtschaftlicher Mehrwert ist, könne als „organischer" Erfolg berechnet werden. Nicht der konventionelle kaufmännische Gewinn soll ermittelt werden, sondern das Einkommen, das sich der Kaufmann durch seine Umsatztätigkeit verdient hat. Vermögenswertänderungen seien spekulative Erfolge, die nicht aus einem volkswirtschaftlichen Mehr an Gütern und Dienstleistungen, sondern aus Preisänderungen resultieren.

Der „organische" Gewinnbegriff ist somit ein gütermäßiger. Gewinn (Einkommen) i.S. der „organischen" Theorie liegt nur insoferne vor, als ein Mehr an Gütern und Dienstleistungen geschaffen worden ist.

Nicht das Problem der allgemeinen Geldwertänderungen und daher der Korrektur der Maßgröße bewegt die „Organiker", sondern die Preisänderungen der betriebstypischen Güter und damit das Rechnen mit (fiktiven) Wiederbeschaffungspreisen in Erfolgsrechnung und Bilanz.

Der „organischen" Konzeption liegt ein gütermäßiger (substantieller, materieller) „Eigenkapital"-Begriff und daher auch ein dementsprechender Gewinnbegriff zugrunde.

Die einzig angewandte Wertkategorie ist der Tageswert als Wiederbeschaffungswert (nicht Tagesveräußerungswert). Die „organische" Rechnungsweise unterstellt somit den Weiterbetrieb des bilanzierenden Unternehmens.

Wird nicht nur der Aufwand mit (fiktiven) Wiederbeschaffungspreisen (des jeweiligen Umsatztages), sondern auch der Vermögensbestand am Bilanzstichtag mit (fiktiven) Wiederbeschaffungspreisen (des Bilanzstichtages) bewertet und werden die sich so zwischen historischen Anschaffungspreisen und aktuellen Wiederbeschaffungspreisen ergebenden Differenzen gegen ein Konto (erfolgsneutrale) „Vermögenswertänderungen" gebucht, so finden sich auf diesem Eigenkapitalergänzungskonto einerseits durch Umsatz schon „realisierte" und andererseits auch durch Umsatz noch nicht „realisierte" Vermögenswertänderungen.

Die rechnungstheoretisch bedenklichste Schwachstelle der „organischen“ Konzeption ist darin zu sehen, daß in Zeiten permanenter Geldwertänderungen (Geldwertverschlechterungen) die „organischen“ Stückerfolge (Umsatzerfolge) der zahlreichen Geschäftstage eines Erfolgsrechnungsjahres jeweils in Währungseinheiten anderer (schlechterer) Kaufkraft errechnet werden und somit gar nicht sinnvoll zu einem „organischen“ Periodenerfolg addiert werden können. Würde man jedoch die „organischen“ Stückerfolge einer Erfolgsrechnungsperiode durch Anwendung einer Geldwertkorrektur geldwertparitätisch machen, so wäre dies gleichbedeutend mit der Aufgabe der Idee und Konzeption der „organischen“ Bilanz- und Erfolgsrechnungstheorie.

Bedeutendster und wichtigster Vertreter der „Organischen Bilanztheorie“ ist Fritz Schmidt. Ähnliche Ideen, jedoch nicht in der Schmidtschen Geschlossenheit, finden sich schon bei Kovero und Fäs.

Die Praxis neigt auch heute noch einem Rechnen mit Wiederbeschaffungspreisen zu, da ihr aus dem täglichen Geschäft vor allem das Steigen (und Fallen) der Preise der betriebstypischen Güter bewußt wird.

Theoretisch fundiert wäre allerdings nur ein Rechnen mit Geldwertkorrekturen in Bilanz und Erfolgsrechnung. Das Problem des "inflation accounting“ liegt nicht in den Preisänderungen, sondern in der Änderung der allgemeinen Kaufkraft des Geldes und damit der kaufmännischen Maß- und Rechengröße.

V. Die „Kapitaltheoretische Bilanz“

Die „kapitaltheoretische“ Konzeption des Jahresabschlusses sieht in der Bilanz eine Bestandsrechnung, in der Vermögen und Schulden mit den auf den Bilanzstichtag diskontierten Werten der zukünftig erwarteten Einnahmen bzw. Ausgaben angesetzt werden.

Die Bilanz stellt nach dieser Konzeption eine reine Zukunftsrechnung i.S. Riegers dar. In der Kassarechnung wird gezeigt, was sich an Geldbewegungen schon ereignet hat, in der Bilanz wird zur Darstellung gebracht, was an zukünftigen Einnahmen und Ausgaben noch erwartet wird.

Ziel der „kapitaltheoretischen“ Bilanz ist die richtige Vermögensrechnung und die richtige Periodenerfolgsrechnung. Das Bilanzziel ist somit ein „dualistisches“.

Die für alle konventionellen Bilanztheorien typische Unterscheidung in „Bestandskonten“ und „Erfolgskonten“ wird bei der „kapitaltheoretischen“ Bilanz hinfällig. Die Erfolgsperiodisierung erfolgt simultan unter Berücksichtigung der vertikalen und horizontalen Erfolgsverbundeffekte. Die beiden polaren Positionen der doppelten Verrechnung (Buchhaltung) werden im Kassakonto und im Eigenkapitalkonto gesehen. Die Bilanzgleichung ist somit definiert als „Reinvermögen = Eigenkapital“.

Die Diskontierung der am Bilanzstichtag erwarteten zukünftigen Einnahmen und zukünftigen Ausgaben hat mit dem *internen Zinsfuß* der Unternehmung zu erfolgen. Dieserart wird die Verbindung zwischen anschaffungswertorientiertem Eigenkapital und dem Vermögen sowie dem Fremdkapital hergestellt.

Der Periodengewinn errechnet sich als Periodenzinsen (interne Verzinsung) des Eigenkapitals vom Beginn des jeweiligen Geschäftsjahres oder als Perioden-Einnahmen-Ausgaben-Überschuß abzüglich Kapitalwertminderung der Periode.

Allgemeine Geldwertänderungen lassen sich sehr rasch und einfach durch Dotierung von Eigenkapitalerhaltungsrücklagen berücksichtigen.

Die „Formel der Erfolgskongruenz" bleibt gewahrt, was dem Konzept des „ökonomischen Gewinnes" nicht gelungen ist.

Durch entsprechende Gliederung lassen sich sowohl die Werte der einzelnen Vermögensgegenstände (Liquidationsstatus) wie auch der Wert der Unternehmung als Ganzes für den Fall des Weiterbetriebes ermitteln und zum Ausweis bringen.

Die „kapitaltheoretische" Bilanzkonzeption trägt den heute herrschenden Umweltbedingungen (dynamische Wirtschaft, Geldwertänderungen, Preisänderungen, Branchenkonjunkturen etc.) Rechnung und macht die Abschlußrechnung wieder für alle Bilanzinteressenten zu einem brauchbaren Mittel der Planung und Kontrolle.

Literaturverzeichnis

Accounting Standards Committee of the Institute of Chartered Accountants: Statement of Standard Accounting Practice Number 16 ("SSAP 16"), o.O., März 1980.
Albach, H.: Grundgedanken einer synthetischen Bilanztheorie. ZfB, 1965, 21–31.
–: Neue Entwicklungstendenzen in der Teilwertlehre. Steuerberaterjahrbuch 1965/66, Köln 1966, 307–329.
Alexander, S.S.: Income Measurement in a Dynamic Economy. Five Monographs on Business Income. Hrsg. vom American Institute of Certified Public Accountants. New York 1950.
American Accounting Association, Committee on Concepts and Standards: Accounting and Reporting Standards for Corporate Financial Statements – 1957 Revision. The Accounting Review, XXXII, 1957, S. 536ff.
Andersen, A. & Co: To the Financial Accounting Standards Board. Response to Discussion Memorandum on Reporting the Effects of General Price-Level-Changes in Financial Statements, o.O., 1974.
–: Inflation Accounting – A Simplified Approach – Reporting the Impact of Inflation from a New Perspective, o.O. und o.J. (1978).
Angelberger, F.: Das Problem des Kalkulationswertes vom Standpunkt der ökonomischen Theorie. ZfhF, 1927, 166–177, 227–237 und 241–262.
Ashraff, M.A.: Das Problem der Gewinnermittlung mit besonderer Berücksichtigung angelsächsischer Autoren. Diss., Hamburg 1960.
Auler, W.: Der Unternehmungsmehr- und -minderwert in der Bilanz. ZfB, 1927, 653–659, 727–736 und 839–850.
Barth,K.: Die Entwicklung des deutschen Bilanzrechts und der auf ihm beruhenden Bilanzauffassungen, Bd. I, Handelsrechtlich. Stuttgart 1953.
Baxter, W.T.: The Accountant's Contribution to Trade Cycle. Economica, XXII, 1955, 99–112.
Beigel, R.: Rechnungswesen und Buchführung der Römer. Leipzig 1905.
Berliner, M.: Schwierige Fälle und allgemeine Lehrsätze der kaufmännischen Buchhaltung. 2. Aufl., Hannover–Leipzig 1902.
–: Buchhaltungs- und Bilanzlehre, Bd. II. 3. Aufl., Hannover–Leipzig 1911.
–: Transitorische Posten und Leistungsaustausch. ZfHwuHp, 1921, 6–9.
–: Die Walbsche Erfolgsrechnungs-Theorie. ZfB, 1924, 390–392.
Biedermann, H.: Theorie der doppelten Buchhaltung, entwickelt auf Grund der Bilanzgleichung. ZfHwuHp, 1912/13, 99–105.
Biermann, J., Jr.: Myths and Accountants. The Accounting Review XL, 1965, 541–546.
Böhm-Bawerk, E. von: Capital und Capitalzins. 2. Aufl., Innsbruck 1902.
–: Kapital und Kapitalzins, 2. Abteilung, Bd. I. 4. Aufl., Jena 1921.
Borkowsky, R.: Die Bilanztheorien und ihre wirtschaftlichen Grundlagen. Zürich 1946.
Bouffier, W.: Handelsbilanz und Steuerbilanz, Gutachten im Auftrag des Österreichischen Juristentages. Wien o.J. (1967).
Buchanan, N.S.: The Economics of Corporate Enterprise. New York 1940.
Buhl, H.: Die geschichtlich begründete Kontentheorie. Ein Beitrag zur Geschichte der doppelten Buchhaltung. Stuttgart 1929.
Bühler, O.: Bilanz und Steuer. 4. neubearb. Aufl., Berlin–Frankfurt/M. 1950.
Busse von Colbe, W.: Artikel „Substanzerhaltung". HdB, Bd. III, 3. Aufl., Stuttgart 1960, 5310–5321.
Canning, J.B.: The Economics of Accountancy. A Critical Analysis of Accounting Theory. New York 1929.
Ciompa, P.: Grundriß einer Ökonometrie und die auf der Nationalökonomie aufgebaute natürliche Theorie der Buchhaltung – Ein auf Grund neuer ökonometrischer Gleichungen erbrachter Beweis, daß alle heutigen Bilanzen falsch dargestellt werden. Lemberg 1910.

Corbin, D.A.: The Revolution in Accounting. The Accounting Review XXXVII, 1962, 626–635.
–: Comments on "The Accretion Concept of Income". The Accounting Review XXXVIII, 1963, 742–744.
Cotrugli, B.: Della Mercatura et del Mercante perfetto. Manuskript, Neapel 1458, gedruckt 1573.
le Coutre, W.: Die Grundsätze der statischen Bilanzaufstellung. Betriebswirtschaftliche Blätter, 1932, 333–342.
–: Vom allgemein-betriebswirtschaftlichen Ideengehalt der Bilanzauffassungen. Die Bilanzen der Unternehmungen, Bd. I. Hrsg. von K. *Meithner*. Berlin–Wien o.J. (1933), 406–443.
–: Grundzüge der Bilanzkunde – Eine totale Bilanzlehre, Teil 1. 4. Aufl., Wolfenbüttel 1949.
–: Artikel „Bilanztheorien". HdB, Bd. I, 3. Aufl., Stuttgart 1956, 1153–1177.
Cowan, T.K.: A Resources Theory of Accounting. The Accounting Review XL, 1965, 9–20.
Edwards, E.O., und *Ph.W. Bell*: The Theory and Measurement of Business Income. Berkeley–Los Angeles 1961.
Fäs, E.: Die Berücksichtigung der Wertverminderung des stehenden Kapitals in den Jahresbilanzen der Erwerbswirtschaften. Tübingen 1913.
Fess, Ph.E.: The Relevant Costing Concept for Income Measurement – Can it be Defended? The Accounting Review XXXVIII, 1963, 723–732.
Fettel, J.: Die nominale Geldrechnung und ihre Aussagen. BFuP, 1951, 3–8.
–: Artikel „Kapital". HdB, Bd. II, 3. Aufl., Stuttgart 1958, 2959–2963.
Feuerbaum, E.: Die polare Bilanz. Berlin 1966.
–: Notwendigkeit und Methoden der Substanzerhaltung. ZfbF, 1967, 172–184.
–: Tendenzumschwung in der Diskussion um die Eliminierung von Scheingewinnen in der Bilanz. BFuP, 1974, 439–454.
Financial Accounting Standards Board (FASB): Financial Reporting and Changing Prices. Statement of Financial Accounting Standards No. 33, o.O., Sept. 1979.
Fischer, R.: Die Bilanzwerte, was sie sind, und was sie nicht sind, 1. Teil. Leipzig 1905; 2. Teil, Leipzig 1908.
–: Über die Grundlagen der Bilanzwerte. Leipzig 1909.
Fisher, I.: The Nature of Capital and Income. New York 1906.
–: Elementary Principles of Economics. New York 1912.
Geldmacher, E.: Bilanzmäßige Buchführung. Ein kritischer Beitrag zur Methodik und zur Theorie der doppelten Buchführung. Deutsche Handelsschul-Lehrer-Zeitung, Dresden 1914, 393–396, 401–405, 417f. und 425–429.
–: Bilanzsorgen. Industrie- und Handelszeitung, Berlin 1920, 364, 378, 385, 392, 398 und 406.
–: Wirtschaftsunruhe und Bilanz. 1. Teil: Grundlagen und Technik der bilanzmäßigen Erfolgsrechnung. Berlin 1923.
Gerstner, P.: Bilanz-Analyse. 7. Aufl., Leipzig 1922.
Gnam, A.: Die Einheitsbilanz, ein Fortschritt für Staat und Wirtschaft. Die Wirtschaftsprüfung, 1950, S. 293f.
Groener, L.: Die steuerliche Gewinnermittlung bei Einzelfirmen, Personen- und Kapitalgesellschaften. Berlin 1941.
Großmann, H.: Einführung in das System der Buchhaltung auf Grundlage der Bilanz. 2. Aufl., Wien–Berlin 1922.
–: Die Abschreibung in ihrer Beziehung zu den betriebswirtschaftlich wichtigsten Werttypen. ZfB, 1925, 20–27.
Gutenberg, E.: Buchbesprechung zu *Kosiol, E.*: Bilanzreform und Einheitsbilanz, 2. Aufl., Berlin–Stuttgart 1949. ZfhF, 1952, 533–536.
–: Bilanztheorie und Bilanzrecht. ZfB, 1965, 13–20.

Haase, K.D.: Geldentwertung und Ertragsbesteuerung der Unternehmung. Die Unternehmung in ihrer gesellschaftlichen Umwelt. Bericht von der wissenschaftlichen Tagung des Verbandes der Hochschullehrer für Betriebswirtschaft e.V. vom 4. bis 7. Juni 1974 in München. Hrsg. von *P. Mertens*. Wiesbaden 1975, 281–299.

Hämmerle, H.: Handelsrecht, Bd. I. 2. Aufl., Graz–Wien–Köln 1967.

Hansen, P.: The Accounting Concept of Profit. An Analysis and Evaluation in the Light of the Economic Theory of Income and Capital. København–Amsterdam 1962.

Harder, U.: Bilanzpolitik – Wesen und Methoden der taktischen Beeinflussung von handels- und steuerrechtlichen Jahresabschlüssen. Wiesbaden 1962.

Hasenack, W.: Buchführung und Abschluß, Bd. I. 5. Aufl., Essen 1964.

Hauck, W.: Bilanztheorien. Eine rechnerische Grundlegung, 1. Band. Bühl–Baden 1933.

Hax, K.: Der Gewinnbegriff in der Betriebswirtschaftslehre. 5. Ergänzungsband zur ZfhF, Leipzig 1926.

–: Die Substanzerhaltung der Betriebe. Köln–Opladen 1957.

–: Artikel „Bilanztheorien, allgemein". HdR, Stuttgart 1970, 238–270.

Heinen, E.: Handelsbilanzen, Teil I. Wiesbaden 1958.

–: Handelsbilanzen. 8. Aufl., Wiesbaden 1976.

Helige, O. (Hrsg.): Dokumentation zur Steuerreformkommission. Wien 1980.

Helpenstein, F.: Wirtschaftliche und steuerliche Erfolgsbilanz. Berlin 1932.

–: Die steuerliche Erfolgsbilanz und ihre Beziehung zu den Grundsätzen ordnungsmäßiger Bilanzierung. Die Bilanzen der Unternehmungen, Bd. I. Hrsg. von *K. Meithner*. Berlin–Wien o.J. (1933), 812–859.

Heyden, D. von der, und *W.Körner*: Bilanzsteuerrecht in der Praxis. Grundsätze der Bilanzierung, Bewertung und Abschreibung. Herne–Berlin 1965.

Hicks, J.R.: Value and Capital. An Inquiry into Some Fundamental Principles of Economic Theory. 2. Aufl., Oxford 1950.

Holzer, H.: Zur Axiomatik der Buchführungs- und Bilanztheorie. Versuch einer Theorie der Buchführungs- und Bilanztheorien. Stuttgart 1936.

Honko, J.: Yrityksen Vuositulos. The Annual Income of an Enterprise and Its Determination. A Study from the Standpoint of Accounting and Economics. Helsinki 1959.

Hügli, F.: Die konstante Buchhaltung. Bern 1894.

Hylton, D.P.: Current Trends in Accounting Theory. The Accounting Review XXXVII, 1962, 24–27.

Illetschko, L.L.: Dokumentar- und Instrumentalcharakter des betrieblichen Rechnungswesens. Management und Betriebswirtschaft. Hrsg. von *L.L. Illetschko*, Wien 1955, 25–35.

–: Die Bilanz des Praktikers. 3. Aufl., Wien 1958.

Inflation Accounting Committee: Inflation Accounting. Report of the Inflation Accounting Committee. London 1975.

Isaac, A.: Bilanzen. Berlin–Wien 1930.

John, G.: Die Bewertung von Grund und Boden und Gebäuden in der Steuerbilanz. Eine kritische Analyse vom Standpunkt der betriebswirtschaftlichen Steuerlehre. Köln–Berlin–München 1964.

Käfer, K.: Die Bilanz als Zukunftsrechnung. Eine Vorlesung über den Inhalt der Unternehmungsbilanz. Zürich 1962.

Kalveram, W.: Kaufmännische Buchhaltung. Berlin–Wien 1929.

Kelley, A.G.: "Value" as an Accounting Concept. The Journal of Accountancy LX, 1935, 50–52.

Kempin, W.: Entwicklung der Bilanzlehre und der Abschlußtechnik. Köln 1910.

Keynes, J.M.: A Treatise on Money, Bd. I. London 1930.

Koch, H.: Zur Problematik des Teilwertes. ZfhF, 1960, 319–353.

Koeller, F.: Steuerfragen im Bilanzrecht. Die Bilanzen der Unternehmungen, Bd. I. Hrsg. von *K. Meithner*. Berlin–Wien o.J. (1933), 789–811.

Kosiol, E.: Formalaufbau und Sachinhalt der Bilanz. Ein Beitrag zur Bilanztheorie. Wirtschaftslenkung und Betriebswirtschaftslehre, Festschrift zum 60. Geburtstag von Ernst Walb. Leipzig 1940, 103–132.

–: Bilanzreform und Einheitsbilanz – Grundlegende Studien zu den Möglichkeiten einer Rationalisierung der periodischen Erfolgsrechnung. 1. Aufl., Reichenberg–Leipzig–Wien 1944; 2. Aufl., Berlin–Stuttgart 1949.

–: Artikel „Bilanztheorie". HdSW, Bd. 2, 5. Aufl., Stuttgart–Tübingen–Göttingen 1959, 222–234.

Kovero, I.: Die Bewertung der Vermögensgegenstände in den Jahresbilanzen der privaten Unternehmungen mit besonderer Berücksichtigung der nicht realisierten Verluste und Gewinne. Berlin 1912.

Krasensky, H.: *Reisch-Kreibig*/Bilanz und Steuer, Bd. I. 5. Aufl., Wien 1949; Bd. II, 5. Aufl., Wien 1951.

Kristensen, T.: Statusteori (Theory of Valuation for Financial Statements). Aarhus 1944.

Langen, H.: Das mathematische Skelett der pagatorischen Kontentheorie. ZfB, 1965, 32–44.

Lechner, K.: Forderungen an eine moderne Bewertungstheorie und Bewertungspraxis. Wirtschaftlichkeit, 1967, 1–8.

Leffson, U.: Die Grundsätze ordnungsmäßiger Buchführung. Düsseldorf 1964.

Lehmann, M.R.: Die Dreikontenreihentheorie. ZfhF, 1925a, 341–361.

–: Die industrielle Kalkulation. Berlin–Wien 1925b.

–: Der formelle und der materielle Inhalt der Bilanz. ZfHwuHp, 1928, 253–264.

–: Die Quintessenz der Bilanztheorie. ZfB, 1955, 537–552 und 669–688.

Leitner, F.: Bilanztechnik und Bilanzkritik. 8. und 9. Aufl., Berlin–Leipzig 1929.

Leuchs, J.M.: System des Handels. 3. Aufl., Nürnberg 1822.

Leyerer, C.: Die Organisation des Rechnungswesens in Babylon. ZfHwuHp, 1929, 108–111.

Lindahl, E.: The Concept of Income. Economic Essays in Honour of Gustav Cassel. London 1933, 399–407.

Lion, M.: Wahre Bilanzen. Ein Beitrag zur Vereinheitlichung von Handelsbilanz und Steuerbilanz. Berlin 1927.

–: Geschichtliche Betrachtungen zur Bilanztheorie bis zum allgemeinen deutschen Handelsgesetzbuch. Sonderdruck aus Vierteljahresschrift für Steuer- und Finanzrecht, 2. Jg., Heft 3, Berlin 1928.

Littmann, E.: Die Unmöglichkeit der steuerlichen Teilwertidee. Neue Betriebswirtschaft, 1951, 26–29.

Lohmann, M.: Einführung in die Betriebswirtschaftslehre. 4. Aufl., Tübingen 1964.

Loitlsberger, E.: Die Bilanzierung der persönlichen Schuldverhältnisse. Der Österreichische Betriebswirt, 1953, 12–20.

–: Gläubigerschutz und Erfolgsbewertung. Der Österreichische Betriebswirt, 1955, 71–86.

–: Die Zusammenarbeit zwischen Betriebswirtschaftslehre und Recht. Dargestellt am Beispiel der Entwicklung des steuerrechtlichen und betriebswirtschaftlichen Gewinnbegriffs. Das Verhältnis der Wirtschaftswissenschaft zur Rechtswissenschaft, Soziologie und Statistik. Berlin 1964, 154–171.

Lorentz, S.: Die Entstehung des elementaren Einzelgewinnes. Die Bilanzen der Unternehmungen, Bd. I. Hrsg. von *K.Meithner*. Berlin–Wien o.J. (1933), 66–94.

Mahlberg, W.: Wirtschaftsrelativität. ZfHwuHp, 1920/21, 133–136, 182–186 und 195–197.

–: Bilanztechnik und Bewertung bei schwankender Währung. 2. Aufl., Leipzig 1922; 3. Aufl., Leipzig 1923.

Marple, R.P.: Value-Itis. The Accounting Review XXXVIII, 1963, 478–482.

Mathews, R.L.: Price-Level Changes and Useless Information. Journal of Accounting Research 3, 1965, 133–155.

May, G.O.: The Influence of Accounting on the Development of an Economy. The Journal of Accountancy LXI, 1936, 11–22, 92–105 und 171–185.
Mirre, L.: Gemeiner Wert und Ertragswert. Zeitschrift des Deutschen Notarvereins 13, 1913, S. 155ff.
Mises, L. von: Nation, Staat und Wirtschaft. Leipzig 1919.
Moxter, A.: Die Grundsätze ordnungsmäßiger Bilanzierung und der Stand der Bilanztheorie. ZfbF, 1966, 28–59.
–: Die statische Bilanztheorie heute. ZfbF, 1967, 724–733.
–: Bilanzlehre. 2. Aufl., Wiesbaden 1976.
Müller, Günther: Werden die Grundsätze ordnungsmäßiger Buchführung durch die Entwicklung neuer Buchhaltungsformen gefährdet? ZfB, 1965, 834–839.
Müller, Gustav: Die kaufmännische Erfolgs-Rechnung (Gewinn- und Verlustrechnung). Berlin 1915.
Münch, P.: Die Bilanztheorie Rudolf Fischers. Ein Beitrag zur Geschichte der Bilanztheorien. Leipzig 1940.
Münstermann, H.: Einführung in die dynamische Bilanz. Leipzig 1941.
–: Betriebswirtschaftliche Probleme der Kapitalerhaltung. Geschichte der Kapitalwirtschaft. Hrsg. von *H. Münstermann*. Wiesbaden 1963, 63–78.
–: Dynamische Bilanz – Grundlagen, Weiterentwicklung und Bedeutung in der neuesten Bilanzdiskussion. ZfbF, 1966a, 512–531.
–: Artikel „Bilanzlehre". HdW, Bd. I, 2. Aufl., Köln–Opladen 1966b, 549–590.
Neukamp, E. von: Das Dogma von der „Bilanzwahrheit". Zeitschrift für das Gesamte Handelsrecht 48, 1899, 450–507.
Nicklisch, H.: Die Entthronung der Bilanz. ZfHwuHp, 1932, 2–5.
Osbahr, W.: Die Bilanz vom Standpunkt der Unternehmung. Die bisherige und zukünftige Gestaltung der Grundfragen des Bilanzproblems. 3. Aufl., bearbeitet von *H. Nicklisch*. Berlin–Leipzig 1923.
Pape, E.: Zur Begriffsbildung von Vermögen und Kapital. ZfB, 1929, 60–67.
–: Die Begriffe Gewinn (Verlust) und Rentabilität. Die Bilanzen der Unternehmungen, Bd. I. Hrsg. von *K. Meithner*. Berlin–Wien o.J. (1933), 53–65.
Passow, R.: Die Bilanzen der privaten und öffentlichen Unternehmungen, Bd. I. 3. Aufl., Leipzig–Berlin 1921; Bd. II, 3. Aufl., Leipzig–Berlin 1923.
Penndorf, B.: Die historische Entwicklung der Bilanz. Die Bilanzen der Unternehmungen, Bd. I. Hrsg. von *K. Meithner*. Berlin–Wien o.J. (1933), 126–147.
Philips, E.G.: The Accretion Concept of Income. The Accounting Review XXXVIII, 1963, 14–25.
Preinreich, G.A.D.: Economic Theories of Goodwill. The Journal of Accountancy, 1939, S. 169ff.
Preiser, E.: Der Kapitalbegriff und die neuere Theorie. Die Unternehmung im Markt, Festschrift für Wilhelm Rieger. Stuttgart–Köln 1953, 14–38.
Prion, W.: Die Finanzierung und Bilanz wirtschaftlicher Betriebe unter dem Einfluß der Geldentwertung. Berlin 1921.
–: Die Finanzpolitik der Unternehmung (im Zeichen der Scheingewinne). Zwei Vorträge über Scheingewinne. 2. Aufl., Jena 1922, 81–120.
Rehm, H.: Die Bilanzen der Aktiengesellschaften und Gesellschaften mit beschränkter Haftung, Kommanditgesellschaften auf Aktien, eingetragenen Genossenschaften, Versicherungsvereine auf Gegenseitigkeit, Hypotheken- und Notenbanken und Handelsgesellschaften überhaupt, nach deutschem und österreichischem Handels-, Steuer-, Verwaltungs- und Strafrecht. 1. Aufl., München 1903; 2. Aufl., München–Berlin–Leipzig 1914.
Reinhardt, F.: Buchführung, Bilanz und Steuer, Bd. 1, Einführung in das kaufmännische Rechnungswesen, in das Bilanzwesen und in die Bilanzbewertungsvorschriften. Berlin 1936.

Rieger, W.: Einführung in die Privatwirtschaftslehre. Nürnberg 1928.
–: Besprechungsaufsatz zu *Schmidt, F.*: Die organische Tageswertbilanz. Archiv für Sozialwissenschaft und Sozialpolitik, Bd. 64, Tübingen 1930, 136–154.
–: Schmalenbachs dynamische Bilanz. Eine kritische Untersuchung. 1. Aufl., Stuttgart 1936; 2. Aufl., Stuttgart–Köln 1954.
–: Über Geldwertschwankungen. Stuttgart 1938.
Rosen, L.S.: Replacement-Value Accounting. The Journal of Accountancy XLII, 1967, 106–113.
Saage, G.: Die stillen Reserven im Rahmen der aktienrechtlichen Pflichtprüfung. Köln–Opladen 1959.
–: Grundsätze ordnungsmäßiger Buchführung aus der Sicht des neuen Aktienrechts. Neue Betriebswirtschaft, 1967, 1–20.
Schanz, G.: Der Einkommensbegriff und die Einkommensteuergesetze. Finanz-Archiv. Zeitschrift für das gesamte Finanzwesen, 13. Jg., 1. Bd., Stuttgart 1896, 1–87.
Schär, J.F.: Wirtschaftliche und mathematische Begründung der Zweikontenreihentheorie. ZfHwuHp, 1909/10, 343–346.
–: Buchhaltung und Bilanz. 5. Aufl., Berlin 1922.
Scheffler, H.: Ueber Bilanzen. Vierteljahrschrift für Volkswirthschaft, Politik und Kulturgeschichte, Bd. 62, Berlin 1879, 1–49.
Schieb, B.: Grundsätzliche Probleme der Kapitalerhaltung. Fragen der Kapitalerhaltung und Finanzierung, Veröffentlichungen zur Betriebswirtschaft, Heft 3, Wolfenbüttel 1949, 18–38.
Schildbach, T.: Ein Plädoyer für die reale Geldkapitalerhaltung Eugen Schmalenbachs. BFuP, 1979, 505–516.
Schmalenbach, E.: Die Verbuchung von Reparaturen. ZfhF, 1907/08a, 472–474.
–: Über Mängel des Buchführungsrechts. ZfhF, 1907/08b, 281–301.
–: Die Abschreibung. ZfhF, 1908/09, 81–88.
–: Über den Zweck der Bilanz. ZfhF, 1910/11, 379–388.
–: Theorie der Erfolgsbilanz. ZfhF, 1915/16, 379–382.
–: Besprechungsaufsatz zu *Borren, J.J.*: Abschreibungen in Maschinenfabriken, Sonderdruck aus Technik und Wirtschaft, IV. Jg., 1911. ZfhF, 1917/18, 185–187.
–: Grundlagen dynamischer Bilanzlehre. ZfhF, 1919, 1–60 und 65–101.
–: Besprechungsaufsatz zu *Berliner, M.*: Buchhaltungs- und Bilanzlehre, Bd. II (Theoretischer Teil). ZfhF, 1920, 115–118.
–: Geldwertausgleich in der bilanzmäßigen Erfolgsrechnung. ZfhF, 1921, 401–417.
–; Die steuerliche Behandlung der Scheingewinne. Zwei Vorträge über Scheingewinne, 2. Aufl., Jena 1922, 1–75.
–: Besprechungsaufsatz zu *Auler, W.*: Die Selbstkostenrechnung bei veränderlichem Geldwerte, Hamburg 1923. ZfhF, 1924, S. 191f.
–: Dynamische Bilanz. 3. Aufl., Leipzig 1925; 4. Aufl., Leipzig 1926; 5. Aufl., Leipzig 1931.
–: Dynamische Bilanz. 11. Aufl., Köln–Opladen 1953.
Schmaltz, K.: Artikel „Bilanz“. HdB, Bd. I, 1. Aufl., Stuttgart 1926, 1322–1332.
Schmidt, F.: Die organische Bilanz im Rahmen der Wirtschaft. 1. Aufl., Leipzig 1921; 2. Aufl., Leipzig 1922.
–: Die Industriekonjunktur – Ein Rechenfehler! ZfB, 1927, 1–29, 87–114 und 165–199.
–: Ist Wertänderung am ruhenden Vermögen Gewinn oder Verlust? ZfB, 1928, 1–19.
–: Die Vereinheitlichung der Bilanz. Der praktische Betriebswirt, 1943, 1–15.
–: Die organische Tageswertbilanz. 3. Aufl., Leipzig 1929, unveränderter Nachdruck, Wiesbaden 1951.
Schmidt, R.B., und *K. Chmielewicz*: Erich Kosiol. Quellen, Grundzüge und Bedeutung seiner Lehre. Stuttgart 1967.

Schneider, D.: Ausschüttungsfähiger Gewinn und das Minimum an Selbstfinanzierung. ZfbF, 1968, 1–29.
–: „Aktienrechtlicher Gewinn und ausschüttungsfähiger Betrag" in der Diskussion. Die Wirtschaftsprüfung, 1972, 180–188.
Schnettler, A.: Grundsätzliches zum Problem der betrieblichen Substanzerhaltung. BFuP, 1953, 193–207.
Scholz, A.: Scheingewinne und Scheinverluste bei stabiler Währung. ZfB, 1927, 771–779.
Schüler: Die Eisenbahnbilanzen in ihrem Verhältnis zum Handelsgesetzbuch. Zeitung des Vereins Deutscher Eisenbahnverwaltungen, Jg. 1873, 65ff. und 105ff.
Schulze, H.-H.: Zum Problem der Messung des wirtschaftlichen Handelns mit Hilfe der Bilanz. Berlin 1966.
Schumpeter, J.A.: Geschichte der ökonomischen Analyse, Bd. II. Göttingen 1965.
Schweitzer, M.: Struktur und Funktion der Bilanz. Berlin 1972.
Schwinger, O.: Ausbau der organischen Bilanz. ZfB, 1927, 282–297.
Securities and Exchange Commission (SEC): Notice of Adoption of Amendments to Regulation S-X Requiring Disclosure of Certain Replacement Cost Data. Accounting Series, Release No. 190, March 23, 1976.
Seicht, G.: Scheingewinnbesteuerung und Substanzerhaltung – Die Grenzen der Gewinnbesteuerung. Der Österreichische Betriebswirt, 1968, 73–79.
–: Die kapitaltheoretische Bilanz und die Entwicklung der Bilanztheorien. Berlin 1970a.
–: Die Grenze der Gewinnbesteuerung. Der Österreichische Betriebswirt, 1970b, 140–168.
–: Unternehmungsführung und Inflation. Betriebliches Rechnungswesen und Unternehmungspolitik in Zeiten chronischen Geldwertschwundes. Wien o.J. (1978).
–: Die Kontrolle der Kapitalerhaltung. Management und Kontrolle, Festgabe für Erich Loitlsberger zum 60. Geburtstag. Hrsg. von *G. Seicht*. Berlin 1981a, 469–506.
–: Artikel „Bilanztheorien, allgemein". HdR, 2. Aufl., Stuttgart 1981b, 258–270.
Sewering, K.: Die Einheitsbilanz. Die Überbrückung des Gegensatzes zwischen statischer und dynamischer Bilanzlehre. Leipzig 1925.
–: Die Auswertung der Bilanzen. ZfB, 1927, 259–267.
Sganzini, C.: Die realistische Theorie der doppelten Buchhaltung. ZfBh, 1906, 185–189, 209–213, 235–238 und 259–262.
–: Zur Grundlegung der realistischen Theorie der doppelten Buchhaltung. Wissenschaftliche Beilage zum neunten Jahresbericht der Städtischen Handelsakademie St. Gallen, St. Gallen 1908.
–: Die Grundirrtümer der materialistischen Zweikontentheorie. ZfBh, 1910, 246–251 und 282–290.
Sieveking, H.: Aus venetianischen Handlungsbüchern. Ein Beitrag zur Geschichte des Großhandels im 15. Jahrhundert. Jahrbuch für Gesetzgebung, Verwaltung und Volkswirtschaft im Deutschen Reich, 25. Jg., Leipzig 1901, 299–331.
Simon, H.V.: Die Bilanzen der Aktiengesellschaften und Kommanditgesellschaften auf Aktien. 1. Aufl., Berlin 1886; 2. Aufl. 1898; 3. Aufl. 1899; 4. Aufl. 1910.
Sommerfeld, H.: Artikel „Bilanz (eudynamisch)". HdB, Bd. I, 1. Aufl., Stuttgart 1926, 1340–1346.
Sprouse, R.T., und *M. Moonitz*: A Tentative Set of Broad Accounting Principles for Business Enterprises. Accounting Research Study No. 3 of the American Institute of Certified Public Accountants. New York 1962.
Sträter, L.: Papierwert- und Sachwert-Buchhaltung. Leipzig 1923.
Strombeck, J. von: Grundkapital, Grundvermögen und Bilanz der Aktiengesellschaften, insbesondere der Eisenbahngesellschaften. Archiv für Theorie und Praxis des Allgemeinen Deutschen Handels- und Wechselrechts, Bd. 37 (1878), 1ff., und Bd. 38 (1878), 15ff.
Stützel, W.: Bemerkungen zur Bilanztheorie. ZfB, 1967, 314–340.
Sweeney, H.W.: Stabilized Accounting. New York–London 1936.

Thoms, W.: Die Bewertung des Vermögens. Die Bilanzen der Unternehmungen, Bd. I. Hrsg. von *K. Meithner*. Berlin–Wien o.J. (1933), 192–227.
–: Das Buchen und Bilanzieren der funktionalen Kontorechnung. Herne–Berlin 1955.
Tomfohrde, K.: Die dynamische Bilanzauffassung und das Bilanzsteuerrecht. Düsseldorf 1959.
Tracy, J.A.: A Dissent to the General Price-Level Adjustment Proposal. The Accounting Review XL, 1965, 163–175.
Trumpler, H.: Die Bilanz der Aktiengesellschaft nach neuem Aktien- und Steuerrecht. Berlin–Leipzig 1937.
UEC-Hauptkommission II (Grundsätze und Verfahren der Rechnungslegung): Methoden der Behandlung von Geldwertschwankungen in Buchhaltung und Bilanz. Journal UEC, 1975, 219–224.
ter Vehn, A.: Gewinnbegriffe in der Betriebswirtschaft. ZfB, 1924, 361–375.
–: Die Entwicklung der Bilanzauffassungen bis zum AHGB – Hat Savarys "Parfait Négociant" und die Ordonnance de Commerce oder welche andere Tatsache die Entstehung der statischen Bilanzauffassung bewirkt? 5. Sonderheft der ZfB, 1929a, Berlin–Wien 1929.
–: Was ist unter statischer und dynamischer Bilanzauffassung zu verstehen? ZfB, 1929b, 24–32.
Walb, E.: Das Problem der Scheingewinne. Freiburg i.Br. o.J. (1921).
–: Zur Theorie der Erfolgsrechnung. ZfhF, 1923, 416–443.
–: Die Bilanz als Mittel der Erfolgsrechnung. ZfB, 1924, 34–44.
–: Zur Frage des Bilanzbegriffes. ZfB, 1925, 27–37.
–: Die Erfolgsrechnung privater und öffentlicher Betriebe – Eine Grundlegung. Berlin–Wien 1926.
–: Zur Dogmengeschichte der Bilanz von 1861 bis 1919. Festschrift für Eugen Schmalenbach, Leipzig 1933.
–: Finanzwirtschaftliche Bilanz. 2. Aufl., Duisburg 1948.
Walb, H.H.: Bilanzwahrheit und stille Reserven – Ein Beitrag zu dem Problem der Bilanz-Wahrheit unter besonderer Berücksichtigung der stillen Reserven, des Geschäftsberichts und des Bilanzstrafrechts. Mannheim–Berlin–Leipzig 1935.
Wall, F.: Artikel „Teilwert". HdB, Bd. III, 3. Aufl., Stuttgart 1960, 5392–5396.
Wegmann, W.: Der ökonomische Gewinn. Wiesbaden 1970.
Weizmann, R.: Die analytische Umsatz- oder sog. Schachbilanz. Annalen der Betriebswirtschaft, 1927, 464–480.
Wilmowski, B. von: Die Abschreibungen für Abnutzung von Gebäuden, Maschinen, Betriebsgerätschaften u.s.w. sowie für den Verbrauch der Substanz der Mineralmasse eines Bergwerks nach den Bestimmungen des Einkommensteuer-Gesetzes vom 24. Juni 1891. Verwaltungsarchiv, Zeitschrift für Verwaltungsrecht und Verwaltungsgerichtsbarkeit, 3. Bd., Berlin 1895, 366–383.
–: Das preußische Einkommensteuergesetz vom 24. Juni 1891. 1. Aufl., Breslau 1896; 2. Aufl. 1907; 3. Aufl. 1915.
Wirtz, C.: Zur Angleichung von Handels- und Steuerbilanz. Neue Betriebswirtschaft, 1951, 115–117.
Ziegler, J., und *F. Dörfel*: Lehrbuch der Buchführung. 5. Aufl., Wien 1930.
Zimmermann, V.K., und *H.P. Holzer*: Die pagatorische Bilanz aus amerikanischer Sicht. ZfB, 1964, 139–145.

Stichwortverzeichnis

Abgabenordnung (AO) 1919 96
Abschreibung
– amortisationsrechnerische Auffassung 147f., 150
– Ausgabenverteilung 145f.
– Bewertung mit Anschaffungspreisen 138
– Bewertung mit Wiederbeschaffungspreisen 138
– degressive 146f.
– dynamische 27, 145, 149f.
– erfolgsabhängige 148
– indirekte Verbuchung 147
– kapitaltheoretische Bilanz 149
– konventionelle Erklärung 144
– lineare 146
– Periodisierungsprinzipien 143f.
– statische Erklärung 144f., 149f.
– steuerrechtliche Definition 146f.
– Verlustantizipation 147, 149f.
– wertangleichende 145
– werttheoretische Begründung 146
Abschreibungsquoten
– gleichmäßige 146
– Normung 146
Abschreibungstheorie
– dynamische 144, 146
– statische 144
Absetzung für Abnutzung 146
Adjustierung(srechnung)
– Aufwand, eigenfinanzierter 123
– Bruttobestände 57
– Deflationierungstechnik 57
– Eigenkapital 57
– Erfolgskapital 62
– Inflationierungstechnik 57
– kasuistische 57, 126ff.
– partielle 126ff.
– Periodengewinn 62
– Sachvermögen, eigenfinanziertes 123
– systematische 57
– temporäre 126ff.
– Umsätze 57
Aktiengesetz
– deutsches 1937 46, 54, 76
– deutsches 1965 153
– Novelle 1931, deutsche 46
– österreichisches 1965 36, 93, 76
Aktienrecht
– Novelle 1884 10, 147, 153
– Reform 1965, deutsche 10, 53
Aktiva 17f.
– Interpretation Schmalenbachs 92
Aktivtausch 17f.
Allgemeines Deutsches Handelsgesetzbuch (AHGB) 9, 95, 152, 165
– Neuredaktion 10, 153
– Preußischer Entwurf, Erster 41
Amortisationsrechnung 100, 103
Amortisationstheorie 144
Anlagevermögen (s.a. Abschreibung)
– nichtabnutzbares und Scheingewinnkorrektur 113
– Wertminderungen 43, 145
– Wertsteigerungen 43
Anschaffungspreis (-wert) (, historischer)
– Bewertungskategorie, einzig richtige 157
– Gewinnbegriff, nomineller 55
– Objektivität 156f.
– Sicherheit 156, 158
– Wiederbeschaffungspreis, Differenz 119ff., 140f.
– Willkürfreiheit 156, 158
Anschaffungswertbilanz 73
Anschaffungswertprinzip 9f., 12, 27, 38, 42, 45, 54ff., 87, 97, 168
– Aufgeben des 106
– Eigenkapitaldefinition, nominelle 103
– Einführung 147
– Fragwürdigkeit 54
– Gebrauchswerttheorie 95
– gesetzliche Verankerung 153
– Realisationsrechnung 95
– Verstoß gegen 40
Anschaffungswerttheorie 11
Antibilanzkonzeption 83
Antizipation 22ff., 26, 28, 78, 130, 158ff., 167 (s.a. Rechnungsabgrenzungsposten)
Aufwand
– Bewertung mit Anschaffungspreisen 42, 150
– Bewertung mit Wiederbeschaffungspreisen 117ff., 150
– Definition Schmalenbachs 50
– jetzt, Ausgabe früher 22
– jetzt, Ausgabe jetzt 22
– jetzt, Ausgabe später 22
– jetzt, Leistung früher 22
– jetzt, Leistung jetzt 22
– jetzt, Leistung später 22
– noch nicht Ausgaben 21f., 23
– noch nicht Ertrag 24
– noch nicht Leistungen 22
– realisierter 39f.

Aufwands- und Ertragskonto s. Gewinn- und Verlustkonto
Aufwendungen 20
– Ausweis der außerordentlichen, gesonderter 46
– nicht realisierte 41
– zukünftige 24
Auseinandersetzungsbilanz 72
Ausgaben
– Abgrenzung, zeitliche 58
– geplante 149
– getätigte 149
– nachverrechnete 29
– noch nicht Aufwand 21f., 23, 24
– noch nicht Einnahmen 22, 24
– Periodisierung 144
– realisierte 33
– zukünftige 24, 33, 34, 128f., 162
– Zuordnung, wirtschaftliche 58
– zurückverrechnete 29

Barvermögen 31
Bestände
– Bezeichnung 13
Bestandsaufnahme s. Inventur
Bestandsermittlung 37
Bestandskonten
– inhaltliche Definition 24
Bestandsveränderungsdarstellung 37
Bestandsveränderungsrechnung 14, 78
Betriebsausgaben 20
– periodenerfolgsunwirksame 21
– periodenerfolgswirksame 21
Betriebseinnahmen 20
– periodenfolgsunwirksame 21
– periodenerfolgswirksame 21
Betriebsgewinn 45
Betriebsrechnung 75
Bewegungsbilanz 14, 78f.
– pagatorische 31
– Gliederung 79
Bewertung 86ff.
– Anschaffungspreis (historischer) 9, 12, 42, 45, 56, 94f., 103, 106, 119, 155ff., 160
– Anschaffungswert, fortgeschriebener 163
– dynamische 50, 145
– Einzelveräußerungspreis 12, 94f., 144f., 154f., 157, 163
– ertragsabhängige 61, 128, 165
– Ertragswert 94f., 154
– Forderungen 160
– Gebrauchswert 94
– geschichtliche Entwicklung 9f.
– heutiger Wert 162
– Nutzwert 94
– pagatorische 97
– Tagespreis 41
– Veräußerungspreis (s.a. Einzelveräußerungspreis) 41, 45, 94
– vorsichtige 153
– wahrer Wert 153, 165
– Wiederbeschaffungspreis 12, 41, 43, 47, 87, 116ff., 165, 170
– Wiederbeschaffungspreis, Gegenargumente 124
– Zerschlagungswert 94
– zukünftige Einnahmen und Ausgaben, antizipierte 87
– zukünftige Einnahmenüberschüsse 128
Bewertungskasuistik (-pluralismus) 37f., 47, 50f., 87, 101, 142, 169
Bewertungsregeln
– ertragswerttheoretische 131
– kapitaltheoretische Eigenkapital- und Gewinndefinition 131
Bewertungstheorie 11, 86ff.
– als Bilanztheorie 86
Bilanz
– Amortisationsrechnung 100, 106
– Begriff 7
– Bestände, Darstellung von 13, 14f., 164
– Bewegungen, Darstellung von 13ff., 166
– Blickrichtung 154ff.
– dynamische 13f., 25, 37ff., 47f., 50, 68ff., 79, 89
– eudynamische 10, 136f.
– finanzwirtschaftliche 14, 21, 79, 169
– Funktion, externe 81
– Funktion, interne 81
– funktionale Kontorechnung 10
– gegenwartsorientierte Rechnung 155
– Gesamtwert der Unternehmung, Darstellung des 12
– Gewinn- und Verlustrechnung, Beziehung zur 21
– Gliederung 74ff.
– Hauptgliederung nach le Coutre 77
– Inhalt, formeller 11
– Inhalt, materieller 11
– Kapitalrechnung 75
– kapitaltheoretische 7, 33f., 66, 74, 77, 98, 144, 149, 162, 171f.
– Kräftespeicher 92, 167
– Liquidation, fingierte 161
– Liquidationsstatus, fingierter 155, 165

– organische 47, 82, 116ff.
– pagatorische 30, 52, 158f., 169
– polare 140
– Realisationsrechnung 100, 156
– rechnungstheoretische Erscheinung 11
– Reproduktionskostenstatus 155, 165, 169
– Resterechnung 27, 51, 157, 167
– statische 12f., 68ff., 75ff.
– Stichtagsrechnung 13ff., 154, 164
– transitorisches Konto 90
– vergangenheitsorientierte Rechnung 155, 158, 160
– verrechnungstechnische Stellung innerhalb der (doppelten) Buchhaltung 17f.
– volkswirtschaftliche Gesamtrechnung, Segment der 117
– Zukunftsrechnung 7, 33f., 59, 61, 69, 106, 128ff., 155, 159, 161f., 171
– Zweischneidigkeit 45
– Zwischenabrechnung 162
Bilanz und Bilanzkonto s. Schlußbilanz und Schlußbilanzkonto
Bilanzadressaten 80ff., 84
– externe 80
Bilanzauffassung (s.a. Bilanztheorie, Bilanz)
– Begriff 7
– betriebsdynamische 11
– dynamische 92, 100
– dynamische, Begründer 169
– eudynamische 11
– finanzwirtschaftliche 10
– juristische 165
– kapitaltheoretische 66, 130
– Nicklisch, Heinrich 10
– nominale (nominelle) 10f.
– organische 116ff.
– statische 10
– statische, ältere 165
– statisch-totale 11
– totale 10
Bilanzbewertung 86ff. (s.a. Bewertung)
– Anschaffungspreis 155f.
– Bilanzierungsmotiv 150ff.
– Blickrichtung der Bilanz 154ff.
– Eigenkapitaldefinition 99ff.
– Einflüsse 87f.
– Einzelbewertung 93
– Ertragswert 153
– gesamtwertabhängige bei der kapitaltheoretischen Bilanz 98, 154, 163
– geschichtliche Entwicklung 8
– Gewinnbegriff 142
– Gläubigerschutz 152ff.
– Periodisierungsprinzip 142ff.
– Prämissen 86ff.
– Unternehmungsschicksal 162ff.
– Vermögensbegriff 88ff.
– Wiederbeschaffungspreis 118, 155
– Zweckabhängigkeit 86ff.
Bilanzgleichung 17
– dynamische 19
– kapitaltheoretische Bilanzauffassung 32f.
– kapitaltheoretische Bilanzauffassung, Gründungsbilanz 66
– kapitaltheoretische Bilanzauffassung, Schlußbilanz 66f.
– statische 17
Bilanzgliederung 74ff.
Bilanzierung
– Begriff 8, 144
– geschichtliche Entwicklung 8
– zum wahren Wert 152f.
Bilanzierungsgründe 35, 79ff.
Bilanzierungsmotive 35, 84ff.
Bilanzierungsziel(e) 35f.
– dualistische 36, 164, 171
– dynamisches 36, 37ff., 79
– mögliche 36ff.
– monistische 36
– statisches 36, 68ff., 79, 164
Bilanzierungszwecke 35f.
Bilanzinformation 84
Bilanzinhalt 13ff.
– Reste 37
– Schwebeposten 27
– Vermögen 37
Bilanzinteressenten 79ff., 84ff., 150
– externe 81
– interne 80f.
Bilanzkontinuität
– materielle, Durchbrechung 50
Bilanzkonto
– Band zwischen Kassarechnung und Erfolgsrechnung, verknüpfendes 21ff., 167, 169
– Erfolgsrechnung, Mittel der 27
– Kassarechnung, modifizierte 27, 169
– Rechnungsabgrenzungskonto 21ff., 167
Bilanzlehre (s.a. Bilanztheorie, Bilanzauffassung, Bilanz)
– dynamische 10
– organische 10
– pagatorische 10
– statische 75f.

Bilanzpolitik 151
Bilanzschema
- Kosiol 31
- Schmalenbach 21f.
- Walb E. 29
Bilanztheorie (s.a. Bilanzauffassung, Bilanz)
- Begriff 7
- Bewertungstheorie 86ff.
- dynamische 7, 10f., 101, 164, 166ff.
- eudynamische 10
- finanzwirtschaftliche 10, 27, 164
- funktionsanalytische 81
- Inhalt, formeller 11
- Inhalt, materieller 11
- juristische 12, 165
- kapitaltheoretische 164
- konventionelle 143f.
- konventionelle betriebswirtschaftliche Literatur 10
- konventionelle Darstellung 164ff.
- nominale 10
- organische 7, 10, 44, 47, 69, 116ff., 133, 164, 169ff.
- pagatorische 10f., 158f., 164
- statische 10, 12, 164ff.
- synthetische 65
- totale 10
Bilanzverkürzung 17f.
Bilanzverlängerung 17f.
Bilanzziele, Dualismus der s. Dualismus der Bilanzziele
Bruttosubstanzerhaltung 123f., 126
Buchführung s. Buchhaltung
Buchhaltung
- Begriff 7
- Betriebsrechnung 49
- Bilanz, zerlegte und bewegte 17, 165
- doppelte 8, 17, 26, 38, 100, 165
- einfache 8, 100, 164f.
- geldkapitalistische Rechnung 54, 107, 115, 127
- geschichtliche Entwicklung 8
- güterwirtschaftliche Rechnung, verkappte 115
- kapitaltheoretisches Konzept 67
- Rechnung über Geld und Geldwerdungsprozesse 54f.
- Rechnung über Güter und/oder allgemeine Kaufkraft 54
- volkswirtschaftliche Gesamtrechnung, Segment der 117
- Zielsetzung 55
Budget 33f.
business profit 43

capital gains 43
capital losses 43
Cash Flow 79
Code de Commerce 9
Constant Purchasing Power Accounting (CCP) 57, 125
cost savings
- realizable 43
- realized 43
- unrealized 43
current cost 43 (s.a. Bewertung–Wiederbeschaffungspreis)
Current Cost Accounting (CCA) 125

Deckungsbilanz 37, 75f., 77f., 95
Deflationierungstechnik 57, 110ff.
- Vorteile 110
Dokumentation 36
Doppeltes Minimum 137f.
Dualismus der Bilanzziele 143, 164
- unwissenschaftlicher 44, 69ff., 169
Dynamische Bilanz 89 (s.a. Bilanz, dynamische; Bilanztheorie, dynamische; Bilanzauffassung, dynamische)
- Eignung für statische Zielsetzungen 70f.
Dynamische Vermögensbilanz 14

economic income s. ökonomischer Gewinn
economic profit s. ökonomischer Gewinn
Eigenkapital 99ff.
- Bilanzposition 22
- Definition 99ff.
- dynamische Bilanz 19, 26
- Einzahlungen der Eigentümer, in der Vergangenheit geleistete 65
- Ertragswert der Unternehmung 100
- finanzwirtschaftliche Bilanz 30
- gütermäßige Definition 115ff.
- nominelle Eigenkapitaldefinition 102
- pagatorische Bilanz 32
- reale Eigenkapitaldefinition 107
- Reproduktion 127
- Saldogröße, abstrakte 72
- Vermögensteile, Zuordnung 123f.
Eigenkapitalbegriff
- konventioneller 100
- substantieller 170
Eigenkapitaldefinition 55, 99ff.
- entwicklungsadäquate Kapitalerhaltung 137
- ertragswertbezogene 128
- güterwirtschaftliche 127

– kapitaltheoretische 128ff.
– kaufkraftmäßig-reale 56, 168
– kombinierte 137ff.
– materielle 56, 115ff.
– nominelle 55, 102ff., 168
– nominelle, Gründe für 103
– qualifizierte 133ff.
– reale 56, 107ff.
– substantiell(-gütermäßige) 56, 115ff.
– substantielle, Vertreter 119
– vergangenheitsbezogene 100f.
– zukunftsbezogene 100
Eigenkapitalerhaltung
– nominelle 138
– Postulate 133ff.
– reale 106
– relative 133f.
– substantielle 137
Eigenkapitalerhaltungsrücklage 113f.
Eigenkapitalkonto 9, 20
Eigenkapitalrechnung 34
Einheitsbilanz 82f.
Einkommen 59f.
– quellentheoretische Erklärung 44, 118
– Reinvermögenszugangstheorie 44
– steuerliches aus Gewerbebetrieb 44
Einkommensteuergesetz (EStG) 89, 90, 97
– deutsches 1925 96
– deutsches 1934 96f.
Einlagen 20
Einnahmen
– Abgrenzung, zeitliche 58
– geplante 149
– nachverrechnete 29
– noch nicht Ausgaben 22, 24
– noch nicht Leistungen 22f.
– realisierte 33, 149
– zukünftige 24, 33f., 128f., 162
– Zuordnung, wirtschaftliche 58
– zurückverrechnete 29
Einnahmen-Ausgaben-Rechnung 8, 21, 44, 53, 62 (s.a. Kassarechnung)
Einnahmenüberschuß und kapitaltheoretischer Gewinn 67f.
Einzelbewertung 58, 72, 93ff., 163
– oder Gesamtbewertung 93ff.
– objektive 94
– Prinzip 144f., 165
Einzelveräußerungswertbilanz 37, 73
Eiserner-Bestand-Methode 136
Entnahmen 20
Erfolg (s.a. Gewinn)
– außerordentlicher 45f.
– Definition 99
– Ermittlung 79
– Ermittlung, unabhängig von der Bilanz 166
– geschäftsunwesentlicher 42
– geschäftswesentlicher 42
– nicht realisierter 42
– nomineller 38
– organischer 122, 170
– realisierter 39, 41f., 116, 142
– verursachter 39, 116, 142
Erfolgsbilanz(en) 11, 69
– auf nomineller Grundlage 11
– auf realer Grundlage 11
Erfolgsinterdependenz
– horizontale 58, 144ff., 148f., 171
– vertikale 58, 94, 144ff., 149, 171
Erfolgskapital 62ff., 66, 100
Erfolgskongruenz 20, 38f., 44, 49, 168
– kapitaltheoretische Bilanz 65ff.
– ökonomischer Gewinn 64ff.
– bei F. Schmidt 48
Erfolgsperiodisierung
– isolierte 143f.
– simultane 66, 68, 131, 144, 149f., 171
Erfolgsrechnung
– güterwirtschaftliche auf geldkapitalistischer Grundlage 122
– Kassarechnung, Verbindung 21ff.
– konventionelle, circulus vitiosus 61
– nominalistische 38
– pagatorische, Korrektur 113f.
– Realisationsrechnung 157
– volkswirtschaftliche Gesamtrechnung, Segment der 117
Erfolgsrechnungstheorie 7
– dynamische 166
– konventionelle 143f.
Erfolgsspaltung 39, 45ff., 116, 142
Ersatzbeschaffungsrückstellung 147
Erträge 20
– außerordentliche, gesonderter Ausweis 46
– verursachte, noch nicht realisierte 40
– zukünftige 24
Ertrag (s.a. Leistung)
– noch nicht Aufwand 24f.
– noch nicht Einnahmen 23
– realisierter 39
– Schmalenbachsche Definition 50
Ertragswert 62f., 95, 87
– Bewertungsobergrenze 131
Ertragswertdifferenz 77, 132

Finanzplanorientiertes Tableau 83
Finanzvermögen 113f. (s.a. Zahlungsvermögen)
Forderungen
– Bewertung 160
Fremdkapital
– Zuordnung zu Vermögensteilen 123f.
Funktionale Kontorechnung 10, 79

Gebrauchswert 92, 94f., 146, 157, 163
Geld
– Bewertung von Gütern 55
– Bilanzposition 22
– dynamische Deutung 25f.
– finanzwirtschaftliche Bilanz 29f.
– Organisationsmittel der arbeitsteiligen Verkehrswirtschaft 54
– Recheneinheit 115
– Rechnungsabgrenzungsposten 25
– Schwebeposten 26, 167
– Verrechnungsgegenstand 55
Geldgebarungsrechnung 34
Geldkapitalrechnung 138f.
Geldüberschuß
– Investition des in der Unternehmung verbleibenden 68
– und Gewinn 53
– und kapitaltheoretischer Gewinn 67f.
– und ökonomischer Gewinn 62f.
Geldwertänderungen
– allgemeine 56
– Folgen für Buchhaltung und Jahresabschluß 108ff.
– kapitaltheoretische Bilanz 67
– konventioneller Jahresabschluß 43
– nominelle Eigenkapitaldefinition 102ff.
– organische Bilanz 48, 132, 170f.
– reale Eigenkapitaldefinition 107
Geldwertbilanz 11
Geldwertgewinne 122f., 141
Geldwertkorrektur 55, 57, 110f., 116, 120, 125f., 171
Geldwertverluste 122f.
Geldwertverschlechterung 54f.
– Folgen für Buchhaltung und Jahresabschluß 108ff., 111
– Güterpreisänderungen, Unterschied zu 115, 117
– kapitaltheoretische Bilanz 67
Gemeinkosten 58
General Price-Level (Adjusted) Accounting 57, 125
Gesamtbewertung 93ff.
– zukunftsorientierte 150
Gesamtvermögensdarstellung 37, 74ff.
Gesamtwertbilanz 37, 73
Geschäftsfälle 18f.
– erfolgsneutrale 18
– erfolgswirksame 18
– kompensative 19
– produktive 19
– vermehrende 19
– vermindernde 19
– zusammengesetzte 19
Gewinn
– additiv ermittelter 37, 58ff.
– ausschüttbarer 37, 45, 51ff., 65, 142
– Begriff 55
– betrieblicher 37, 44f., 49, 50f., 142
– doppeltes Minimum 139
– dynamischer 51
– Eigenkapitalmehrung, nominelle 57, 102
– erzielter 37, 51ff., 142
– fiktionaler 43
– gesamter 37, 44ff., 49
– geschäftswesentlicher 37, 44ff., 51, 142
– kalkulatorischer 37, 45
– kapitaltheoretischer 65ff., 149, 172
– laufend fließender 37
– laufender 61, 98
– Mehr an eigenfinanzierten Gütern 115
– nicht realisierter 41
– nomineller 37, 54ff.
– ökonomischer 59ff., 65, 74, 162
– organischer 45, 118, 122, 170
– partieller 37, 44f.
– polare Bilanz 140
– realer 43, 54ff., 115
– realisierter 37, 39, 41f.
– Reinvermögensmehrung, Ungleichheit 38
– bei Schmalenbach 38, 50
– simultan ermittelter 37, 58, 59ff.
– steuerlicher 44
– substantieller 54ff.
– vergleichbarer 37f., 44f., 48f., 50f., 142, 158, 168f.
– verursachter 37
– Verzinsung des Erfolgskapitals 131
– volkswirtschaftlicher Mehrwert 116f.
– Wiederbeschaffungspreisrechnung 134
Gewinnbegriff(e) 37, 39ff., 168 (s.a. Gewinn, Gewinndefinition)

– dynamischer 39
– kaufkraftmäßiger 56
– nomineller, Vertreter 55
– organischer 170
– quellentheoretischer 44, 48, 62
– realer 56
– realer (kaufkraftmäßiger), Vertreter 56, 110
– Reinvermögenszugangstheorie 44, 62
– substantieller (materieller), Vertreter 56
Gewinndefinition
– Bilanzbewertung 142
– kapitaltheoretische 142
– kaufkraftmäßig-reale 56, 110
– materielle 56
– nominelle 56
– quellentheoretische 44
– reale 56
– substantiell-gütermäßige 56, 119
Gewinnermittlung 37ff., 69
– Ziel des Jahresabschlusses 166
Gewinnermittlungsbilanz 38
Gewinn- und Verlustkonto (GuV-Konto) 9, 19
– Mittel der Erfolgsrechnung 27
– Unterkonto zum Eigenkapital 17
Gewinn- und Verlustrechnung (GuV-Rechnung)
– aktienrechtliche 46
– Bilanz, Beziehung zur 21
– Bilanz, Dominanz gegenüber der 166
– Kassarechnung, Beziehung zur 21ff.
Gewinnverteilungsbilanz 51
Gläubigerschutz 12, 84f., 150ff., 165
Gläubigerschutzbilanz 151, 153
Gliederungslehre 74ff.
Grenznutzenschule 59
Grundsätze ordnungsmäßiger Buchführung 10, 94, 148

Haben 8
Halb- und Fertigfabrikate
– Kategorisierung 24f.
Handelsbilanz 82f.
Handelsgesetzbuch (HGB) 10, 16, 72, 76, 84, 88, 90, 93, 151ff.
HIFO-Methode 126

Index 112, 114f.
Indexkorrekturen 107
– Maßnahmen 112
Indexmark 105
Indexrechnung 105f.
Industriekonjunktur 118f.
Inflationierung des Anfangseigenkapitals 112ff.
– Vorteile 112f.
– Nachteile 113
Inflationierungstechnik 57, 110ff.
– Nachteile 111
Inflationsgewinne 113f.
Inflationsverluste 113f.
Information
– Bilanzierungszweck 35f.
– aus dem Jahresabschluß 84
Inventur 8f., 15f.
– zur Erfolgsermittlung 15
Inventurbilanz 15f.
Inventur-Erfolgskonten 30

Jahresabschluß
– Dispositionsfunktion 80
– Ergänzungen 83
– Informationsfunktion 35f.
– Kontrollfunktion 80
– konventioneller, Kritik 43
– Realisationsrechnungscharakter 158
– Rechnung über Geld und Geldwerdungsprozesse 54f.
– Rechnung über Güter und/oder allgemeine Kaufkraft 54
Jahresabschlußrechnung
– geldkapitalistische Rechnung 54, 56, 107, 115, 127
– güterwirtschaftliche Rechnung, verkappte 115
– kapitaltheoretische 67, 130
– Realisationsrechnungscharakter 54, 168
– Rechnung über Güter und Kaufkraft 54

Kalkulationszinsfuß
– zur Errechnung des ökonomischen Gewinns 64
Kalte Progression 110, 111, 115
Kapital 24, 59
– Begriff 89, 99
– Ertragswert 89, 128ff.
– Gliederung 76
– rechnungsmäßiges (fiktives) 31
– Struktur 74
– tatsächliches (effektives, eigentliches) 31
– vorverrechnetes (antizipatives) 31
– zurückverrechnetes (transitorisches) 31
Kapitaländerungen
– Ermittlung 78

Kapitalbegriff
– diskontierter Wert von Strömen erwarteter Erträge 59
– konventionelle Buchhaltung und Jahresabschlußrechnung 59
Kapitalerhaltung
– Eigenkapitaldefinition, Abgrenzung 102
– leistungsäquivalente 11
– reale 68, 125
– substantielle 125
Kapitalerhaltungspostulate
– entwicklungsadäquate 136
– leistungsäquivalente 136
– materielle 138
– nominelle 138
– qualifizierte 133ff.
Kapitalflußrechnung 79
Kapitalmarkt, vollkommener
– als Prämisse des ökonomischen Gewinns 63
Kapitalreserve-Konto 41
Kapitalstruktur 74ff.
– Ermittlung der Veränderungen 78f.
Kapitaltheoretische Bilanz 7, 74 (s.a. Bilanz, kapitaltheoretische; Bilanztheorie, kapitaltheoretische; Bilanzauffassung, kapitaltheoretische)
– Bewertung 98, 131f., 162
– Erfolgsperiodisierung 66, 144, 149f.
– Geldwertschwankungen 67
– Gliederung 34
– Vorsichtsprinzip 132f.
Kapitaltheoretischer Gewinn 65ff. (s.a. Gewinn, kapitaltheoretischer)
– und Einnahmenüberschuß 67ff.
Kapitalursprungsrechnung 37
Kapitalveränderung, nicht geschäftswesentliche 42
Kapitalverwendungsrechnung 37
Kassakonto 20
Kassarechnung
– und Erfolgsrechnung, Verbindung 21ff.
Kaufkraft 57, 107
Kontenreihe 17
– Eigenkapitalrechnung 33
– Geldgebarungsrechnung 33
– statische Erklärung 17
– bei E. Walb 27ff.
Konto 7, 8
– des Kapitals 17
– des Vermögens 17
Kontrollkonten 30
Kreditvermögen 31

Leistung(en) (s.a. Ertrag)
– jetzt, Aufwand früher 22
– jetzt, Aufwand jetzt 22
– jetzt, Aufwand später 22
– jetzt, Einnahme früher 22
– jetzt, Einnahme jetzt 22
– jetzt, Einnahme später 22
– noch nicht Aufwand 22
– noch nicht Einnahmen 22
Leistungsreihe 27ff.
– Erfolgsermittlung 15
– Konten 28f.
– Zahlungsreihe, Abgrenzung 30
LIFO-Methode 126
Liquidation 162f.
Liquidationsstatus 12, 155, 172
Liquidität 75ff.
Liquiditätsnachweis, bilanzmäßiger 78

Marx'sche Gleichung der Unternehmertätigkeit 20
Matrizenbuchhaltung 79
Mengenrechnung 56
Mindestgliederung 76, 151

Nachausgaben 32
Nacheinnahmen 32
Nachverrechnungen 28, 30
Nebenrechnungen zum Jahresabschluß 54
Nennwert-Kontrollkonten 30
Nettosubstanzerhaltung 123f., 126
Niederstwertprinzip 9f., 64
Nominalgüter s. Zahlungsvermögen
Nominalismus 104ff.
Nonvaleurs 88, 92, 168
Normale Ökonomik 134
Nutzungsdauer 144f.

Ökonomischer Gewinn 7, 59f., 65, 74, 98, 162 (s.a. Gewinn, ökonomischer)
– formale Errechnung 61
– und Geldüberschuß 62f.
– Kritik 62ff.
operating profit 43
– current 43
Opfertheorie 98
Ordonnance de Commerce 9, 151
Organische Tageswertbilanz 11, 42, 47, 73, 165 (s.a. Bilanz, organische;

Bilanztheorie, organische; Bilanzauffassung, organische)

Parfait Négociant 9
Passiva 17f.
– Interpretation Schmalenbachs 92
Passivtausch 17f.
Periodenerfolg 20
– Ermittlung durch Bewegungsbilanz 79
– Ermittlung durch isolierte Periodisierung von Einnahmen und Ausgaben 58
– gesamter 49
– organischer 48, 122, 170f.
Periodenerfolgsrechnung 20
Perodisierung 20, 58, 167
– isolierte 61, 143ff., 149
– richtige 144
– simultane 149f.
– und Vermögensbegriff 142ff.
Periodisierungsprinzip 142ff.
– und Bilanzbewertung 149
Preisänderungen
– der im Unternehmen eingesetzten Güter 56, 115, 170
Preise
– Korrektur 55, 111, 116
Preisniveauveränderungen s. Geldwertänderungen
Preissteigerungen
– als echte Gewinne 127f.
Preußisches Allgemeines Landrecht 9
Preußisches Oberverwaltungsgericht 73

Quellentheorie 44, 118

Realgüter s. Sachvermögen
Realisation 39f.
Realisationskriterien 39f.
Realisationsprinzip 39
– Einwendungen 40
– imparitätisches 39, 41f., 133
– Problem 40
Realisationsrechnung 100, 103 (s.a. Amortisationsrechnung)
Realisationszeitpunkt
– Kriterien für Definition 40
Realistische Kontentheorie 30
Recheneinheit 55
– geldwertstabile 55, 112
– kaufkraftstabile 107
– Korrektur 110
– Neueichung 110, 116
– Stabilisierung 110, 116
Rechnung
– geldkapitalistische 54, 110
– in Geld 54
– in geldwertstabilisierter Recheneinheit 55
– in gesetzlichen Währungseinheiten 55
– indexkorrigierte 105
– mit (aktuellen) Wiederbeschaffungspreisen 117ff., 171
– nominalistische 103
– organische, Einwendungen 124
– scheingewinnbereinigte 124
– über Geld und Geldwerdungsprozesse 54f., 103f.
– über Güter und/oder (allgemeine) Kaufkraft 54, 103
Rechnungsabgrenzungsposten 21ff., 27, 90ff. 167
Rechnungskonten 30
Rechnungswesen
– dokumentäres 36
– instrumentales 36
– Vergangenheitsrechnung 36
– Zukunftsrechnung 36
Regelabschreibung 146
Reichsfinanzhof (RFH) 97
Reichsoberhandelsgericht (ROHG) 96, 131, 153, 161
Reinvermögen 19, 99f.
– formale Berechnung 72
– kapitaltheoretische Bilanz 33
Reinvermögensermittlung 37, 72ff.
– durch Erfolgskapitalisierung 73f.
Reinvermögenszugangstheorie 44
Rentabilitätsrechnungstheorie 10
replacement cost, current 57, 121, 125
reproduction cost, current 57, 121
Reproduktionkostenbilanz (-wertbilanz) 37, 73
Rückausgaben 32
Rückeinnahmen 32

Sachvermögen 31, 113f.
Sachwertbilanz 11
Schachbilanz 79
Scheingewinn 44, 56, 104, 112, 115ff., 124
– außerbücherliche Approximation 126
– Eliminierung in einer zukunftsorientierten Konzeption 131
– kasuistische, temporär wirksame Maßnahmen zur Errechnung und Neutralisation 126
Scheingewinnproblem 57, 84, 108f., 115

Scheinverlust 119f.
Schlußbilanz und Schlußbilanzkonto 8
– Identität 16
– Unabhängigkeit 16
Schulden
– Barwert zukünftiger Ausgaben 65, 171
– negatives Vermögen 89, 99
– persönliche (private), Bilanzierung 85, 152
Schuldendeckung 75, 76, 77f.
Schutzgedanke 84f., 150
Schwebende Posten 21
Soll 8
Soll-Haben-Gleichheit 17, 19
– formale Verprobung als Bilanzierungszweck 35
Spekulationsgewinn 122 (s.a. Vermögenswertänderung)
Status(bilanzen) 11, 72, 165
Steuerbilanz 82f., 150
Stichtagsrechnung 69
Stille Reserven 10, 52f., 153f.
Stückerfolge, organische 48, 122, 170f.
Subjektivität 129, 132
Substanzerhaltung 128, 135
– absolute 134
– relative 134
– reproduktive 135
Substanzerhaltungsrücklage 139ff.
Substanzrechnung 138f.

Tageswert
– pagatorischer Charakter 159f.
Tageswertbilanz 116, 118, 159 (s.a. Organische Tageswertbilanz; Bilanz, organische)
Tageswertprinzip 9f.
Tageswert-Theorie 11
Teilwert 96ff.
– Definition gemäß österreichischem Einkommensteuergesetz 97
Teilwertabschreibung 96
Teilwertlehre 95f.
Teilwertvermutungen 98
Theorie der Bilanz 10, 12f.
– formelle 13ff.
– materielle 13, 35ff.
– Übersicht 13
Theorie der Geschäftsfälle
– dynamische 27, 32, 169
– statische 17f.
– statische, Vertreter 19
Tilgungsausgaben 32
Tilgungseinnahmen 32
Totalerfolg 20
– Aufspaltung in Teilperioden 40, 142f.
Transitorium 22ff., 26, 28, 58, 61, 78, 158, 160, 167 (s.a. Rechnungsabgrenzungsposten)

Um- und Nachbuchung 8, 144, 164
Umlaufvermögen
– Bewertung mit historischen Anschaffungspreisen 42
– Bewertung mit Veräußerungspreisen 45
Umsatzerfolg
– kalkulatorischer 47, 122, 170
– nomineller 47
– organischer 47
Umsatzergebnis
– geschäftswesentliches 42
– reines 42
Umwertungsdifferenz 118
Unternehmensrechnung 75
Unternehmung
– relative Stellung in der Gesamtwirtschaft 134f.

Verbundeffekt, erfolgsrechnerischer s. Erfolgsinterdependenz
Verlust
– Begriff 55
– echter bei Preisverfall 128
– nicht realisierter 41f.
– nominelle Eigenkapitaldefinition 102
– polare Bilanz 140
– Reinvermögensminderung, Ungleichheit 38
– Weniger an eigenfinanzierten Gütern 115
Verlustantizipationstheorie 144, 147
Vermögen
– Barwert zukünftiger Einnahmen 65, 171
– Begriff 88ff.
– Ertragswert 89
– Gesamtwert der Unternehmung 38
– Gliederung 76
– negatives 89, 99
– positives 99
– privates, Bilanzierung 85, 151f.
– rechnungsmäßiges (fiktives, uneigentliches) 31
– stehendes 89
– Struktur 74

– tatsächliches (effektives, eigentliches) 31
– wirtschaftliches 89
Vermögensänderungen
– Ermittlung 78f.
Vermögensbegriff 88ff.
– bürgerlich-rechtlicher 88, 90
– Handelsgesetzbuch 93
– Inhalt 88ff.
– und Periodisierung 142ff.
– wirtschaftlicher 92
Vermögensbilanz 69, 71, 91, 93
– dynamische 14
Vermögensermittlung
– Bilanzierungsziel 68ff.
– Diskontierung erwarteter Einnahmen 61
– Varianten 37
Vermögensermittlungsbilanz 38, 51
Vermögensgegenstand 88ff., 132
– Bewertung, dynamische 145
– Bewertung mit Einzelveräußerungspreisen 144f., 163
– handelsrechtlicher Begriff 90ff.
Vermögensstruktur 74ff.
– Ermittlung der Veränderungen 78f.
Vermögenswertänderung
– Aufzeichnung 43
– Ausweis 43
– echte Gewinne 127
– erfolgsneutrale 117, 122, 124, 170
– Errechnung 61
– Jahresgewinn, Berücksichtigung im 62
– Konto 117f., 170
– nicht realisierte 118
– realisierte 118
– bei F. Schmidt 48, 116ff.
– ruhendes Vermögen 47, 116f.
Verrechnungstechnische Stellung der Bilanz innerhalb der Buchhaltung, Erklärungsversuche 17ff.
– dynamischer 19ff., 26
– finanzwirtschaftlicher 27ff.
– kapitaltheoretischer 32
– pagatorischer 30
– statischer 17ff.
Verteilungsabschreibung 146
Verursachung 39f.
– finale 40
– kausale 40
– objektbezogene kausale 40
– teilperiodenbezogene kausale 40
– totalperiodenbezogene kausale 40
Vorausgaben 31
Voreinnahmen 31
Vorleistungen 92
Vorsichtsprinzip 10, 53, 150
– kapitaltheoretische Eigenkapitaldefinition 132f.

Wachstumssicherungsaufwand (-reserven) 136f.
Weiterbetrieb 162f.
Wert 59f.
– gemeiner 97
– pagatorischer 159
– Unternehmung als Ganzes 93f.
Wertänderungen
– ruhendes Vermögen 44, 116f.
– Vermögensstamm 44
Wertberichtigung 147
Werterhaltung
– absolute 133f.
– relative 133f.
Wertgleichheit 122f.
Wertlehre, objektive 59
Wiederbeschaffungspreis (-wert) 55
– Anschaffungspreis, Differenz 119ff., 140f.
– heutiger 121
– polare Bilanz 140f.
– Prinzip 116f.
– Rechnen mit 57, 116ff.
– späterer 121
windfall losses (profits) s. Zufallserfolge
Wirtschaftlichkeit
– Kontrolle 48f.
– gemeinwirtschaftliche 48, 168
Wirtschaftsgut 90
working capital 89

Zahlungskapital 31
Zahlungsreihe 27
– Erfolgsermittlung 15
– Inhalt, aktiver 29
– Inhalt, passiver 29
– Konten 28
– Leistungsreihe, Abgrenzung 30
Zahlungsvermögen 31
– vorverrechnetes (antizipatives) 31
– zurückverrechnetes (transitorisches) 31
Zeitpunktrechnung 69
Zerschlagungswert 58
– Bewertung 94, 165
Zielsetzung
– dualistische 36, 69 (s.a. Dualismus der Bilanzziele)

– dynamische 36, 69, 78
– monistische 36
– statische 36, 69, 72, 78
Zinsfuß (-satz)
– interner 65ff., 131f., 171
– kalkulatorischer 65
– zur Abzinsung zukünftiger Einnahmen und Ausgaben 63f., 129f.
Zufallserfolge
– Berücksichtigung im Jahresgewinn 62
Zukunftsrechnung 7, 59, 61, 171 (s.a. Bilanz-Zukunftsrechnung)
Zurückverrechnungen 28, 30
Zweck-Theorie 11

Namensregister

Accounting Standards Committee of the Institute of Chartered Accountants 125
Albach, H. 65, 96
Alexander, S.S. 60
American Accounting Association, Committee on Concepts and Standards 35
Andersen, A. & Co. 112, 115
Angelberger, F. 138
Ashraff, M.A. 104
Auler, W. 14

Barth, K. 9, 159
Baxter, W.T. 119
Beigel, R. 8
Bell, Ph.W. 43, 118, 121
Berliner, M. 16, 38, 87, 90, 94, 146
Biedermann, H. 19
Biermann, J., Jr. 70
Böhm-Bawerk, E. von 59
Borkowsky, R. 56, 95, 109
Bouffier, W. 80, 81, 85, 90
Buchanan, N.S. 60
Bühler, O. 82, 94
Buhl, H. 8

Canning, J.B. 59, 60
Chmielewicz, K. 32
Ciompa, P. 41, 52
Corbin, D.A. 60, 110
Cotrugli, B. 8
le Coutre, W. 10, 11, 26, 35, 75, 76, 77, 80, 87
Cowan, T.K. 80, 110

Deutsches Institut der Wirtschaftsprüfer 123
Dörfel, F. 19

Edwards, E.O. 43, 118, 121

Fäs, E. 47, 116, 135, 145, 171
Fess, Ph.E. 36
Fettel, J. 99, 104
Feuerbaum, E. 56, 119, 123, 140, 141
Financial Accounting Standards Board (FASB) 125
Fischer, R. 14, 15, 21, 27, 55, 60, 73, 87, 89, 92, 95, 100, 106, 146, 148, 155, 156, 157, 158, 159, 160, 165, 168, 169
Fisher, I. 59, 60, 105, 109

Geldmacher, E. 19, 119
Gerstner, P. 38, 69
Gnam, A. 82
Groener, L. 82, 154
Großmann, H. 19
Gutenberg, E. 26, 97

Haase, K.D. 56, 115, 125
Hämmerle, H. 81, 152
Hansen, P. 60, 61, 62
Harder, U. 81
Hasenack, W. 11, 19, 136
Hauck, W. 10, 11, 12, 86
Hax, K. 10, 49, 56, 98, 104, 119, 138, 139, 141
Heinen, E. 10, 26, 35, 81
Helige, O. 115
Helpenstein, F. 85, 93, 96, 97
Heyden, D. von der 52
Hicks, J.R. 60
Holzer, H. 7, 70, 87
Holzer, H.P. 12
Honko, J. 60
Hügli, F. 19
Hylton, D.P. 36

Illetschko, L.L. 83
Inflation Accounting Committee 125
Isaac, A. 93, 110, 155

John, G. 96

Käfer, K. 34, 61
Kalveram, W. 19
Kelley, A.G. 60
Kempin, W. 34, 109, 161
Keynes, J.M. 109
Koch, H. 96, 97
Koeller, F. 81
Körner, W. 52
Kosiol, E. 10, 11, 14, 15, 30, 31, 32, 37, 38, 51, 55, 69, 82, 87, 89, 95, 97, 106, 155, 156, 157, 158, 159, 160, 165, 166, 168, 169
Kovero, I. 9, 41, 42, 47, 52, 116, 135, 156, 171
Krasensky, H. 12, 53
Kristensen, R. 60, 61, 62
Kurzbauer 32

Langen, H. 31
Lechner, K. 12
Leffson, U. 80
Lehmann, M.R. 10, 11, 49

Leitner, F. 38, 72, 84, 156
Leuchs, J.M. 108
Leyerer, C. 8
Lindahl, E. 60
Lion, M. 9, 10, 53, 151
Littmann, E. 97
Lohmann, M. 78
Loitlsberger, E. 85, 116, 152
Lorentz, S. 110

Mahlberg, W. 49, 56, 112, 138
Marple, R.P. 80
Marx 20
Mathews, R.L. 120, 121
May, G.O. 60
Mirre, L. 96, 97
Mises, L. von 109
Moonitz, M. 43, 121
Moxter, A. 12, 83
Müller, Günther 80
Müller, Gustav 30, 169
Münch, P. 95
Münstermann, H. 19, 25, 26, 31, 99, 110, 132

Neukamp, E. von 153
Nicklisch, H. 10, 11, 12, 37, 87, 138

Osbahr, W. 17, 42, 46, 47, 82, 87, 92, 110, 155, 156

Pacioli, L. 9, 156
Pape, E. 89, 110
Passow, R. 38, 52, 73, 74, 76, 84, 86, 91, 94, 97, 147, 152
Penndorf, B. 8, 9
Preinreich, G.A.D. 60
Preiser, E. 99
Prion, W. 119, 135

Rehm, H. 27, 38, 45, 51, 86, 91, 94
Reinhardt, F. 98
Rieger, W. 7, 11, 14, 34, 49, 55, 61, 69, 70, 87, 98, 104, 105, 106, 124, 130, 159, 161, 162, 171
Rosen, L.S. 120

Saage, G. 80, 136
Savary 9, 151
Schär, J.F. 14, 19, 38, 109, 112, 119
Schanz, G. 44
Scheffler, H. 27, 45, 51, 94, 95, 146
Schieb, B. 136
Schildbach, T. 56
Schmalenbach, E. 7, 9, 11, 12, 13, 14, 15, 16, 19, 20, 21, 22, 24, 25, 26, 27, 29, 32, 37, 38, 39, 44, 46, 47, 48, 49, 50, 51, 56, 60, 69, 70, 71, 73, 87, 89, 90, 92, 94, 95, 100, 101, 110, 112, 118, 131, 138, 142, 143, 146, 148, 157, 158, 165, 166, 167, 168, 169
Schmaltz, K. 16
Schmidt, F. 7, 11, 41, 42, 44, 46, 47, 48, 56, 69, 70, 73, 82, 87, 116, 117, 118, 119, 121, 122, 123, 124, 126, 127, 133, 134, 135, 140, 155, 156, 159, 165, 171
Schmidt, R.B. 32
Schneider, D. 56, 64, 119, 120, 141
Schnettler, A. 49
Scholz, A. 119
Schüler 27
Schulze, H.H. 27, 97, 155
Schumpeter, J.A. 59
Schweitzer, M. 87, 106, 157, 158
Schwinger, O. 119
Securities and Exchange Commission (SEC) 125
Seicht, G. 7, 12, 25, 34, 40, 56, 57, 65, 66, 67, 68, 77, 99, 110, 112, 115, 122, 126, 131
Sewering, K. 19, 88, 110
Sganzini, C. 21, 27, 30, 32, 34, 161, 169
Sieveking, H. 8
Simon, H.V. 27, 89, 94, 95, 146, 168
Sommerfeld, H. 11, 136, 137
Sprouse, R.T. 43, 121
Sträter, L. 112
Strombeck, J. von 27
Stützel, W. 81
Sweeney, H.W. 110, 112

Thoms, W. 79, 86
Tomfohrde, K. 96
Tracy, J.A. 120
Trumpler, H. 12, 35

UEC – Hauptkommission II (Grundsätze und Verfahren der Rechnungslegung) 125

ter Vehn, A. 9, 10, 39, 138, 157

Walb, E. 9, 11, 14, 15, 16, 21, 27, 28, 29, 30, 31, 32, 49, 51, 52, 69, 78, 79, 86, 87, 89, 90, 95, 101, 119, 122, 134, 138, 161, 169
Walb, H.H. 154

Wall, F. 96
Wegmann, W. 64
Weizmann, R. 79
Wilmowski, B. von 27, 45, 87, 95, 146, 157
Wirtz, C. 82

Ympiyn 9

Ziegler, J. 19
Zimmermann, V.K. 12

GPSR Compliance

The European Union's (EU) General Product Safety Regulation (GPSR) is a set of rules that requires consumer products to be safe and our obligations to ensure this.

If you have any concerns about our products, you can contact us on ProductSafety@springernature.com

In case Publisher is established outside the EU, the EU authorized representative is:

Springer Nature Customer Service Center GmbH
Europaplatz 3
69115 Heidelberg, Germany

Batch number: 10815964

Printed by Printforce, the Netherlands